한국의 제3섹터

한국의 제3섹터

국가와 시장 사이에서 길을 묻다

2016년 1월 29일 초판 1쇄 발행

지 은 이 │ 박태규 · 정구현 · 김인춘 · 황창순
펴 낸 곳 │ 삼성경제연구소
펴 낸 이 │ 차문중
출판등록 │ 제302-1991-000066호
등록일자 │ 1991년 10월 12일
주   소 │ 서울특별시 서초구 서초대로74길 4(서초동) 삼성생명서초타워 30층
전   화 │ 02-3780-8153(기획), 02-3780-8084(마케팅), 02-3780-8152(팩스)
이 메 일 │ seribook@samsung.com

ⓒ 박태규 · 정구현 · 김인춘 · 황창순 2016
ISBN │ 978-89-7633-961-4 93320

삼성경제연구소 도서정보는 이렇게도 보실 수 있습니다.
홈페이지(http://www.seri.org) → SERI 북 → SERI 연구에세이

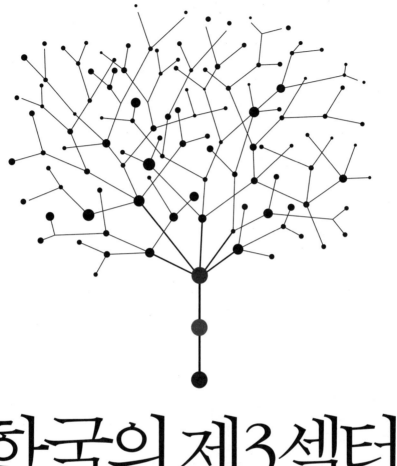

한국의 제3섹터

국가와 시장 사이에서 길을 묻다

박태규, 정구현, 김인춘, 황창순 지음

삼성경제연구소

왜 지금 제3섹터를 말하는가?

제3섹터에 대한 필자들의 관심은 25년 전으로 거슬러 올라간다. 1989년 여름 방콕에서 아시아태평양 지역의 공익재단과 사회공헌(philanthropy)에 관한 국제회의가 열렸고, 이때부터 공익재단에 대해 본격적으로 관심을 갖기 시작했다. 한국의 상황으로 봐도 이 시기는 시민단체의 활동이 크게 활발해진 시점이다. 1987년에 대통령 직선제로 상징되는 민주화가 시작되고, 1988년 서울올림픽의 성공적 개최에 이어 1989년부터 무역자유화와 여행자유화가 본격적으로 시행된다. 그동안 억눌려왔던 노동운동이 폭발하였고, 여러 민간단체가 활발한 시민운동을 펼치기 시작했다. NGO(비정부조직)의 시대가 도래한 것이다.

이 시기에 한국뿐만 아니라 아시아 지역 전체에도 민주화와 경제 개방이 본격화되었다. 1991년에 소련의 해체와 더불어 냉전 시대가 끝나면서 세계적으로 자유시장경제가 확산되었다. 비영리부문과 관련해서는 1994년에 아·태공익재단협의회(Asia-Pacific Philanthropy Consortium)라는 협의체가 구성되었으며, 필자들은 연세대학교 동서문제연구원을 기반으로 이 협의체에 창설 멤버로 참여하였다. 이 협의체를 주도했던 인사 중에는 미국의 바넷 배런(Barnett Baron, 당시 컬럼비아대학교 연구교수) 박사와 일본국제교류센터(Japan Center for International Exchange)의 야마모토 다다시(山本正) 이사장이 있었다. 배런 박사는 그 후 세이브더칠드런(Save the Children) 대표, 미국의 아시아재단 수석부총재를 역임하면서 계속해서 이 분야의 발전에 크게 기여하였다. 이제는 고인이 된 야마모토 이사장과 배런 부총재의 명복을 빈다.

한편 1992년 설립된 국제비영리학회(International Society for Third - Sector Research, ISTR)와 1990년대 중반 조직된 아·태 지역의 민간비영리조직(NPO)에 관한 연구 네트워킹에 필자들이 참여하게 되면서 학문적 작업이 본격화되었다. 당시에는 제3섹터라는 말이 비영리영역과 동일한 의미로 쓰였는데 한국에서는 비영리영역이라는 용어조차 낯설어했을 만큼 이 분야에 대한 인식과 연구활동이 미약했다.

지금은 전통적인 비영리조직뿐 아니라 다양한 형태의 새로운 조직들이 제3섹터에 합류하고 있지만 여전히 비영리조직이 제3섹터의 주요 부분을 형성한다. 제3섹터에 대해 고민하면서 비영리조직에 대한 연구 틀을 근간으로 가져온 것도 이러한 이유에서이다. 이 연구방식을 사용하게 된 것은 이 책의 필자들이 1996년부터 미국 존스홉킨스대학교 시민사회연구소가 주도한 "비영리조직에 대한 국제비교연구(The Johns Hopkins Comparative Nonprofit Sector Project, CNP)"에 한국 사례 연구팀으로 참여하면서다.

1991년에 시작된 존스홉킨스대학교의 비영리조직에 대한 국제비교연구 성과를 기반으로 UN 통계국에서는 2003년 *Handbook on Non-Profit Institutions in the System of National Accounts*를 통해 각 나라마다 비영리부문을 국민계정 내에 위성계정으로 포함하여 비영리부문 추계를 표준화하는 지침을 마련했다. 이를 통해 비영리부문의 활동영역별 규모, 재정구조 등을 파악함으로써 국민경제에서 차지하는 규모와 역할을 이해할 수 있게 되었다. 그뿐만 아니라, 향후 비영리부문을 포함한 제3섹터 발전을 위한 방향 설정에 양적 측면에서 기초자료를 제공할 수 있게 되었다. 이는 제3섹터와 비영리영역에 대한 전 지구촌의 관심을 보여준다고도 할 수 있겠다.

제3섹터에는 각 나라와 지역의 환경과 역사가 반영되어 있어 제3섹터를 구성하는 조직의 형태도 매우 다양하게 발전해왔다. 한국의 제3섹터도 사회적·역사적 배경에 따라 고유한 형태로 발전된 모습을 보여주었다. 그러나 나라마다 구체적인 형태와 성격에서는 차이가 있을지라도 모든 나라의 제3섹터는 기본적으로 비영리조직과 사회적경제조직으로 구성된다. 한국에서는 NGO를 포함하여 비영리조직이 지배적인 비중을 차지했으나 최근 들어 사회적경제조직이 크게 성장하고 있다. 이 책에는 필자들이 그동안 한국 사회의 전통적 유형의 비영리 분야에 대해 수행한 연구를 바탕으로 새로운 조직과 분야를 포괄하며 발전하고 있는 제3섹터에 대한 논의를 종합적으로 담았다.

그렇다면 왜 지금 우리에게 제3섹터에 대한 논의가 필요한가? 현재 제3섹터가 '제3의' 주체로서 정부와 기업의 역할을 보완하는 것 이상의 중요한 독립적 역할을 하고 있기 때문이다. 역사적으로 제3섹터는 시민사회의 영역으로서 조합 또는 비영리조직 형태로 정부나 기업이 담당하기 어려운 사회적 요구에 부응해왔다. 이러한 제3섹터가 20세기 후반 들어 크게 성장하게 된 것은 무엇보다 지구적 차원의 경제적·정치사회적 환경 변화에 기인한다. 국가의 성격과 역할이 변화하였고, 세계화된 경제가 가져온 사회적 위기와 시장의 불안정성은 제3섹터라는 대안에 기대를 갖게 만들었다. 이에 따라 오늘날 제3섹터는 그 영역이 크게 확대되었으며 구성 또한 다양해져 사회적기업 등 하이브리드 조직들을 포괄하고 있다. 현재 제3섹터가 각 국가에서 담당하는 역할은 사회적 부분에 국한되지 않으며, 생산과 고용(자원봉사를 포함해서) 등 경제적 역할도 비중 있게 수행한다. 많은 사회구성원이 비영리조직을 포함한 제3섹터로부터 다양한 사회서비스와 일자리를 제공받고 있다. 또한 제3섹터는 시민성 강화 및 사회자본 창출, 삶의 방식 변화 등 새로운 담론을 형성하는 역할도 하고 있다.

지금 우리 사회의 제3섹터는 사회적기업, 사회적협동조합, 마을기업 등의 조직이 전통적 비영리조직에서 분화되면서 매우 복합적인 모습을 만들어내고 있다. 이에 따라 학문적으로, 실천적으로 다양한 논의가 전개되고 있다. 우리 사회가 직면한 구조적 문제를 해결하고 더욱 발전시키려면 의식과 관습에 대한 보다 심층적인 분석과 전환이 있어야 할 것이다. 또 변화된 환경에 맞게 개념을 확장하고 법제화 등의 제도적 기반을 구축하는 한편, 제3섹터 스스로 공공성과 자율성을 갖추는 등 제3섹터의 실재적 힘을 만들어내는 노력이 요구된다.

이 책은 총 10장으로 구성된다. 1장과 2장에서는 제3섹터가 어떤 영역을 가리키고 왜 우리에게 필요한지, 서구와 한국에서 각기 시민사회와 제3섹터는 어떤 관계를 가지고 발전해왔는지를 소개한다. 3장에서는 한국 제3섹터의 역사를, 4장에서는 제3섹터를 뒷받침하는 국내의 법률 및 제도에 관한 내용을 담고 있다. 5장과 6장에서는 제3섹터 조직들의 재정적·인적 재원을 조달해주는 국내의 민간기부와 자원봉사의 현황을 설명하고 나아갈 방향을 제시한다. 7장에서는 기업의 사회적 활동과 제3섹터를 연결하는 기업사회공헌에 관해, 그리고 8장에서는 최근 들어 우리 사회의 제3섹터를 구성하는 중요한 조직형태로 떠오른 사회적기업에 대한 내용을 담는다. 사회적기업은 비교적 최근에 논의가 활발한 분야여서 시카고 로욜라대학교(Loyola University Chicago) 경영대학의 김성민 교수가 이 분야의 최근 동향과 연구 성과를 정리하여 기고하였다. 그다음 9장에서는 현재 우리 사회 제3섹터에서 가장 중요하고 큰 비중을 차지하는 비영리조직의 지배구조 문제를 비판적 시각에서 논의하고, 마지막으로 10장에서는 한국의 제3섹터가 사회적 요구에 걸맞은 역할을 수행하려면 어떻게 해야 할지 그 발전 방향을 제시한다.

이 책은 '한국 사회에서 제3섹터를 구성하는 조직들이 과연 사회적 기대에 부응하는 역할을 수행하고 있는가?'라는 질문에서 출발했다. 제3섹터에 대한 관심과 기대는 커지고 있지만 일부 비영리조직들의 지배구조 문제, 독립성과 책임성 문제 등이 드러나고 있기 때문이다. 따라서 제3섹터 조직의 긍정적 효과와 영향을 극대화하려는 제도적 방안과 시민의식이 요구된다고 하겠다. 그러기 위해 다양한 관점과 질문을 통해 제3섹터가 국가와 시장 사이에서 진정한 '제3의' 주체

가 되기 위한 조건들을 검토할 필요가 있다. 이 연구는 그러한 문제의
식에서 시도된 작은 결과물이라 하겠다.

　이 책의 출간이 계기가 되어 다양한 분야의 전문가들을 중심으로
한국의 제3섹터 발전을 위한 심도 있고 폭넓은 논의가 이어지기를 기
대한다.

2016년 1월
집필진을 대표하여
박태규

| 차 례 |

책을 내며 | 왜 지금 제3섹터를 말하는가? • 4

제3섹터,
그 자율성과 공공성을 되묻는다 _ 정구현·김인춘

1. 한국의 제3섹터, 새로운 논의가 필요하다 • 17

2. 왜 제3섹터인가? • 22

제3섹터를 어떻게 이해할 것인가:
개념, 구성요소, 역할 _ 김인춘

1. 제3섹터 개념의 역사적 발전 • 37

2. 서구의 시민사회와 제3섹터 • 44

3. 한국의 시민사회와 제3섹터 • 51

4. 제3의 자본으로서의 제3섹터 • 57

제3장
한국의 제3섹터가 걸어온 길 _ 황창순

1. 한국 최초의 비영리조직은? · 67

2. 전통적인 상호부조단체 · 70

3. 시민사회단체의 형성과 발전 · 74

4. 사회복지조직의 시작과 변천 · 78

5. 장학법인의 설립 증가 · 80

6. 학교법인의 역사와 현황 · 82

7. 비영리의료조직과 공익법인 · 84

8. 사회적기업의 제도화 과정 · 90

9. 협동조합 및 사회적협동조합 · 93

10. 한국 비영리조직의 역사적 특징 7가지 · 99

제4장
제3섹터를 뒷받침하는 법제와 세제 _ 박태규

1. 비영리조직과 관련된 법제 · 107

2. 비영리조직의 설립 및 운영과 관련된 법제 · 108

3. 비영리법인(조직)에 대한 사후관리 법제 · 117

4. 제3섹터 비영리법인에 대한 세제 · 123

5. 기부자에게 부여하는 세제혜택 및 최근의 변화 · 128

6. 공익활동 효과를 높이는 법제는 무엇일까? · 133

: 부록 : 비영리법인의 설립 및 감독에 관한 규칙 · 137

제5장

한국 사회의 기부문화, 어디까지 왔나? _ 박태규

1. 민간기부의 사회적 역할 · 143

2. 자발적 민간기부를 이끌어내는 요인은? · 145

3. 민간기부의 현황 · 151

4. 기부활동과 자원봉사활동의 상관성 · 160

5. 조세정책은 민간기부에 어떤 영향을 끼칠까? · 164

6. 기부문화 성숙을 위한 향후 과제 · 166

제6장

'작지만 크게' 세상을 바꾸는 사람들: 공공적 시민과 제3섹터 _ 김인춘

1. 자원봉사자들, 제3섹터의 주요 인적자원 · 175

2. 한국과 주요 선진국의 자원봉사 현황 · 183

3. 한국 자원봉사 발전을 위한 전략 · 193

4. 자원봉사활동이 직면한 도전과 과제 · 199

제7장

기업사회공헌의 기원과 발전방안 _ 황창순

1. 기업사회공헌에 대한 관심 증가 · 207

2. 기업사회공헌의 기원과 배경 · 209

3. 기업사회공헌의 주요 패러다임 · 211

4. 한국 기업사회공헌활동의 현황과 규모 · 219

5. 기업사회공헌과 비영리조직의 관계 · 228

6. 이제는 질적 도약이 필요하다 · 236

제8장

사회적경제 생태계 패러다임과 사회적기업 _ 정구현·김성민

1. 조화와 통합을 추구하는 하이브리드 조직, '사회적기업' · 245

2. 사회적기업의 영역과 존재의의 · 250

3. 사회적경제 생태계와 사회적기업 정책 · 260

4. 한국 사회적기업의 현황과 성과 · 266

5. 사회적기업에 주어진 기회와 과제 · 276

제9장

제3섹터의 지배구조, 어떻게 혁신할 것인가 _ 정구현

1. 한국 경제제도의 특징과 비영리부문 · 287

2. 영리기업과 비영리조직의 지배구조 · 296

3. 한국 NPO의 현실 · 300

4. 새로운 패러다임 아래 재편되는 제3섹터 · 310

5. 자본주의적 모순의 대안으로서의 '제3섹터' · 315

제10장

한국 제3섹터의 내일을 위한 5가지 과제 _ 박태규·황창순

1. 정체성 획득이 필요하다 · 323

2. 재정 불안을 극복해야 한다 · 325

3. 경영 선진화가 이뤄져야 한다 · 327

4. 세제혜택 차등 적용을 개선해야 한다 · 329

5. 공익재단 운영의 투명성을 확보해야 한다 · 330

제3섹터,
그 자율성과 공공성을
되묻는다

정구현 · 김인춘

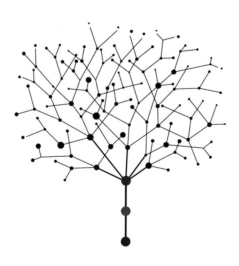

1.
한국의 제3섹터, 새로운 논의가 필요하다

우리 사회에서 발생하는 많은 사건과 문제를 접할 때마다 국가의 역할을 다시금 생각하게 된다. 구체적으로 이야기하자면 정부가 자신의 임무를 제대로 수행하는지에 대한 논의가 그것이다. 아울러 기업 또한 사회적 책임과 역할을 다하고 있는가도 중요한 사회적 담론으로 떠오르고는 한다. 이른바 정부실패, 시장실패가 회자되는 배경이다. 그러나 이러한 논의 및 담론과 관련하여 최근 들어 중요한 변화가 나타나고 있는데 시민과 제3섹터의 역할에 관한 논의, 즉 개인과 제3섹터 조직들이 과연 얼마나 책임성과 공공성을 갖는가 하는 문제가 그것이다. 비영리부문의 실패를 드러내는 사례가 많아지면서 이 문제는 다시금 공동체적 존재의 의미를 묻고 있다. 결국 개인부터 국가기관까지 한국이라는 공동체를 구성하는 개인과 사회조직, 기업, 그리고 국가기관의 일부 또는 다수가 책임성과 공공성의 결핍 문제를 안고 있는 것이다. 세월호 참사[1]는 이 문제를 극명하게 보여주었다.

국가공동체에 대한 국가기관의 책임성과 공공성은 국가의 명백한 존재이유라는 점에서 숙고의 대상이 되어 마땅하다. 그렇다면 비영리·비정부 조직으로 구성되는 시민사회 또는 제3섹터는 과연 얼마

---

1 세월호 참사는 2014년 4월 16일 오전 인천에서 제주도로 향하던 여객선 세월호(주식회사 청해진해운 소속)가 전라남도 진도 인근 해상에서 침몰한 사고이다. 이 사고로 탑승인원 476명 중 295명이 사망하고 9명이 실종되었다. 사고 당시 제주도로 수학여행을 가던 경기도 안산 단원고등학교 2학년 학생 246명이 사망하고 4명이 실종되었다.

나 공동체적 책임성과 공공성을 가지고 있는가. 또한 사적 개인과 영리 추구 기업은 공동체적 책임성과 공공성에서 과연 자유로운가.

제3섹터는 공공영역인가?

이 책은 국가영역, 영리영역과 함께 한 나라의 공동체를 구성하는 핵심 부분인 제3섹터의 주요 측면과 특성을 검토하고 발전 방안을 모색하는 데 목적이 있다. 선진 민주국가의 기준에서 보면, 제3섹터는 비록 국가영역(the state)은 아닐지라도 공공영역(public sphere)으로서 공동체적 책임성과 공공성을 갖는 것으로 인식된다. 국가영역과 시장영역을 감시·견제하면서 파트너십 관계를 통해 사회적 후생과 공공재 및 사회자본 구축에 기여하기 때문이다. 자발성과 자율성에 기초하여 공익을 실현하는 제3섹터 조직들이 사회적 연대와 신뢰, 삶의 질을 향상시키는 역할을 하는 것이다.

한국의 제3섹터와 그 조직들은 어떠한가. 논자에 따라 상반되는 주장이 나올 수 있겠지만 그 역할과 성격은 여전히 제한적이고 모호하며 이중적이다. 적지 않은 한국의 비정부조직(Non-Governmental Organizations, NGOs), 비영리조직(Non-Profit Organizations, NPOs)이 국가기관 또는 정치에 종속되거나, 조직이기주의 및 사적 영리 추구 성향을 보이고 있기 때문이다. 한국 제3섹터의 역사와 특수성을 감안하더라도 이는 비정상적인 것이다. 따라서 NGO와 NPO뿐 아니라 새롭게 등장하고 있는 사회적경제조직(Social Economy Organizations, SEOs)으로 구성된 제3섹터의 자율성과 공공성을 어떻게 구현할 것인가 하는 고민은 매우 중요한 문제이다. 기존의 많은 연구에도 불구하고, 바로 현 시점에서 한국 제3섹터의 다양한 측면과 쟁점에 대한 논의와 평가가 필요한 이유가 이것이다. 이를 통해 시민사회단체와 비영리조직의 진정한 존재의의와 역할을 살펴보고 제3섹터의 발전 방향과 과제를 모색해야 할 것이다. 이에 제3섹터의 개념과 특징 및 그 역할, 현재 실태 등을 살펴보면서 한국의 제3섹터와 관련한 문제의식을 공유해보고자 한다.

공공성이란 무엇인가?

이미 많은 전문가가 지적했듯이, 세월호 참사는 한국 사회에서 공공성(公共性, publicness) 위기가 현실이 되었음을 보여준 사건이다. 그러나 여전히 우리 사회에서는 공공성이 회자되고는 있으나 공공성이 무엇이고 공공성의 주체는 누구인지가 그리 명확하지 않다. 이는 공공성이라는 개념 자체가 어렵고 추상적인 탓도 있지만 한국 사회에서 공공성이라는 용어가 그리 익숙하지 않기 때문이다. 성장지상주의, 무한경쟁, 성공 등 물량적 성과를 무엇보다 중시해온 사회에서 공공성의 가치는 우선순위를 갖기 어려웠다. 더구나 정치적으로 모든 것을 압도하는 국가의 힘을 경험해오면서 지금까지 공공성은 단지 '국가의 것'으로만 이해되어왔다. 공공성은 '국가적인 것', 곧 국가성으로 인식된 것이다. 물론 국가가 독점한 공공성이라는 것이 얼마나 공공적이었는지는 별도의 문제이지만 국가공공성 외에 사회공공성, 시장공공성이라는 개념은 사실상 존재하지 않았다. 공공성의 주체는 국가뿐 아니라 영리영역과 사회로 확대될 수 있음에도 권위주의적 국가의 지배하에서 자율적이고 공적인 시민 및 시민사회는 발전하기가 어려웠고, 기업 또한 사회적 책임에 충실하지 못했던 것이다.

공공성이란 '공적인 것(the public)'으로 공적윤리와 규범을 의미한다. 사회의 바람직한 행위와 질서에 대해 특정 개인이나 집단이 아닌 사회 일반의 구성원들이 공유하는 의미체계이다. 공공성의 구성요소를 살펴보면 공공성을 더 잘 이해할 수 있는데 공익성, 공유성, 공정성, 공민성(시민성), 공개성(투명성)이 대표적 구성요소들이다(조대엽, 홍성태 2013; 김원섭, 김수한 2013). 이 글에서는 제3섹터의 조직적·개인적 주체들이 가져야 할 가장 기본적인 최소 규범으로서 특히 공익성과 시민성을 꼽고자 한다. 시민성은 자율적 주체로서 반(反)공공적인 것을 감시하고 비판하며 개선하기 위한 과정에 참여하는 책임의식을 가리킨다. 이러한 시민성은 도덕적·자율적 시민의 덕목으로서 상호적 이타주의(reciprocal altruism)와 사회의 결속 및 연대에 기반이 된다. 제3섹터는 시민들이 결사체적·비영리적 조직을 통해 사회변혁 운동에 참여하거나 비영리적인 또는 공익적인 다양한 재화와 서비스를 생산하고 제공하는 영역이다. 이러한 시민적·공익적 참여야말로 제3섹터의 자율성과 공공성을 위한 토대가 된다.

제3섹터와 '공공성' 위기

사실 공공성의 개념과 내용은 원래부터 정해지고 고정된 것이 아니다. 공공성은 역사적·사회적으로 만들어지고 구성되는 것이며, 따라서 시공간에 따라 다르게 나타날 수 있다. 개인과 영리 추구 기업까지 강한 공공성을 가져야 한다는 인식을 공유하는 사회가 있는 반면, 국가기관의 공공성마저 의심스러울 만큼 공공성이 실종된 사회가 있는 것이다. 또한 역사적으로 시민(사회)공공성이 국가공공성보다 더 먼저, 더 중요한 역할을 했던 나라들도 있다. 따라서 공공성에 대한 논의는 국가영역뿐 아니라 대학, 병원, 기업, 시민단체, 노동조합 등 모든 영역과 조직으로 확대될 수 있다. 이는 국가기관 중심의 공공성 관점에서 벗어나 모든 영역과 조직이 상대적 공공성을 가질 수 있음을 의미한다.

서구에서 공공성은 시민사회라는 공공영역에서 발현되었다. 시민성과 공익성, 즉 공공성의 가치에 의해 형성되고 발전된 서구 시민사회는 역사적으로 국가 거버넌스의 핵심적 요소로서 중요한 공적 역할을 담당해왔다. 지역공동체의 생산과 분배 및 자치활동 등에서 중요한 공적 역할을 담당하였고 시민의 전문성과 공공성이 민주적 제도와 사회발전, 사회변화를 이끌어왔다. 이러한 시민사회는 공공영역의 핵심 주체로서 시민적 규범과 가치, 사회적 행위와 민주적 제도를 함양하는 데 중요한 역할을 하였다.

제3섹터는 역사적으로 발전해온 서구의 시민사회와 공공영역에 그 기원을 둔다. 시장자본주의와 개인적 자유주의에 기초한 현대 민주사회에서 공공성은 공동체를 유지하고 발전시키기 위한 최소한의 원칙과 규범이 된다. 또한 자율적인 시민, 자유롭고 민주적인 사회의 척도로서 신뢰와 규범, 사회의 결속과 통합에 기여할 수 있는 사회자본 형성에 기초가 된다. 제3섹터의 공익성과 시민성이란 결국 사회구성원과 사회조직이 사적 개인이나 배타적 집단의 이익과 가치를 전체의 이익과 가치에 조화시킬 수 있는 공공성을 얼마나 실천하느냐에 달린 셈이다.

이런 의미에서 중요한 것은 제3섹터의 다양한 조직들이 얼마나 공공적이고 자율적인가 하는 점이다. 이는 제3섹터가 '과연 공공영역인가' 하는 문제와도 연관된다. 공공영역은 (시민)사회적영역으로서 국가영역 및 영리영역과 구분되며 자율적인 개인과 사회조직이 공공성과 책임성의 주체로서 공익을 실현하는 공간이다. 오늘날 우리가 겪고 있는 사회공공성 위기는 제3섹터의 다양한 조직들이 스스로 도덕과 규범, 자율성과 공공성을 가짐으로써 현재의 시장화되고 개체화된 사회를 변화시킬 수 있을 때 비로소 극복할 수 있을 것이다.

2. 왜 제3섹터인가?

18세기 후반 자본주의 발전과 부르주아 혁명으로 형성된 근대 시민사회는 이념적으로 개인주의와 자유주의, 민주주의를 지향하였으며 이는 시장영역 발전을 촉진하였다. 역사적 발전과정에서 형성된 서구 시민사회는 공적 특성과 함께 애드보커시(advocacy : 주창운동)와 사회 서비스를 제공하는 역할을 담당하였다. '시민사회'와 유사한 개념으로 '비영리영역'과 '제3섹터'가 있다. 물론 이 세 부문은 상이한 역사적·문화적 맥락과 특성을 가지고 있으며 개념적 차이 또한 존재한다. 시민사회가 정치적이고 역사적이며 다소 추상적인 개념이라면, 비영리영역과 제3섹터는 보다 구체적인 실체를 가리키는 개념이다.

비영리영역과 제3섹터는 1970년대부터 본격적으로 사용된 개념으로 미국에서는 비영리영역이라는 개념이, 유럽에서는 제3섹터라는 개념이 일반화되었다. 비영리영역과 제3섹터는 정치적 함의보다는 사회경제적 기능과 생산적 의미가 더욱 강하다. 또한 유럽에서는 제3섹터를 19세기부터 발전해온 사회적경제(social economy)와 유사한 것으로 보는 경향이 있다. 유럽의 제3섹터나 사회적경제영역은 매우 광범위하여 정부부문 및 영리부문과 중복되는 부분이 크다.

시민사회, 비영리영역, 사회적경제와 제3섹터

최근의 연구들을 보면 시민사회, 제3섹터, 비영리영역, 사회적경제 사이에 각 나라와 각 지역의 특수한 역사적·사회문화적 특성을 보여주는 것 이상의 개념적 차이는 없어 보인다(Zimmer 2013; Evers & Laville 2004). 역할과 기능 측면에서 보면 시민사회가 곧 제3섹터를 의미하고, 제3섹터는 비영리영역을 말하며, 광의의 사회적경제는 시민사회와 제3섹터, 비영리영역을 종합한 것과 유사하다(주성수 2008). 비영리영역도 시민사회도, 그리고 제3섹터도 시민사회단체에 의한 애드보커시와 NPO에 의한 사회서비스 제공 역할을 하기 때문이다. 기존의 조직들이 활동을 확대하거나 기능을 전환하는 사례가 많고, 특히 거의 모든 나라에서 하이브리드(hybrid) 조직이 많아지고 이들이 중요한 역할을 하는 쪽으로 바뀌는 등 환경의 변화가 개념 간 차이를 약화한 것이다. OECD는 사회적경제를 "국가와 시장 사이에 존재하는 조직으로서 사회적 요소와 경제적 요소를 가진 모든 조직"이라고 정의하고 있다. 이러한 광의의 개념 정의는 사회적경제와 비영리영역, 제3섹터 간의 차이를 고려하지 않고 있음을 보여준다.

그동안 한국에는 비정부·비영리 영역에 대해 통일된 개념이 없었다. 비영리영역, 제3섹터, 시민사회라는 용어와 개념이 연구자와 연구 성격에 따라 제각각으로 사용되어왔다. 최근에는 '사회적경제'라는 용어와 개념도 널리 사용된다. 민주화 이전 시기에는 거대한 국가권력이 사회영역에 개입한 결과 자발적이고 자율적인 시민사회의 발전이 어려웠으나 민주화 이후 시민사회단체가 크게 발전하였고 이들의 활동이 민주화, 인권, 환경 등 주로 애드보커시에 집중되면서 시민사회라는 개념이 널리 사용되었다. 시민사회단체(Civil Society Organizations, CSOs)와 비정부조직(NGOs)이 국가 및 자본의 권력을 감시하거나 시민의 권리와 참여를 확대하는 활동을 하면서 시민사회는 사회변혁운동의 성격을 띠는 영역이라는 의미로 통용되었다.

오늘날 한국의 시민사회영역이 여러 성격의 구성요소를 갖는 광범위한 영역이며 다양한 활동을 한다는 데는 대체로 의견을 같이하고 있다. 한국의 시민사회영역 또는 비정부·비영리 영역은 크게 시민사회단체의 성격을 갖는 NGO, 사회서비스를 제공하는 특수비영리법인과 비영리직업단체 및 준(準)비정부기구로 구성되었으나 최근에는 사회적경제의 주요 조직인 협동조합과 사회적기업이 부상하고 있다. 기존에는 비영리적 성격이 강했던 한국의 비정부·비영리 영역이 사회적 목적을 위해서라면 영리 추구도 가능한 형태를 포함하는 사회적기업의 성장에 따라 새로운 개념이 필요해졌다. 즉 국가영역과 영리추구영역, 비영리영역 간 구분이 약화되고 하이브리드 조직들이 급속히 성장 중이며, 이러한 국내외적 환경 변화를 반영하여 이 연구에서는 그 모든 부문을 아울러 '제3섹터'라는 용어를 쓰고자 한다.

제3섹터에 대한 기존의 인식

한국의 제3섹터는 어떤 역사적·정치사회적 상황에서 발전하고 변화해왔는가? 1987년 민주화 이후 민주적 선거에 따른 주기적인 정부와 의회 구성, 수많은 시민단체의 등장과 그들의 적극적인 활동은 한국의 민주주의와 시민사회의 발전을 보여준다. 시민운동이 본격적으로 전개된 것도 1987년 민주화운동을 기점으로 하며 대부분의 NGO가 1987년 이후 설립되었다. 관련 연구도 활발해졌다. 그러나 이러한 외형적 변화와 발전에도 한국 정치의 민주주의 구현 수준은 여전히 높지 않고, 의식 있는 시민과 성숙된 시민사회 역시 요원하다. 민주주의는 절차상의 행위일 뿐 진정한 민주정치의 결핍으로 인해 국민들에게 사회적 안전과 복지를 보장하지 못하면서 공정성과 투명성에 대한 불신을 초래하고 있다. 더욱 근본적인 문제는 민주화 이후 국민에게 돌아온 권력을 누가, 어떻게 정당하고 민주적으로 행사하는가 하는 문제에 대해 논의도, 합의도, 제도화도 제대로 이루어지지 못하고 있다는 점이다.

그러나 이러한 문제들이 정치 및 국가 영역에 국한되는 것은 아니라는 데 더 큰 어려움이 있다. 공공영역인 시민사회영역 또한 투명성과 공공성, 민주성의 한계를 지닌 것이 현실이기 때문이다. 적지 않은 시민사회단체와 비영리조직이 공익성과 공공성 또는 애드보커시를 구현하기보다는 영리기업화, 이익집단화, 정치집단화되어 영리와 사익을 우선하거나 정치적 진영논리의 매개 역할을 하는 행태를 보였다. 기존의 학교법인, 사회복지법인, 의료법인 등 전통적 특수비영리조직은 폐쇄적·영리적 행태를 보였고, 협회 등 다수의 직업단체는 이익집단 또는 영리집단화되거나 준국가기구로 변질되었다. 결국 한국의 제3섹터는 지금까지 그 본래의 존재의의와 역할을 다하지 못한 것이다. 이는 역사적으로 서구와 같은 시민사회의 발전이 부재했다는 점, 그리고 식민지 시대와 권위주의 시대를 거치며 공공영역 발전이 억압된 때문이기도 하다.

한국 사회는 그동안 역사적·문화적으로 공(公, public) 또는 공공성을 관(官) 또는 국가영역의 것으로만 여겨왔다. 한국인의 이런 의식이 근본적인 문제로 작용하여 공공성, 더 나아가 시민사회영역과 비영리영역에 대해 서구의 경험과는 매우 다른 개념과 가치기준을 만들어왔다. 국가기관 또는 관이 곧 공이라는 인식은 관이 아닌 것은 모두 사(私, private), 즉 사적 이익을 추구하는 것으로 보게 되었기 때문이다. 사회단체와 직업조직이 권위주의적 국가에 흡수되었고 이익단체나 사회단체를 국가가 선별적으로 인정하거나 직접 조직하였다. 국가는 이익집단의 후견인이 되어 그 집단에 일정한 특권을 인정해주었고(전국경제인연합회, 생산조직협회 등), 국가에 의해 조직되거나 허가된 사회단체(농업협동조합, 사회복지법인 등)는 정부에 재정적으로 의존하여 자율성이나 독립성을 갖지 못하였다(김원섭, 김수한 2013). 한국의 시민사회는 시민적·정치적 권리의 발전이 '아래로부터의' 투쟁을 통해서가 아니라 '위로부터' 주어져 국가의 지원과 규율에 의해 형성되고 유지되어왔다고 볼 수 있다. 1980년대 들어 노동조합, NGO 등 개혁적인 사회단체가 조직되기는 했으나 자유로운 활동은 일정한 제약을 받아 '사회의 국가화'가 지속되었다. 민주화 이후 정부로부터 독립적이거나 정부에 비판적인 NGO들이 결성되었고 이들이 한국 시민사회의 핵심을 형성했으나 정당한 사회권력을 갖지 못하여 공공성은 여전히 국가영역에 속하는 것으로 인식되었다.

'사회의 사회화'를 실현해야 한다

민주화 이후 국가의 역량과 권위가 약화되고 특히 세계화 및 신자유주의의 급속한 확산으로 권위주의 시대의 '사회의 국가화'는 '사회의 정치화', '사회의 시장화'로 전환되었다. 국가 중심의 공공성 개념은 1997년 IMF 사태 이후 신자유주의적 시장화가 확대되면서 빠르게 변화하였고 이에 따라 한국 사회에 공공성 위기가 누적되었다. 이념갈등, 무한경쟁, 경제적 양극화, 정치적 무능, 공적 질서 해체, 부정부패 등이 시민의 삶을 안정적으로 보장해줄 공적 질서를 기대하기 어렵게 만들었다(조대엽, 홍성태 2013; 정수남 2010). 이미 비영리조직의 일부가 영리적 성격을 띠던 상황에서 IMF 사태 이후 신자유주의의 확대로 '사회의 시장화', '조직의 사영화'는 더욱 심화되었다.

따라서 현재 한국 사회가 직면한 근본 문제는 국가(정부)가 독점해왔으나 제대로 구현하지 못한 공공성을 사회에 부여하여, 공공성의 규범과 원칙이 사회 전반에 뿌리내리게 함으로써 시민과 시민사회의 책임성과 자율성을 강화하는 일이다. '사회의 사회화(societalization)'를 실현하는 데 시민사회와 제3섹터의 역할이 요구되는 것이다. 이는 '사회의 국가화', '사회의 시장화'가 아니라 시민성과 공익성을 갖춘 시민과 결사체가 주체가 되는 공공적 제3섹터가 제 역할을 하는 사회를 말한다. 정부가 사회문제를 해결하는 역할을 더는 독점적으로 수행하지 못하는 상황에서 제3섹터는 협력적 거버넌스의 중요한 축이 된다(이명석 2010). 따라서 시민과 시민사회가 공공성을 가질 때 공동체의 발전과 사회의 질적 수준 향상이 가능해질 것이다.

한국의 제3섹터가 과연 이러한 역할을 해낼 수 있을까. 한국의 제3섹터를 구성하는 요소는 매우 다양하지만 중범위 수준에서 보자면 시민단체 및 민간조직, NPO와 전문가(직업)단체, 사회적경제조직 등이다. 기존의 NGO나 민간단체, NPO뿐 아니라, 협회·조합·연맹·연합회 등 준(準)비정부기구, 시장영역의 성격을 내포한 사회적기업과 협동조합 등 정부부문과 민간부문의 성격이 혼합된 새로운 하이브리드 조직과 단체를 포괄한다. 이들 결사체 조직은 자발성에 기초한 사회집단으로서 개인과 기업을 국가에 연결해주는 매개조직이기도 하다. 성찰적·시민적 개인에 의한 시민단체와 함께 전문가단체가 공공성을 구현할 때 시민사회영역은 더 높은 수준의 사회자본과 공동체 의식을 함양하게 될 것이다.

한국의 제3섹터, 새로운 분석과 이해가 필요한 시점

아쉽게도 한국의 제3섹터는 현재 서구의 선진국가들 수준으로 자율적 영역으로서 공공성을 실천하는 역할을 제대로 해내지 못하고 있다. 많은 비영리조직이 부실하게 운영되거나 제대로 통제되지 않아 공공성을 구현하는 데 실패하고 있음은 주지의 사실이다. 대표적 비영리조직인 사립학교나 복지기관이 실제로는 가족기업처럼 운영되는 경우가 많고 비영리민간의료기관도 영리기업처럼 운영되고 있는 것이 현실이다. 기존의 협동조합도 사회적경제 원칙을 지키기보다는 영리화의 길을 택하는 상황이다. 반면 자원결사체(voluntary associations)도 폐쇄적 연고조직인 경우가 많다. 결국 시민적 성찰과 시민적 덕목이 촉진되는 환경과 문화가 미흡하였으며 개방적이고 투명한 방식의 공공서비스가 이루어지지 못하였다.

그런데 역설적이게도 한국인들은 일부 비영리조직에 대해 매우 도덕적인 규범을 부과한다. 모든 NGO와 시민사회단체는 공익적이고 변혁적이며 도덕적인 성격을 지녔다고 인식하는 것이다. NGO에 대해 공공선, 공익, 공공성을 지나치게 강조함으로써 비영리영역의 조직적 분석 수단으로서 NGO와 비영리조직을 연구할 가능성을 심각하게 제약하기도 한다(김상준 2003). 다양한 다원주의적 결사체 중 보편적 공공선과 공익에 헌신하고 민주주의와 진보의 전위대로 간주되는 자원결사체만을 NGO로 지칭하는 것이다. 또한 영리를 추구하지 않는 전문가(직업)단체에 대해서는 특수이익을 대표하고 정책적 압력을 행사하는 이익집단으로 간주함으로써 그들을 NPO로 분류하는 것에도 거부감을 갖는다.

시민사회는 진보적·정치적 담론으로만 형성된 영역이 아니라 보수적 단체와 개혁적 단체가 경쟁할 수 있는 영역이다. 오늘날 시민사회와 제3섹터는 공익적·비영리적 조직, 진보적·정치적 경향 조직, 보수적·비정치적 성향 조직이 공존하면서 상호 대응하고 있다. 모두에게 좋은 절대적 공공선 또는 절대적 공익을 실현하는 NGO는 많지 않다. 따라서 제3섹터 구성의 다양성을 인정하고 이들 조직의 공공성과 자율성을 어떻게 실현시킬 것인지가 중요하다. 무늬만 시민단체, 무늬만 비영리조직, 무늬만 사회적기업인 조직에 대한 비판과 함께 이들이 공공성과 공익을 담보한 조직으로 발전하기 위한 방안을 모색하고 제시하는 것이 중요하다. 최근 새로운 대안적 경제조직으로 사회적기업이 크게 증가하고 있는 상황에서 사회적경제조직이 제3섹터에서 갖는 의미에 대한 검토도 필요하다. 기존의 다양한 시민단체들도 사회적기업 인증을 받아 사회적인 목적과 가치에 따라 영리 또는 비영리 사업을 하고 있다.

현재 우리가 당면한 문제는 국가가 공공성을 제대로 담보하지 못했다는 점과 영리기업이 공정한 시장질서에 의해 작동하지 않았다는 점이다. 따라서 정부와 공공성에 대한 인식의 전환과 정부실패와 시장실패를 어떻게 보완 또는 변혁시킬 것인가가 중요한 문제로 대두된다. 국가영역도 영리영역도 아닌, 시민성과 공공성을 갖는 시민사회와 제3섹터를 어떻게 구성하고 발전시키느냐가 바로 그것이다. 다시 말하면, 자발적으로 참여하고 성찰하는 개인들에 의해 만들어지는 비영리적 공공영역의 발전에 기여하고, 사회변화를 이끄는 공공적 시민, 시민적 개인들(civil individuals)이 많아져야 한다는 시대적 요구에 어떻게 부응하느냐가 매우 중요한 문제인 것이다. 공동체에 대한 책임성과 공공성은 제3섹터 영역을 구성하는 조직과 개인들에게 달렸기 때문이다. 시민사회와 제3섹터가 사회적으로 정당성을 갖고 국가 거버넌스에서 중심적 역할을 수행하려면 민주주의 원리와 가치가 사회의 모든 영역에 일반화되어 시민의 일상적 규범이 되고 사회체계로 제도화되어야 한다. 또한 정책의 입안과 집행에서 정당성이 있는 개인과 조직의 참여와 역할이 중요하며, 무엇보다도 신뢰를 가지고 양극단의 입장을 조정할 수 있는 전문가집단의 역할이 요구된다.

공공성은 사회를 구성하는 가치, 제도, 규범, 물적 자원에 대해 합의함으로써 개인을 넘어서서 구축되는 공동의 삶에 대한 의미체계이다. 사회와 공동체의 위기적 현실에서 가장 우선적으로 요구되는 것이 공공성이기 때문에 공공성에 대한 논의와 요구는 국가영역뿐 아니라 시장영역과 시민사회영역까지 확산되어야 한다. 제3섹터의 공공성은 국가영역과 시장영역을 넘어 새로운 공간과 의미를 창출하는 것으로 국가공공성과 시장공공성에도 영향을 줄 수 있다는 점에서 중요하다. 오늘날 제3섹터는 시장영역 및 국가영역과 연계하거나 협력하면서 그 영역이 더욱 커지고 복잡해졌다. 하이브리드 조직들이 등장하고 중첩적 영역(grey area)이 확대되고 있는 것이다. 갈수록 중요해지는 사회자본, 사회적경제, 사회권력의 문제를 위해 제3섹터에 대한 새로운 분석과 이해가 필요한 시점이다.

- 김상준 (2003). "시민사회 그리고 NGO, NPO의 개념: 공공성을 중심으로".《NGO연구》, 1(1).

- 김원섭, 김수한 (2013). "한국의 국가공공성 형성과 구조: 발전국가의 복지제도 발전을 중심으로".《아세아연구》, 통권 152호, pp. 42-74. 고려대학교 아세아문제연구소.

- 노대명 (2010. 4). "제3섹터의 정통성 위기와 사회적경제: 유럽과 미국의 제3섹터를 중심으로".《보건복지포럼》, 통권 제162호, pp. 87-96. 한국보건사회연구원.

- 이명석 (2010). "협력적 거버넌스와 공공성".《현대사회와 행정》, 20(2), pp. 23-53. 한국국정관리학회.

- 이재열 (2003). "사회적 자본과 시민의식: 서울시와 자치구의 정책결정과 집행에 주는 함의".《지역사회학》, 5(1), 통권 6호, pp. 41-81. 지역사회학회.

- 이홍균 (1997). "국가와 시민사회 그리고 비정부조직: 서구와 한국의 비교연구".《동서연구》, 9(2). 연세대학교 동서문제연구원.

- 정수남 (2010). "공포, 개인화 그리고 축소된 주체: 2000년대 이후 한국 사회의 일상성".《정신문화연구》, 33(4), 통권 121호(2010년 겨울), pp. 329-357. 한국학중앙연구원.

- 조대엽, 홍성태 (2013). "공공성의 사회적 구성과 공공성 프레임의 역사적 유형".《아세아연구》, 통권 152호, pp. 7-41. 고려대학교 아세아문제연구소.

- 주성수 (2008). "사회경제, 시민사회, 제3섹터, 비영리섹터". 시민사회연

구회 제38차 세미나 발제문.

- CIRIEC (2007). *The Social Economy in the European Union 2007*.

- Defourny, Jacques, Hulgård, Lars & Pestoff, Victor (eds.) (2014). *Social Enterprise and the Third Sector: Changing European Landscapes in a Comparative Perspective*. London and New York: Routledge.

- Durkheim, Emile (2001). *Professional Ethics and Civic Morals*. Routledge Sociology Classics. New York: Routledge.

- Evers, Adalbert & Laville, Jean-Louis (2004). "Defining the Third Sector in Europe". in *The Third Sector in Europe*, pp. 11-42. Cheltenham: Edward Elgar Publishing.

- Pestoff, Victor (1992). "Third Sector and Co-operative Services-An Alternative to Privatization". *Journal of Consumer Policy*, 15(1), pp. 21-45.

- Rothstein, Bo (2000). "Trust, Social Dilemmas and Collective Memories". *Journal of Theoretical Politics*, 12(4), pp. 477-501.

- Salamon, Lester M. (ed.) (2012). *The State of Nonprofit America*. Washington D.C.: Brookings Institution Press.

- Zimmer, Annette (ed.) (2013). *Civil Societies Compared: Germany and the Netherlands*. European Civil Society, Volume 13. Baden-Baden: Nomospublishers.

제3섹터를
어떻게 이해할 것인가:
개념, 구성요소, 역할

김인춘

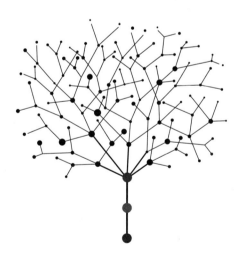

* 이 글은 필자의 "제3섹터의 개념, 구성요소, 역할: 서구와 한국의 비교"(《동서연구》, 26(4), pp. 195-221, 2014)를 부분적으로 수정한 것임을 밝힌다.

1.
제3섹터 개념의 역사적 발전

전 세계적으로 제3섹터에 대한 관심과 기대가 증대되고 있다. 20세기 말부터 신자유주의적 세계화 심화와 사회적 양극화, 전통적 복지국가의 약화와 대안적 사회서비스, 시민사회 성장과 민주화, 소셜 비즈니스(social business) 등장 등으로 다양한 제3섹터 조직이 그 기능과 영역을 확대해가고 있기 때문이다. 국가조직이나 영리조직이 아닌 시민사회조직(Civil Society Organizations, CSOs), 비영리조직(NPOs), 사회적경제조직(Social Economy Organizations, SEOs) 등이 그것으로, 중요한 사회적·경제적·정치적 역할을 하고 있는 것이다. 이처럼 제3섹터의 역할과 중요성이 커지면서 서구뿐 아니라 동유럽 및 아시아의 국가들에서도 관련 연구가 매우 활발하다. 이러한 경향은 1980년대부터 나타났지만 특히 21세기 들어 거시적인 세계사적 변화와 미시적인 사회경제적 삶의 양식 변화가 나타나면서 제3섹터에 대한 관심을 더욱 촉발하였다. 시장만능과 초개인주의적 신자유주의 시대에 사회적 연계 및 연대의 중요성이 커지면서 시민사회와 제3섹터가 다시금 조명받게 된 것이다.

국가영역도 영리추구영역도 아닌 제3섹터와 관련해 지역이나 국가에 따라 다양한 용어가 쓰였는데 시민사회, 자원영역(voluntary sector), 비영리영역(nonprofit sector), 사회적경제(social economy) 등이 그것이다. 이들 영역은 특히 공익 실현과 사회자본 및 사회서비스 제공 역할로 주목을 받아왔다.

'제3섹터' 개념의 발전과정

서구에서 시민사회로 표현되는 제3섹터는 근대국가보다 더 긴 역사를 가지고 있다. 역사적으로 볼 때 종교적 자선단체나 지역공동체 조직에서 시작된 제3섹터는 고유의 사회적 기능과 역할을 담당해왔다. 18세기 이후의 시민사회 발전은 다양한 정치·사회 결사체의 등장을 가져와 제3섹터의 성격과 역할을 변화시켰다. 사회가 발전하고 분화됨에 따라 제3섹터는 자본주의적 시장이나 국가와 구분되는 영역으로 진화하여 민간사회서비스기관, 병원 및 의료기관, 대학, 재단, 사회운동단체 등 그 범위와 규모가 크게 확대되었으며 종류도 다양해졌다. 이러한 현상과 발전은 각 나라마다 다른 시기에, 상이한 특성과 형태로 나타났으나 어느 나라에서나 존재해온 것으로 밝혀졌다. 그러나 이러한 현상이 사회과학의 연구대상으로서 학문적 관심을 얻은 것은 1980년대 이후이며 이때부터 비로소 자발적·자선적·비영리적 조직을 총칭하는 다양한 용어가 쓰이기 시작했다(Salamon & Anheier 1996; Evers & Laville 2004).

최근 한국에서도 크게 성장하고 있는 사회적기업과 협동조합을 보면 한국의 제3섹터는 외형적으로는 모든 구성요소와 역할을 갖춘 듯하다. 저항적이고 사회변혁적인 시민사회단체를 비롯하여 자선 및 공익재단, 사회서비스를 제공하는 NPO, 집단이익 또는 공익을 위한 결사체조직, 공공재와 서비스를 생산하는 영리적 성격의 사회적기업 등 수많은 자발적 조직이 다양한 목적으로 '제3섹터'라는 범주 내에서 활동하고 있다. 따라서 현재 한국의 상황을 분석하는 데는 상대적으로 중립적이면서도 광의의 개념으로서 제3섹터를 상정하는 것이 적절하다고 판단된다. 물론 시민사회나 비영리영역, 사회적경제라는 각각의 개념 또한 여전히 유용할 뿐 아니라 특정한 연구대상이나 목적에는 더 부합될 수도 있을 것이다.

한국의 제3섹터는 아직 그 개념이 다소 모호하여 앞으로 계속해서 논의되어야 할 문제를 여럿 가지고 있다. 즉 제3섹터의 개념을 어떻게 정의할 것이며 구성요소는 무엇인지, 기존의 '시민사회'와는 어떠한 개념적 차이를 갖는지, 전통적인 비영리조직은 투명성과 비영리성을 보장하는지, 시민사회조직은 공공성과 공익성을 얼마나 창출하는지, 시민사회의 이념적 양극화와 사회자본의 결핍은 어떻게 설명할 수 있는지, 제3섹터의 경제적 성과는 어느 정도인지 등이 바로 그러한 문제들이다.

국가와 시장영역이 아닌 제3의 영역을 의미하는 용어와 개념은 다양하게 발전되어왔다. 이론적으로는 (시민)사회 개념이 가장 오래되었고 중요하다. 역사적으로 인간사회는 오랜 기간 국가 없이 존재해왔다. 그러나 사회가 발달과 복잡화, 사적 소유의 확대로 분화되었고 18세기 이후 정치조직이 중앙집중화되고 사회로부터 분리되면서 근대국가가 등장하였다. 19세기 들어서는 산업자본주의와 시민민주주의가 발전하면서 공적인 자원결사체가 본격적으로 등장하였다. 이러한 근대적 결사체(modern associations)는 공동체적 생활영역뿐 아니라 정치적 시민사회와 연계되며 발전을 거듭해왔다. 이러한 과정은 나라 또는 지역마다 다르게 전개되었고 그에 따라 다양한 용어와 개념, 구성요소를 갖게 되었다.

미국과 영국, 프랑스와 독일의 경우

한편 이러한 전개과정은 시민사회 및 국가의 성격뿐 아니라 시민사회와 국가 간의 관계에도 중요한 영향을 미쳤다.

미국은 '결사체 민주주의'라고 불릴 만큼 다양한 결사체들을 형성하면서 민주주의와 사회발전을 이루어왔다. 이러한 결사체적 시민사회를 비영리영역이라는 용어로 구체화하여 분석한 것이 미국식 제3섹터 개념이다(Salamon 2012). 미국의 비영리영역 개념은 시장영역 및 국가영역과의 명확한 구분과 경계 짓기를 통해 비영리성(nonprofit, not-for-profit)과 독립성을 강조하였으며, 이러한 비영리영역 개념이 전 세계로 확산되어 이 분야의 연구를 획기적으로 발전시켰다(Evers & Laville 2004).

영국은 역사적으로 자선 및 자원 조직으로 구성된 자원영역이 발달하였으며, 광의의 자원영역은 시민사회단체를 포함하여 시민사회로 통칭하고 있다. 19세기 들어 자선단체조직은 도덕을 강조하고 사회개혁운동과 연계되면서 그 성격이 변화되기도 하였다. 자율성과 자체역량에 기초하여 중요한 사회서비스 생산과 제공을 담당해온 영국의 자원영역은 국가와 시민 사이의 매개조직 역할을 해왔다.

프랑스에서는 19세기 들어 공화주의적 평등주의에 기초한 호혜적 연대와 사회통합을 추구하는 결사체들이 등장하였다. 다양한 결사체 네트워크와 이들의 정치사회적 역할이 커지면서 민주주의의 핵심인 공공정신이 점차 강조되었다. 19세기 전반기에 결사체들의 급격한 성장으로 연대경제가 등장하였고 이는 사회적경제가 발전하는 데 핵심적 기초가 되었다. 역사적으로 영리영역과 경계가 모호한 생산자 중심의 협동조합이 발달해온 프랑스에서는 1900년대 들어 사회적경제(économie sociale)라는 용어가 쓰였고, 이 개념은 유럽의 많은 나라로 확산되었다(노대명 2010)[1]. 영국과 프랑스의 제3섹터 조직과 활동은 유럽에서 시민결사체주의가 발전하고 확산되는 데 중요한 역할을 하였다.[2]

한편 독일은 역사적으로 공동체 혹은 결사체(vereine)라는 용어가 중요시되었으며 이러한 결사체영역을 지칭하는 제3섹터 또는 시민사회 개념이 광범위하게 쓰인다. 독일의 제3섹터는 정치적 왜곡을 겪기도 했으나 사회의 공공성 함양과 사회서비스 제공이라는 중요한 역할을 해오고 있다(Zimmer 2013). 협동조합, 공제단체, 결사체 등 제3섹터 조직이 사회서비스 제공에서 중요한 역할을 하는 복지체제는 네덜란드, 독일, 오스트리아, 벨기에 등 유럽 대륙형 복지국가의 공통된 특징이다. 이들 조직은 사회적경제의 핵심 구성요소로서 나아가 정치적 측면에서도 중요한 역할을 담당해왔다. 20세기 들어 복지국가가 발전하면서 국가의 역할이 커져왔으나 오늘날에는 거의 모든 선진 복지국가가 제3섹터와의 협력으로 복지서비스를 제공하고 있다(Pestoff et al. 2011).

이렇듯 '제3섹터'라는 개념은 국가와 연구자에 따라 다르게 정의되고는 했지만 점차 전통적 비영리민간단체와 협동조합 그리고 최근에

---

1 사회적경제 개념은 19세기 프랑스에서 등장하였다. 사회적경제 개념에 영향을 미친 프랑스의 사상가 프루동(Proudhon, 1809~1865)은 자본주의를 비판하며 생산자 자유의사에 기초한 협동조합조직이 주축이 되는 사회를 주장하였다.

2 〈http://www.ssc.wisc.edu/~wright/ERU_files/social-economy-2.pdf〉.

는 사회적기업까지 포괄하게 됨에 따라, 유럽의 사회적경제 개념과 미국의 비영리부문 개념을 통합하는 것으로 정의되고 있다.

국가 거버넌스의 한 축을 담당하게 된 '제3섹터'

주지하다시피 '시민사회' 개념도 여전히 중요한 역할을 한다. 국가-시민사회-시장이라는 삼분모델에서 보편적 존재양식을 갖게 된 시민사회는 경제와 국가 사이 또는 경제 및 국가와 교차하여 존재하는 사회적 영역으로, 자원영역, 결사체영역, 사회운동, 공적 소통의 형태 및 그 조직으로 구성된다. 결사체(associations)란 사적 개인, 국가, 시장과 구분되는 자발성에 기초한 사회집단으로 비영리조직, 시민사회조직, 자원조직 등과 유사한 개념으로서, 시민사회영역에 속하면서 또 개인과 가족을 국가(정치)와 시장(경제)에 연결하는 매개조직(intermediary organization)이다(Hirst 2013; 이홍균 1997; 류태건, 차재권 2014). 시민사회는 민주주의를 심화하고 공동체를 재건하며 정의를 실현하는 데도 중요한 역할을 한다. 민주적 가치가 실현되고 시민규범이 진전되는 사회적 참여의 공간이자 성찰적 민주주의 운동으로 민주주의를 확대시키는 영역인 것이다(Cohen & Arato 1994; Edwards 2014).

한국은 공익단체, NGO, NPO, 시민사회단체, 민간단체 등 다양한 용어가 고루 쓰여왔고, 연구대상과 연구자에 따라 제3섹터, 비영리영역, 시민사회라는 개념이 사용되었다.[3] 최근에는 사회적기업, 협동조합 등 사회적경제조직의 중요성이 커지면서 사회적경제 관련 연구가 활발하다. 그리하여 한국에서도 변화된 현실에 맞게 제3섹터 개념이

보다 포괄적으로 정의될 필요가 있다는 주장이 나온다(노대명 2011). 기존의 비영리영역 및 시민사회영역과 새로운 사회적경제영역을 포괄하는 제3섹터 개념이 필요해져서다. 한국의 제3섹터는 정부나 기업을 감시하고 규율할 뿐 아니라 정부의 역할을 보완하거나 시장이 제대로 생산하지 못하는 공공재나 신뢰재를 만들어내고 사회서비스를 제공하는 역할도 담당하고 있다.

한국의 제3섹터를 제대로 이해하는 데는 앞서 간략히 언급한 서구 국가들의 제3섹터 개념과 비교 분석하는 것이 매우 의미 있으리라 생각된다. 이는 무엇보다 시민사회, 비영리영역, 제3섹터, 사회적경제 등 관련 개념이 서구에서 비롯되었다는 점에서 그러하며, 주요 서구 국가의 제3섹터가 담당하는 다양한 공공적 역할을 한국 사회도 기대하고 있기 때문이다. 오늘날 제3섹터와 관련하여 갈수록 커져가는 정책적·학문적 관심은 세계화, 경제와 민주주의의 위기, 고령화 등 제3섹터를 둘러싼 환경 변화뿐 아니라 이러한 환경 변화로 인해 제3섹터 자체의 구성요소와 성격 또한 크게 달라지고 있기 때문이다. 매우 중요하고 광범위한 공공적·공익적 역할을 담당하게 됨에 따라 이제 제3섹터는 대부분의 선진 민주국가에서 국가 거버넌스의 중요한 한 축으로 자리 잡았다.

---

3 시민사회 연구는 1990년대 이후 지금까지 많은 연구결과를 축적해왔으며 인식론적이고 규범적인 차원의 연구뿐 아니라 참여와 실천적 행위의 중요성을 강조해왔다(유팔무, 김호기 2013). 반면 민관 파트너십 차원의 제3섹터 연구도 나타났다(주성수 1999). 1990년대 후반에는 존재론적 관점에서 연고조직을 포함한 미국의 비영리영역 개념에 기초한 연구 또한 진행되었다(김인춘 1997;1998; 이혜경 1998). 이들 연구는 기존의 자발적·비영리영역과 새로운 사회적경제 조직을 통합하는 광의의 제3섹터 개념 연구에 중요한 선행자료를 제공해준다.

2.

서구의 시민사회와 제3섹터

1980년대부터 복지국가의 위기, 다원주의의 확대, 시장기능의 한계, 정부 역할의 변화, 가족의 변화 등 서구 사회의 구조가 전반적 변화를 겪으면서 제3섹터가 크게 주목받게 되었다. 광범위하고 다양한 조직으로 구성된 제3섹터야말로 시장과 국가를 보완하거나 대체할 만한 역할을 해왔기 때문이다. 서구에서 자원조직, NGO, NPO는 공통적으로 국가 및 시장으로부터 독립된 자율적 영역의 조직화된 집단을 지칭하며 포괄적으로 제3섹터 또는 시민사회라고 일컫는다. 공공성 규범을 핵심으로 하는 이들 자원결사체는 나라마다 그 역할과 비중, 성격이 각기 다르게 변화되어왔는데, 특히 사회적경제조직이 중요한 역할을 하면서 공익의 범위가 확대되었다. 서구에서는 1960년대 후반부터 시민단체나 공익적 애드보커시 단체까지도 공익적 이익집단으로 규정해놓고 있다(김상준 2003). (반)낙태단체, 반핵단체 같은 사회운동단체도 공익적 이익집단이자 비영리조직으로 보는 것이다.

유럽의 '사회적경제', 미국의 '비영리영역'

제3섹터에 대한 유럽과 미국의 개념 정의는 다소 차이를 보인다. 잘 알려졌듯 '사회적경제' 개념은 유럽에서 비롯되었고 '비영리영역' 개념은 미국에서 발전되었다. NPO는 국가조직이 아니면서 이윤 창출을 목적으로 하지 않는 조직을 총칭한다. NPO는 본래 국가 또는 영리조직의 한계를 보완하고 공익적 서비스와 재화를 제공하기 위해 탄생했다. 〈표 2-1〉에서 보는 바와 같이 미국은 비영리성을 엄격히 강조한다. NPO는 수익 배분이나 잉여 창출을 목적으로 하지 않으며 이윤을 얻을 수는 있으나 그것은 단지 이후의 활동을 위한 준비금으로만 쓰인다.[4]

미국은 제3섹터를 비영리부문 개념과 동일시하며, 이 부문은 협동조합 등 경제활동을 통해 수익을 창출하는 조직을 배제한다. 미국의 NPO 개념에서 공공의 일반이익(general interests)은 기능적으로 비영리조직의 필수조건이며, 정부영역과 협력하는 유럽 국가들과 달리 미국에서는 NPO를 정부 기능을 대체할 정도의 독립적 영역으로 간주하는 경향이 있다(김상준 2003). 비영리조직은 자발성이 강하고 주로 공공서비스를 생산 또는 공급하는 단체나 공익을 실천하는 조직을 말한다. 미국에서는 이러한 비영리조직뿐 아니라 역사적으로 다양한 성격의 결사체들이 발전하였고 그것이 결사체 민주주의라는 미국적 전통을 만들어왔다. 따라서 미국의 제3섹터는 곧 결사체와 NPO를 가리키며 이 둘의 경계를 구분하는 것은 불가능하거나 무의미한 일이다.[5]

유럽의 제3섹터는 시장경제와 공공경제 사이에 존재하는 매개적 공간으로 사회적경제와 동일하거나 유사한 개념이다. 특히 유럽의 대륙국가들이 제3섹터 개념을 사회적경제 개념과 동일시한다. 협동조

---

4 미국의 NPO는 소득세법에 의해 감면대상이 되며 감면대상은 삶의 질 개선을 위한 사회단체뿐 아니라 회원들의 복리를 증진하려는 조직까지 포함한다. 따라서 노동조합 같은 회원들의 복리 증진을 위한 조직 역시 공익과 배치되는 사적 이익으로 간주하지 않는다(손원익, 박태규 2013).

5 사회적경제 개념은 1972년 사회학자 에치오니에 의해 학술적으로 발전되었다(Etzoni 1972). 사회적기업이 최근 발전하면서 미국식 제3섹터 개념도 변화할 것으로 보인다.

|||||||||||||||||||||||||||||| 표 2-1 유럽과 미국의 제3섹터 정의 비교 ||||||||||||||||||||||||||||||

유럽식 정의	미국식 정의
· 역사적 · 사회적 접근 중시	· 보편적 · 수량적 접근 중시
· 사회적경제 개념	· 비영리영역 개념
· 재화 및 서비스 생산 중시	· 공익 역할 중시
· 분석적(analytical) 관점	· 분류적(classificatory) 관점
· 매개적(intermediary) 역할(매개영역)	· 독립적(independent) 역할(독립영역)
· 수익 배분 가능	· 수익 배분은 원칙적으로 불가
· 협동조합, 공제(mutual aids)단체 포함	· 협동조합, 공제단체 제외

자료: Evers & Laville (2004), p. 13.

합, 공제조합, 자원결사체 등을 포괄하는 사회적경제 개념은 역사적
으로 프랑스에서 발전한 것이고 1970년대 이후 유럽연합(EU) 및 유
럽의 여러 나라에서 정책적으로 사용하였다. 이 개념은 보편적 관점
보다는 역사적 관점을 견지하며 공공의 이익뿐 아니라 집단의 이익
을 추구하는 조직도 중시한다. 사적 투자수익이 아닌 한 수익 배분이
가능하며 재화 및 서비스 생산을 중시한다. 남유럽, 프랑스, 네덜란
드 등 많은 유럽 국가에서 집단적 부(collective wealth)를 창출하는 사
회적경제조직의 역할이 큰 것으로 나타났다. 미국과 달리 유럽의 제
3섹터 조직은 정부나 시장과 연계되는 매개적 역할을 하며 협동조합,
상호부조단체도 제3섹터의 중요한 구성요소가 된다. 유럽적 관점은
각 나라마다 역사적으로 고유한 제3섹터의 발전에 관한 분석적 연구

를 중시하므로 미국의 분류적 연구는 유럽의 역사적 조건에 맞지 않는다고 본다. 미국식 영리/비영리 이분법이나 정부 및 시장실패에 따른 비영리영역의 역할 강조는 유럽의 역사나 현재의 유럽 상황과 맞지 않는다고 보기 때문이다(Evers & Laville 2004). 미국식 분류적 관점이 아닌, 분석적 관점을 채택하는 유럽의 제3섹터는 재화 및 서비스 제공 조직과 애드보커시/시민조직 두 종류로 구분한다.

제3섹터의 범위와 구성조직(components organizations)은 〈그림 2-1〉과 같다. 〈그림 2-1〉에서 ★로 표시된 영역은 혼합 조직 및 기관(mixed organizations-institutions)으로 결사체영역과 함께 유럽의 제3섹터 개념에 포함되는 조직들이다. 국가 또는 가족 및 마을공동체·시장(community & market)영역과 연계되는 부분도 모두 제3섹터로 간주되는 것을 볼 수 있다. 가운데 삼각형 모양의 결사체영역은 자발적·비영리영역을 나타낸다. 미국의 경우 이 영역이 크고 혼합조직이나 연계된 부분은 작은 반면, 유럽의 경우 미국에 비해 혼합조직이나 연계된 부분이 크다.

제3섹터는 시장영역 및 국가영역의 일부와 연계하거나 협력하면서 그 영역이 갈수록 확대되고 복잡해지고 있다. 서비스 생산, 일자리 창출 등 경제적 역할을 포함하여 권력 감시 및 사회변혁적 역할, 사회갈등 및 이익 조정, 사회자본 함양 등 제3섹터의 역할은 이제 보다 중요해졌으며 또 다양해졌다. 최근에는 사회적기업 같은 하이브리드 조직까지 등장해 제3섹터가 확대되는 한편 그 경계는 갈수록 희미해져 정부 및 시장 영역과 중복되는 공간이 넓어지고 있다. 미국에서도 최근 사회적기업의 활성화로 기존 비영리조직의 비시장성과 비영리성이

|||||||||||||||||||||||||||||| **그림 2-1 제3섹터의 범위와 구성조직** ||||||||||||||||||||||||||||||

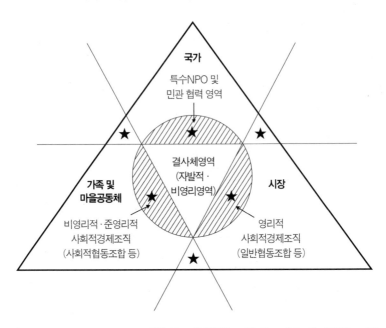

자료: Pestoff (1992), p. 25; Evers & Laville (2004), p. 17.

다소 약화되는 경향을 보이고 있다. 이는 유럽과 미국의 제3섹터가 점차 유사해지고 있으며 같은 개념으로 봐도 무방하다고 판단할 만한 근거가 되어주고 있다.

제3섹터의 역할 변화: 공공영역으로서의 제3섹터

서구에서 시민사회와 제3섹터 개념은 국가마다 차이가 있지만 역사적으로 다양한 공공적 역할과 공익적 기능을 담당해왔다는 점에서는 같다. 제3섹터는 공동체의 공동성과 공동이익을 위한 일체의 활동을 의미하는 공공성(publicness)을 확대하고 강화하는 역할을 한다.

유럽의 제3섹터는 애드보커시 단체 및 NGO와 사회서비스 제공 조직(공제단체, 협동조합, 협회, 자원조직, 자선조직)이 핵심이며, 이들이 곧 시민사회의 구성요소이다. 유럽의 제3섹터는 1980년대 이후 급속한 환경 변화를 겪으며 발전했으며 그 역할이 점차 커졌다. 즉 제3섹터의 범주가 변화함에 따라 공공서비스 제공이라는 역할을 넘어 이제는 국가 및 시장과의 관계 설정이 중요한 문제로 여겨지고 있다. 복지국가의 변화, 자본주의의 변화, 가족 및 지역사회 등 전반적 사회제도의 변화라는 환경에서 제3섹터의 역할과 비전이 커지고 있는 것이다. 이러한 변화된 역할 역시 국가마다 다양한 형태로 발전하여, 공공복지와 연계된 파트너십 관계, 비영리민간복지 형태, 하이브리드 조직의 성장, 사회적기업 등으로 구현되고 있다.

그중 가장 일반적이고 중요한 첫째 역할은 사회서비스 및 고용 제공에 있다. 제3섹터는 오랫동안 사회서비스 제공 및 고용 창출에서 중요한 역할을 해왔다. 오늘날 유럽의 복지모델에서는 제3섹터에 의한 복지 거버넌스가 형성되어 있으며 제3섹터의 성격과 규모에 따라 계속해서 변화하고 있다. 2000년대 들어 복지국가의 구조 변화라는 급격한 환경 변화를 겪으면서 큰 규모의 비영리조직이 사회서비스를 제공하는 사례가 많아졌고, 이에 따라 유럽의 제3섹터는 시장이나 정부 수준의 역할을 맡게 되었다(Evers & Zimmer 2010).

둘째, 민주주의 발전 및 사회변혁 역할이다. 여기에는 정부와 기업을 감시하고 규율하는 기능이 포함된다. 자발성을 띠는 공적 결사체는 민주주의의 정당성과 역량을 제고한다. 미국의 경우 역사적으로 자원결사체들이 민주주의를 정립하고 시민사회의 정의와 안정에 기여한 것으로 인식되고 있다. 미국 민주주의를 발전시킨 핵심적 요인이 시민결사체에 있다고 한 프랑스의 역사가 알렉시스 토크빌(Alexis Tocqueville)의 말처럼 미국에는 다양한 결사체가 존재해왔으며 특히 지적·도덕적 결사체들이 미국 시민사회에 중요한 역할을 해왔다. 개인을 적극적 시민으로 다시 태어나게 하는 시민결사체의 매개를 통해 개인의 사적 이익과 공동체의 공적 이익이 조화를 이룰 수 있었다.

20세기 후반 제3의 민주화 물결, 탈냉전 이후 동유럽의 사회변혁 및 민주화 개혁 과정에서도 시민사회와 NGO가 중요한 역할을 했다. 시민사회의 민주화를 기반으로 한 국가와 경제에 대한 민주적 통제와 민주주의 확대라는 이상은 시민사회가 소통적 행위와 공공성을 가지고 자기성찰적일 때 가능하다(Jensen 2011; Cohen & Arato 1994). 제3섹터가 독립적이고 자율적인 공공영역으로서 기능해야 하는 이유이다.

셋째, 자원결사체들에 의한 이익 조정 및 매개 역할이다. 앞서 말한 두 가지 역할에 비해 이익 조정 및 매개 역할은 집단이익을 우선하는 결사체들이 특히 중요한 몫을 담당할 수 있다. 이러한 역할은 국가는 사회이익을 대변해야 한다는 자유민주주의 이념에서 비롯되었고 다양한 이념과 시스템으로 발전했다. 제3섹터의 이익 조정 및 매개 역할과 민주주의 구현을 적극적으로 옹호하는 것이 결사체 민주주의이다. 민주주의 영역, 즉 공공영역에서 사회집단은 공적 업무에 참여하여 집단적 협상기제를 작동시킨다. 국가와 시민사회를 연계하는 결사체는 공공이익에 기초하여 사적 이익을 조정하는 역할을 수행하기 때문에 정책의 공공성을 확보할 수 있는 것이다(안승국 2012). 사회조합주의(societal corporatism)는 자율적이고 다원적인 사회의 각 부분, 민주적 선거 및 정당체제, 다양한 이념 등을 갖는 정치체제 내에서 만들어진다. 국가가 조합주의를 통해 이해관계를 조정하려면 무엇보다 계급 또는 이해집단의 결사체에 의해 기능적으로 분화된 각 분야의 이익대표 체계를 제도화해야 한다. 네덜란드, 스웨덴, 독일 등 자원결사체가 중요한 역할을 하는 사회, 즉 공공영역으로서 제3섹터가 발전한 국가들에서 사회조합주의가 발달한 이유가 그것이다.

마지막으로, 제3섹터는 사회적 신뢰에 기초하여 사회자본을 함양하는 역할을 한다. 제3섹터는 권위적 강제나 시장논리가 아닌 자발적·공동체적·호혜적 원리에 따라 형성되며 자율성과 공공성을 핵심 가치로 삼는다. 그러나 제3섹터의 특징은 나라마다 다르고 역사적 발전과정과 단계도 다를 수밖에 없다. 따라서 사회자본 또한 이러한 역사적 조건의 영향을 받을 것이다. 그럼에도 사회자본은 투명성, 협동, 공존 등 사회의 질과 사회적 역량을 보여주는 것으로서 선진 민주사회를 위한 필수조건으로 자리 잡고 있다.

3.
한국의 시민사회와 제3섹터

주지하다시피 한국의 시민사회는 1987년 민주화운동 이후 급속히 성장하여 1990년대에는 양적 성장과 함께 일정한 사회정치적 성과도 이루면서 발전기이자 전성기를 맞았다. 민주화운동 직후 현실사회주의 붕괴와 함께 시민사회론이 본격적으로 나타난 것이다. 이에 따라 시민사회의 규범적 가치가 강조되고 변혁 지향의 시민사회운동이 민주주의를 심화하리라는 기대가 높아졌다. 그 결과 시민사회는 진보적·정치적 담론과 그러한 운동의 전유물이 되고 말았다.

민주화 이전 시기의 많은 사회단체는 소위 '관변단체'로 간주되었고 민주화운동을 주도하던 재야·노동·사회운동 영역이 1980년대 중반부터는 '시민사회'로 통칭되면서 이러한 경향이 자리 잡았다. NGO에 대한 개념 규정이 공공선·공익·공공성을 강조하는 데만 치우침으로써 결국 제3섹터, 시민사회에 대한 객관적 이해와 분석을 제약하였다. NGO를 진보적 운동조직에 국한하려는 배타적 경향은 이론적으로도 부정확한 것이며, 국가 간 비교 연구를 저해하기도 했다(김상준 2003).[6]

한국의 '제3섹터' 개념, 어떻게 달라져왔나?

1990년대 말부터 미국의 존스홉킨스대학교 연구팀의 영향을 받아 시작한 연구는 사회변혁적 시민사회단체뿐 아니라 다양하고 광범위한 비영리민간단체를 포괄한다.[7] 미국식 비영리영역 개념은 독립성과 비영리성이라는 정의에 따라 협동조합과 공제단체를 제외해왔으며 정부와의 파트너십 활동을 중시하지 않아 그 범주가 상대적으로 명확

---

6 한국 시민사회의 현실적·유토피아적 이중성 문제에 대한 비판도 있다. 한국의 시민사회는 실증적 수준의 보수적 성격과 규범적 수준의 유토피아적 성격이 공존하면서 결합되어 있는 '이중적 시민사회'라는 것이다(김호기 2001).

했다. 한국의 경우 민간조직이 정부의 재정지원으로 사회서비스를 제공하는 역할을 많이 해왔기 때문에 비영리영역의 구성요소를 규정하기가 쉽지 않았다.

이러한 경향 속에서 점차 제3섹터와 사회적경제 개념이 중요시되었고 이 개념들이 규정하는 영역도 넓어졌다. 시장부문도 아니고 정부부문도 아닌 제3의 영역을 지칭하는 제3섹터는 이제 더는 협의의 민관협력관계(public-private partnership)만을 의미하지 않게 되었다. 또한 영리를 추구하지는 않지만 수익이 발생하거나 수익을 배분할 수 있는 새로운 성격의 조직을 포괄할 뿐만 아니라 특별법에 의한 비영리조직, 협회나 조합, 연맹, 연합회 등 정부부문의 성격을 지닌 준(準)비정부기구들도 사회적경제영역으로 파악해야 하는 상황이 전개되었다. 혼합적 성격의 조직과 단체, 중첩적 영역(grey area)이 포괄되어야 하는 것이다. 이와 함께 영리를 추구하는 사회적기업도 포함되어야 했다. 한편 협회, 조합, 연맹, 연합회 등 준비정부기구는 법적으로는 민간조직이지만 정부와 긴밀한 관계를 유지하면서 공적 업무를 위임받아 수행한다.

이러한 개념의 변화와 확대에 따라 이제 한국의 제3섹터는 크게 비영리영역과 사회적경제영역 두 부문으로 나누어 살펴볼 수 있게 되었다. 비영리영역은 자발적·비영리조직, 특수NPO 및 전문가조직으로

---

7 연세대 동서문제연구원 NPO센터는 1997년부터 미국의 비영리영역 개념에 기초하여 한국의 비영리영역 연구를 수행해왔는데, 최근에는 사회적경제, 제3섹터 개념에 기초하여 연구를 확대하고 있다.

구분된다. 사회적경제영역을 구성하는 주요 조직은 사회적기업, 협동조합, 마을기업 등이다. 이러한 구분은 조직의 성격에 따른 것이지만 사회적경제영역과 비영리영역이 완전히 별개인 것은 아니다. 기존의 NGO나 NPO가 사회적기업이나 협동조합으로 조직형태를 바꾸는 사례가 많은 것이 이를 보여준다.

그간 한국에서는 공익을 '소수자의 권익 옹호'와 같이 다소 엄격하게 정의해왔다. 따라서 협회나 노동조합처럼 특정집단의 이익을 추구하는 이익집단은 NGO, NPO가 아닌 것으로 보았고 이에 따라 이들을 시민사회단체로 보기가 쉽지 않았다. 그러나 서구에서는 특정 집단의 이익이라도 합법적 이익 추구 또는 다른 집단의 이익과 조화롭게 공존할 수 있는 것이라면 그 역시 공익으로 보는 것이 일반적이다. 이름하여 '공익적 집단이익'이다.

제3섹터의 한 축인 사회적경제는 기존의 정부, 비영리조직, 자본 중심적 시장경제 모델을 보완하는 새로운 경제 및 조직 형태에 대한 요구가 증대되면서 함께 발전해왔다.

전통적으로 한국의 제3섹터 조직은 기부금이나 정부지원에 의존하는 NPO를 중심으로 교육서비스나 사회복지서비스 공급 기관의 역할을 수행해왔다. 그러다가 1997년 외환위기 이후 정부가 사회서비스 공급을 확대하는 과정에서 전통적 NPO와 달리 경제활동을 통해 수익을 창출하고 이를 사회적 목적에 활용하는 자활공동체나 사회적기업 등 새로운 성격의 조직이 증가했다.

|||||||||||||||||||||||||||| 표 2-2 한국 제3섹터의 부문별 구성요소 ||||||||||||||||||||||||||||

부문별	조직	주요 구성요소	특성
비영리영역	자발적·비영리조직	공익재단·공익사단법인	비영리성, 공익 추구
		민간단체, NGO 등	
	특수NPO 및 전문가조직	사립학교법인, 사회복지법인, 비영리의료법인	비영리성, 공익 추구
		준(準)비정부기구, 협회, 조합, 노조 등	비영리성, 공익 및 공익적 집단이익 추구
사회적경제 영역	사회적경제조직	사회적기업	영리 추구 가능, 사회적 목적 추구, 공익 및 집단이익 추구
		협동조합, 마을기업, 자활공동체 등	

제3섹터의 핵심은 '자율성'과 '공공성'

최근 한국 사회가 맞고 있는 여러 종류의 위기 상황에 대한 전문가들의 공통된 진단 중 하나는 사회자본의 결핍 문제이다. 투명성, 신뢰, 봉사와 배려, 연대 같은 사회적 역량, 즉 사회자본이 부족하다는 것이다(이재열 2008; 김우식 2006). 사회자본 수준이 높은 선진 민주국가들에서는 적극적이고 다양한 결사체 참여를 통해 정치적·사회적 신뢰의 형성을 촉진해왔다. 한국을 포함한 아시아 국가들은 서구 국가들과는 달리 타인에 대한 신뢰가 가족이나 지인에 대한 신뢰보다 낮게 나타나며 정치적 신뢰 또한 낮게 나타난다. 한국 사회의 신뢰 수준을 전반적으로 높이려면 사회적 연결망을 통한 상호작용을 사회 전체로 확대해야 하며 이를 위해 개인은 다수의 결사체에 중복적으로 참여하는 것이 필요하리라 본다. 시민의 자발적 참여는 다른 구성원에 대한 신뢰를 전제로 하기 때문에 자원결사체의 수가 많을수록, 또한 결사체에 참여하는 시민의 수가 많을수록 일반화된 신뢰가 형성될 가능성이 높기 때문이다(안승국 2012).

그러나 보다 근본적으로는 시민사회 또는 제3섹터가 자율성과 공공성을 결여함에 따라 사회자본 결핍이 초래된 것이라고도 해석할 수 있다. 역사적 측면에서 볼 때 한국에서는 국가가 시민사회영역을 지배하고 독점하면서 정부에 대한 비영리조직들의 의존성, 종속성, 폐쇄성을 심화했고, 그 결과 자율적 시민에 의한 시민사회의 발전을 가로막았다. 또한 다수의 비영리조직이 사적 영리를 추구하고 불투명한 운영으로 공공성 결여를 자초했다. 한국의 역사적·문화적 성격은 개인의 자율성과 책임성에 기초한 시민사회의 발전과 사회자본을 만들어온 서구 국가들의 발전과정과 대비된다. 영국과 미국을 비롯한 서구 민주국가들은 시민사회가 국가(관료제적 정부)보다 먼저 발전하여 오래도록 공적 역할을 담당해왔다. 이러한 역사적·구조적 제약을 감안하더라도 한국의 시민사회와 제3섹터는 공공영역으로서의 위치와 성격에 기초하여 공공성을 확보해야 하는 과제를 안고 있다. 한국의 제3섹터가 자율성과 공공성을 확보하고 공적 역할을 완수할 때 비로소 사회의 질적 발전이 보장될 것이다.

현재 제3섹터는 전 세계적으로 그 중요성이 점점 커지고 있다. 한국에서는 경제 및 사회 정책에서 갈수록 중요한 위치를 점하고 있으며,

동유럽에서는 민주화를 겪으며 선진 복지국가가 재편되자 그 범위와 역할이 더욱 확대되고 있다. 동시에 제3섹터 조직들은 엄격한 공적 감시를 받는 한편 더 큰 공공성과 효율성, 더 많은 책임성을 요구받고 있다. 제3섹터에 대한 정부정책도 단순한 지원에서 벗어나 제3섹터 자체의 위상과 미래의 공공 거버넌스 같은 근본 과제부터 제3섹터 조직의 경제사회적 역할, 서비스 질, 지배구조 등으로 그 시야가 확대되고 있다. 제3섹터는 실천적으로 공공서비스를 제공하고, 민주주의 원리를 심화하며, 이해관계를 조정·매개함으로써 공공 거버넌스의 한 축으로서 제 역할을 담당해야 한다. 이러한 맥락에서 제3섹터를 구성하는 각 조직의 공공성과 책임성, 자율성 담보 역시 중요한 과제이다. 또 한국의 제3섹터가 다양한 경제사회 문제를 해결하는 잠재력을 발휘하려면 정부지원사업에 참여하는 제3섹터 조직을 규정하는 데 보다 개방적인 제도를 구축해야 할 필요성도 제기되고 있다(노대명 2011).

4. 제3의 자본으로서의 제3섹터

제3섹터의 공공성은 사회자본, 즉 '제3의 자본'이다. 제3섹터는 국가와 시장, 가족을 넘어 시민과 시민사회가 주체가 되어 활동하는 참여적 영역이자 실체이다. 따라서 이들 시민 및 시민사회가 공공성을 갖출 때 공동체의 발전과 사회통합, 사회자본 창출이 가능하다. 제3섹터의 다양한 조직과 참여자들이 공공성 규범과 원칙을 실천할 때 신뢰와 사회자본, 높은 공동체의식이 함양될 수 있다. 그런 의미에서 제 3섹터는 호혜, 신뢰, 자발성, 연대 등의 작동원리에 입각하여 정부와 기업의 한계를 보완하고 그 역기능을 완충하는 영역으로 자리 잡아야 하며, 점차 그 영향력을 확대해나가야 할 것이다. 그리고 제3섹터의 공공성이 전제된다면 사회의 공공성은 나아가 '국가의 공공성', '경제의 공공성'으로 발전할 것이다(조대엽, 홍성태 2013).

'국가와 시장, 국가와 가족 사이'에 자리하는 제3섹터

국가와 시장, 국가와 가족 사이에 존재하는 영역에 대한 개념과 실체의 다양성에도 불구하고 몇 가지 측면에서는 분명 중요한 함의가 나타나고 있다. 첫째, 제3섹터의 역할이 중요하며 갈수록 그 역할이 커지고 있다는 점이다. 따라서 시민사회의 구체적 실체인 제3섹터가 좀 더 민주적이고 좀 더 다원적인 사회를 위해 스스로의 성격을 어떻게 구성해내며 또 어떤 역할을 해야 하는지에 대한 검토가 매우 중요하다. 둘째, 제3섹터 조직의 성격이 매우 다양해지고 하이브리드 조직이 많아지고 있다는 점이다. 이는 국가와 시장, 시민사회의 전통적 경계와 성격이 약화된다는 의미이며, 동시에 다양한 협력의 가능성을 보여주는 것이라 하겠다. 그럼에도 제3섹터는 사적 영리 추구가 아닌 공익과 공공성이 존재의 이유이자 핵심 규범이다. 셋째, 제3섹터가 국가(사회, 지역 등) 거버넌스에 중요한 한 축이 되면서 제3섹터의 투명성과 책임성이 더욱 중요해지고 있다는 점이다.

　무엇보다도 중요한 것은 제3섹터의 영역이 확대되고 역할과 기능이 커지는 상황에서 자율성과 공공성을 갖지 못하게 된다면 더 큰 문제를 가져올 수 있다는 점이다. 그러므로 시민사회 또는 제3섹터 논의가 규범적·인식론적 차원에만 머무르기보다는 더욱더 비판적이고 존재론적인 연구가 나와야 한다는 의견이 제기되고 있다. 어떤 시민사회, 어떤 제3섹터가 되어야 하느냐가 바로 그것이다. 기존의 관변조직 또는 운동조직 중심에서 벗어나 공공성과 책임성을 가진 제3섹터로 발전하기 위해 특히 고려해야 할 사항은 제3섹터의 구성요소와 역할이 매우 다양함을 먼저 인식하는 일이다. 결사체마다 추구하는 목적과 활동 방식에 차이가 있으며 따라서 이러한 다양성을 인정하고 이해관계를 조정하여 공존의 민주사회를 만드는 것이 중요하다. 한 사람이 다수의 결사체에 회원으로 참가하는 멤버십의 중첩성이 사회자본 형성에 더 효과적이라는 여러 연구결과는 이를 잘 보여준다. 한국의 제3섹터는 그 개념과 역할이 여전히 불명확하고 논쟁적이다. 그런 탓에 제3섹터에 대한 기대와 우려가 동시에 나타나고 있다. 향후 제3섹터에 대한 보다 다양하고 심층적인 이론적·경험적 연구가 더 많아져야 할 이유가 여기에 있다.

- 김상준 (2003). "시민사회 그리고 NGO, NPO 개념: 공공성을 중심으로". 《NGO 연구》, 1(1).

- 김선혁 (2011). "정부의 질과 시민사회: 비판적 검토와 지표 개발을 위한 시론".《정부학연구》, 17(3), pp. 49-78. 고려대학교 정부학연구소.

- 김승현 (2008). 《비영리부문의 비교연구: 시민사회와 사회적자본》. 아산 재단연구총서. 서울: 집문당.

- 김우식 (2006). "연결망, 불평등, 위법행동: 비도덕성을 생성하는 사회적 자본".《한국사회학》, 제40집 제5호, pp. 29-60. 한국사회학회.

- 김인춘 (1997). "비영리영역과 NGOs: 정의, 분류 및 연구방법".《동서연 구》, 9(2). 연세대학교 동서문제연구원.

- _____ (1998). "비영리부문 연구의 이론적 고찰: 한국 비영리부문 연구 를 위한 시론".《동서연구》, 10(2). 연세대학교 동서문제연구원.

- 김호기 (2001. 11. 10). "국가와 시민사회: 시민사회의 유형화와 '이중적 시 민사회'". 참여사회연구소 가을 심포지엄 자료집.

- 노대명 (2010). "제3섹터의 정통성 위기와 사회적경제: 유럽과 미국의 제 3섹터를 중심으로".《보건복지포럼》, 통권 제162호(2010년 4월), pp. 87-96. 한국보건사회연구원.

- _____ (2011). "한국 제3섹터의 현황과 과제". 한국보건사회연구원.

- 류태건, 차재권 (2014). "어떤 자원결사체가 어떤 신뢰를 증진시키는가?: 사회자본론의 관점에서 실증연구".《동서연구》, 26(2). 연세대학교 동서 문제연구원.

- 박상필 (2013). "한국 시민사회의 현황 파악을 위한 연구모델의 개발".

《기억과 전망》, 통권 29호, pp. 465-505. 민주화운동기념사업회.

- 손원익, 박태규 (2013).《공익법인 관리체계의 근본적 개선방안》. 한국조세재정연구원.

- 안승국 (2012). "아시아에 있어서 정치·사회적 신뢰와 결사체 민주주의".《비교민주주의연구》, 8(1). 비교민주주의연구센터.

- 유팔무, 김호기 (2013).《시민사회와 시민운동》. 파주: 한울아카데미.

- 유팔무, 김정훈 (2013).《시민사회와 시민운동 2》. 파주: 한울아카데미.

- 이선미 (2004). "자원결사체가 개인 간 신뢰의 상징적 제도인가?".《한국사회학》, 제38집 제5호, pp. 81-108. 한국사회학회.

- 이재열 (2008). "한국인의 사회적자본".《한국사회학》, 제42집 7호. 한국사회학회.

- 이혜경 (1998). "한국 비영리영역의 구조와 실체: 민간 사회복지부문의 역사와 구조적 특성".《동서연구》, 10(2). 연세대학교 동서문제연구원.

- 이홍균 (1997). "국가와 시민사회 그리고 비정부조직: 서구와 한국의 비교연구".《동서연구》, 9(2). 연세대학교 동서문제연구원.

- 정철희 (2003).《한국 시민사회의 궤적: 1970년대 이후 시민사회의 동학》. 서울: 아르케.

- 정태석 (2007).《시민사회의 다원적 적대들과 민주주의》. 민주주의총서 03. 서울: 후마니타스.

- 조대엽, 홍성태 (2013). "공공성의 사회적 구성과 공공성 프레임의 역사적 유형".《아세아연구》, 통권 152호. 고려대학교 아세아문제연구소.

- 주성수 (1999).《시민사회와 제3섹터》. 서울: 한양대학교출판부.

- 황덕순 (2009). "한국 비영리기관의 현황과 특징".《노동리뷰》, 제50호, pp. 27-38.

- Alexander, Jeffrey C. (2008). *The Civil Sphere*. Oxford: Oxford University Press.

- Anheier, Helmut K. & Kendall, Jeremy (2001). *Third Sector Policy at the Crossroads: An International Non-profit Analysis*. London: Routledge.

- Billis, David (ed.) (2010). *Hybrid Organizations and the Third Sector: Challenges for Practice, Theory and Policy*. London: Palgrave Macmillan.

- Borzaga, C. & Defourny, J. (eds.) (2001). *The Emergence of Social Enterprise*. London: Routledge.

- Bridge, Simon, Murtagh, Brendan & O'Neilln, Ken (2013). *Understanding the Social Economy and the Third Sector*, 2nd edition. London: Palgrave Macmillan.

- Cohen, Jean L. & Arato, Andrew (1994). *Civil Society and Political Theory*. Cambridge, MA: MIT press.

- Defourny, Jacques, Hulgård, Lars & Pestoff, Victor (eds.) (2014). *Social Enterprise and the Third Sector: Changing European Landscapes in a Comparative Perspective*. London: Routledge.

- DiMaggio, P. & Anheier, H. K. (1990). "The Sociology of Nonprofit Organizations and Sectors". *Annual Review of Sociology*, Vol. 16, pp. 137–159.

- Edwards, Michael (2014). *Civil Society*, 3rd edition. London: Polity.

- Etzioni, A. (1972). "The untapped potential of the 'third sector'". *Business and Society Review*, 1, pp. 39–44.

- Evers, Adalbert & Laville, Jean-Louis (eds.) (2004). "Defining the Third Sector in Europe". in *The Third Sector in Europe*. Cheltenham: Edward Elgar Publishing, pp. 11-42.

- Evers, Adalbert & Zimmer, Annette (eds.) (2010). *Third Sector Organizations Facing Turbulent Environments: Sports, Culture and Social Services in Five European Countries*. Baden-Baden: Nomos publishers.

- Hirst, Paul (2013). *From Statism To Pluralism: Democracy, Civil Society And Global Politics. London: Routledge.*

- Hull, Richard et al. (2011). *The Third Sector*. Bingley: Emerald Group Publishing.

- James, Estelle & Rose-Ackerman, Susan (2013). *The Nonprofit Enterprise in Market Economics*. London: Routledge.

- Jensen, Mark (2011). *Civil Society in Liberal Democracy*. London: Routledge.

- Kim, Euiyoung (2009). "The Limits of Ngo-Government Relations in South Korea". *Asian Survey,* Vol. 49, No. 5 (September/October 2009), pp. 873-894.

- McCarthy, K. D., Hodgkinson, V. A., Sumariwalla, R. D. & Associates (1992). *The Nonprofit Sector in the Global Community: Voices from Many Nations.* Sanfrancisco: Jossey-Bass.

- Osborne, Stephen P. (ed.) (2008). *The Third Sector in Europe: Prospects and Challenges.* London: Routledge.

- Pestoff, Victor (1992). "Third Sector and Co-operative Services-An Alternative to Privatization". *Journal of Consumer Policy,* 15(1), pp. 21-45.

- Pestoff, Victor, Brandsen, Taco & Verschuere, Bram (eds.) (2011) *New Public Governance, the Third Sector, and Co-Production.* London: Routledge.

- Salamon, Lester M. (ed.) (2012). *The State of Nonprofit America* Washington D.C.: Brookings Institution Press.

- Salamon, Lester M. & Anheier, H. K. (1996). *The Emerging Sector: The Non-profit Sector in Comparative Perspective: An Overview.* Baltimore: Johns Hopkins University Institute for Policy Studies.

- Van Deth, Jan W. & Zmerli, Sonja (2010). "Introduction: Civicness, Equality, and Democracy—A 'Dark Side' of Social Capital?". *American Behavioral Scientist,* Vol. 53, No. 5 (January).

- Van Til, J. (2000). *Growing Civil Society.* Bloomington and Indianapolis: Indiana University Press.

- Wuthnow, R. (1991). "The Voluntary Sector". in R. Wuthnow (ed.). *Between States and Markets.* Princeton: Princeton University Press.

- Zimmer, Annette (ed.) (2013). *Civil Societies Compared: Germany and the Netherlands.* European Civil Society, Volume 13. Baden-Baden: Nomospublishers.

한국의 제3섹터가
걸어온 길

황창순

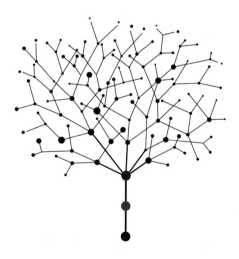

1.
한국 최초의 비영리조직은?

제3섹터에 대한 올바른 이해를 위해서는 한국 사회 제3섹터의 대부분을 차지하고 있는 비영리조직의 역사를 살펴보는 것이 중요하다. 제3섹터를 구성하는 사회적기업과 협동조합 중 '사회적기업 육성법'에 근거한 사회적기업과 '협동조합기본법'에 근거한 사회적협동조합은 그 역사가 아직은 짧을 뿐 아니라 제3섹터에서 차지하는 비중도 매우 낮기 때문에 비영리조직의 역사가 곧 제3섹터의 역사라고 이해해도 될 것이다.

한국 비영리조직의 발전사

우리의 비영리조직은 그동안 어떻게 발전해왔는가? 지난 30년 동안 한국에서 비영리조직에 대한 관심은 꾸준히 증가해왔다. 하지만 1980년대 극적 민주화에 기여한 것으로 평가받는 시민사회단체나 NGO 중심의 논의를 제외하면 다른 종류의 비영리조직에 대한 학문적 관심은 많지 않았는데, 그 이유로 크게 두 가지를 꼽을 수 있다. 첫째는 비영리조직의 활동이나 자원주의적(voluntaristic) 정신은 오래 전부터 한국 사회에 존재했으나 '비영리'라는 용어 자체가 한국의 학자들에게는 생소했기 때문이다. 즉 국가영역이나 시장영역과 비교해볼 때 비영리영역이 과연 무엇인지, 이 영역의 존재이유와 정체성(identity)은 무엇인지에 대한 관심이 부족했다. 둘째는 이 분야의 여러 주제를 중요하고 의미 있는 학문적 연구주제로 여기지 않았으며,

비영리조직의 활동을 크게 가치 있는 것으로 생각하지 않았기 때문이다. 그러나 2000년에 한국비영리학회와 NGO학회 등 관련 학회가 만들어지고 《한국비영리연구》와 《NGO연구》라는 학술지가 발간된 후이 분야에 대한 연구논문이 많이 축적되었다(정구현 2011).

근대화 이후 지난 100년 동안 한국 사회에서는 근대적 의미의 비영리조직이 많이 만들어졌지만 순수한 형태의 자원주의(voluntarism)와 박애주의(philanthropy)는 크게 발달하지 않았으며, 시민들이 공공의 목적을 위하여 현금을 기부하고 자원봉사활동에 참여하는 일은 흔치 않았다. 하지만 최근에는 많은 사람이 공공의 복지나 개인의 발전을 위해 비영리조직과 자원활동의 가치와 중요성을 깨닫기 시작하였다. 비영리조직은 정부가 거부하거나 재정적으로 감당하기 어려운 사회적서비스의 주요 영역을 보완하는 역할을 할 수 있다. 비영리조직이 개인들에게 자아실현이나 의미 있는 삶의 무대가 될 수 있고 나아가 직업적 전망이 불투명한 현실에서 공적 경력을 추구하기 위한 준비단계가 될 수도 있는 것이다.

한국은 전통적으로 국가부문이 강한 나라였으며 시민사회부문은 중요한 정책적 과제에 대한 영향력이 미미하였다. 하지만 1960년대에 4·19혁명과 1980년대에는 민주항쟁 시기를 거치면서 시민사회부문이 시대의 정치적·사회적 이슈에 대한 영향력을 증대해나갔다. 이 장에서는 비영리조직의 위상을 둘러싼 이러한 배경을 염두에 두고 한국 비영리조직의 역사를 탐구하고자 한다.

그러나 한국 비영리조직의 역사를 탐구하는 일에는 두 가지 어려움이 있다. 첫째, 비영리조직 또는 비영리영역이라는 용어 자체가 우리에게 익숙하지 않고 설령 용어를 이해하고 수용하더라도 용어에 대응하는 하나의 통일된 경험적 실체를 발견하기가 쉽지 않다. 한국은 근대 이후 사립학교나 민간인이 설립한 병원은 존재하였지만 이를 '비영리조직'이라 부르지는 않았다. 이뿐 아니라 구한말을 거치면서 유명한 시민단체나 NGO가 만들어지고 일제강점기와 해방 전후 시기, 그리고 한국전쟁을 거치면서 지금도 영향력을 발휘하는 사회복지시설이나 단체가 많이 만들어졌다. 그러나 이를 비영리조직으로 보거나 비영리영역을 구성하는 하위 영역으로 본 것은 최근의 일이라고 할 수 있다(김인춘 1997). 말하자면 교육, 의료, 사회복지, 그리고 시민사회 분야의 조직과 단체가 독자적으로 고유 기능과 역할을 수행하면서 개별적으로 발전했지만 이를 비영리영역으로 묶어 개념화하거나 분류한 것은 최근의 일이다(정구현, 박태규, 황창순 1999). 이런 이유로 한국 비영리조직의 역사를 고찰하려면 비영리영역이라는 넓은 범주의 우산조직(umbrella organizations)에 속하는 하위 분야인 비영리조직의 역사를 따로 고찰할 수밖에 없다.

둘째, 각 영역별 비영리조직의 역사 자체를 탐구하는 것도 용이하지 않다. 이는 근대적 의미의 비영리조직이 언제 시작되었는지 정확히 선을 긋기가 어렵기 때문이다. 이 장에서는 비영리조직의 일반적 정의와 특징에 부합하는 형태를 갖춘 시점을 비영리조직의 시작으로 보고 서술한다. 그렇다면 한국에서 비영리조직이라 부를 수 있는 실체를 가진 조직은 어떤 것이 있을까? 조선시대 말기인 1885년경 최초의 근대적 사립학교가 설립된 것이 요즈음의 교육 분야 비영리조직인 학교법인의 효시라고 볼 수 있다. 그런 점에서 한국에서 가장 먼저 생긴 비영리조직은 교육 분야의 사립학교이다. 이어서 19세기 말과 20세기 초를 거치면서 요즘 우리가 흔히 시민사회단체라고 하는 여러 단체가 만들어졌는데 그 가운데 최초의 단체가 바로 1896년 설립된 독립협회이다. 이어서 의료 분야 비영리조직인 비영리병원, 사회복지단체, 장학법인 등이 순차적으로 생겨났다.

이러한 배경을 고려해 한국 비영리조직의 몇 가지 주요 영역에 대한 기원과 발전의 역사를 탐구한다. 비영리조직이 1896년 이전에는 충분히 발전되지 못했기 때문에 1896년 이전의 비영리조직 활동은 간단히만 언급된다. 그리고 지난 100여 년 동안의 한국 비영리조직의 역사를 고찰함에 있어 전통적 형태인 '이웃 돕기'부터 가장 최근의 비영리조직 활동까지 다룬다.

2. 전통적인 상호부조단체

한국에서 전통적 자선은 두 가지 형태로 발전하였다. 첫째는 개인적 차원의 자선형태였고 다른 하나는 제도적 차원의 자선형태였다. 개인적 차원에는 부자들이 가난한 사람에게 자신의 집에서 청소를 포함한 갖가지 일을 하도록 하고 음식을 나누어 주는 등의 활동을 포함하였다. 이러한 전통은 가난한 자들의 자립심을 배양할 뿐만 아니라 궁극적으로 경제적 독립을 이루도록 하였다. 그리고 제도적 형태의 자선은 지역사회 차원의 자조조직과 '창(倉)'이라고 불리는 국가주도적 복지체계로 나뉜다. 우리나라에서 전통적 비영리활동은 자조와 상호부조의 정신에서 그 유래를 찾을 수 있다.[1]

마을의 성격이 그대로 반영된 '계'

계(契)는 한국의 전통적 협동조직이다. 돈이나 곡식 등을 얼마씩 거두어 필요한 사람이 우선 그것을 이용하게 하는 형태로, 상부상조와 친목, 공동이익 획득 등을 목적으로 만들어졌다. '계'는 상고시대부터 이어진 전통으로 사상, 감정, 생산 등 생활양식이 같은 분야에서 성립되어 모든 행사를 공동으로 하는 풍습을 바탕으로 한다. 삼국시대와 고려시대를 거쳐 조선시대로 오면서 몇 백 년 동안 여러 종류의 계가 조직되어 민중 속에 자리 잡았다. 하나의 사회조직으로서 계의 형태와 기능을 보는 것은 농촌의 사회와 문화를 이해하는 데 도움이 된다. 계의 성격에 마을의 성격이 그대로 반영된다고 보는 견해도 있어, 계의 형태와 기능의 변모는 농촌의 사회적·문화적 변천을 살펴보는 데 좋은 지표가 된다.

옛날에는 마을 전체가 곧 하나의 '계'와 같았다. 즉 다분히 지역적 연대와 전통주의, 도의적 성격이 강했다. 한국 전통사회에서 계의 주요 기능은 농민들이 일시에 큰돈을 마련하기가 어렵기 때문에 마을의 큰 행사나 문중행사, 부락제, 혼인, 환갑, 초상을 치를 때 계원들끼리

---

1 최초의 비영리활동은 신라시대 초기에 나타났다. 전통적 형태의 자선과 그 명칭은 역사적 상황에 따라 변화해왔는데 계, 두레, 향약이 가장 대표적인 전통적 비영리활동이다(감정기, 최원규, 진재문 2010).

물질적으로나 노력으로 상호부조하며 친목을 도모하는 것이다. 물론 계의 형태를 취하지 않더라도 혼인, 환갑, 장사, 제사에는 가까운 친척과 친지, 마을사람들 간에 돈과 음식, 기념품, 노력 등을 증여의 형식으로 주고받는 일이 허다하였다. 이러한 협동생활은 도시보다 농촌에서 활발하게 행해졌으며 이로 인해 공동체의식도 더 강해졌다.

공동노동의 형태를 띠는 '두레'

두레는 농사일을 공동으로 하기 위하여 마을이나 부락 단위에서 구성된 조직이다. 두레는 조선 후기 이앙법(移秧法) 보급과 함께 발달했으며 상호부조, 공동오락, 협동노동 등을 목적으로 조직되었다. 농사철에는 서로 협조하여 농사에 힘썼고, 기쁜 일이 있을 때에는 여러 가지 놀이를 함께 즐겼다. 조선 후기에 두레는 농민의 보편적 생활풍습으로 정착했으며 농민문화의 풍물을 발전시키는 데 도움을 주었다. 여성들의 길쌈을 위해 조직된 '길쌈두레'와 남성들의 삼농사를 위한 '삼두레'가 두레의 대표적 사례이다.

두레는 마을의 모든 농민이 그 마을의 경작지에 대해 자타의 구별 없이 조직적으로 집단작업을 하는 조직이며, 각 가정의 경지면적과 노동력에 따라 나중에 임금을 결산하여 주고받는 공동노동의 형태이다. 이와 같이 협업의 성격을 띠는 공동노동은 한국에서 장시간에 걸쳐 농촌경제를 지배하던 노동형태였다. 우리나라 고대사회에서는 이러한 두레가 노동단체나 유흥단체의 의의를 가졌으며, 대외적으로는 군사단체로서 동지동업(同志同業)의 순수한 결사의 뜻을 가지기도 했다. 오늘날에는 농촌사회에만 두레가 잔존하는데, 이것이 여러 가지

민간 협동체를 파생시켰다.

향촌사회의 결속을 도모한 '향약'

향약(鄕約)은 조선시대 향촌사회의 자치규약으로 시행주체, 규모, 지역 등에 따라 부르는 명칭도 다양했다. 향약은 기본적으로 유교적 예속(禮俗)을 보급하고, 농민들을 향촌사회에 근거를 두도록 하여 토지로부터의 이탈을 막고 공동체적 결속을 이룸으로써 체제안정을 도모하려는 목적에서 실시되었다.

16세기에 농업 생산력 증대와 이에 따른 상업의 발달 등 경제적 조건의 변화로 향촌사회가 동요하고, 향촌사회에 대한 훈구파의 수탈과 비리가 심화되었다. 이에 중종대에 정계에 진출한 조광조 등 사림파는 훈척(勳戚)의 지방통제 수단으로 이용되던 경재소(京在所), 유향소(留鄕所) 등의 철폐를 주장하고 그 대안으로서 향약 보급을 제안하였다. 17세기 후반부터 유향(儒鄕)이 나뉘어 사족의 영향력이 약화된 반면 면리제(面里制)가 정비되는 과정에서 수령권(守令權)이 강화되어, 지방관의 주도로 향약이 확산되었다. 18세기 중엽 이후 재지사족(在地士族)을 매개로 하던 기존의 수취체제가 수령에 의한 향약의 하부구조로서 공동납체계 속에 포함되면서 그 성격이 변모되었고, 동계(洞契) 운영에 있어 이해관계를 달리하는 하층민의 요구와 입장이 첨예하게 표출되었다. 19세기 중후반 서학(西學)과 동학(東學) 등 주자학적 질서를 부정하는 새로운 사상이 등장함에 따라 향약 조직이 위정척사운동에 활용되었다.

지금까지 간단히 소개한 계, 두레, 향약으로 대표되는 전통적 자선활동의 특징을 정리하면 다음과 같다. 첫째, 향약이나 다른 원조체계를 통한 사적 비영리활동은 국가의 복지활동을 보조하는 데 효과적이었다. 특히 농업이나 일상생활에서의 협동적 활동을 통하여 지역사회 수준에서 강력한 자조정신이 존재하였다. 둘째, 비영리활동의 주요 형태는 국가주도의 제도적 활동이라기보다는 자발적이고 사적이며 자조적인 활동이었으며, 특히 지역사회에서 계와 향약은 비영리활동의 가장 중요한 통로였다. 그리고 전통적인 비영리활동의 이념적 기반은 불교의 인본주의 정신과 유교의 교화 및 덕의 정치에서 유래했다(김상균 외 2007).

3. 시민사회단체의 형성과 발전

시민사회단체는 한국에서 가장 대표적인 비영리조직의 하나이다. 하지만 시민사회단체의 기원을 정확히 추적하는 것은 쉽지 않다. 시민사회단체의 개념 자체가 민주화 이후 본격적으로 소개된 것으로 오늘날의 시민사회단체 활동은 과거의 그것과 많이 다르기 때문이다.

지난 100년 동안 한국의 시민사회단체는 각 시대적 상황에 영향을 받으며 변화하고 발전해왔다. 유교 중심의 조선시대와 일본의 식민시대를 겪으면서 중앙집권적인 강력한 국가가 시민사회를 압도했고 사회생활의 많은 영역을 국가가 지배하였다. 일본의 식민지배가 끝나자 시민단체가 무대의 전면에 등장하였다. 정치계나 지역사회에서 그들의 주장을 알리기 위해 단기간에 걸쳐 많은 조직이 생겨났는데 정치 조직, 농민조직이나 노동자조직, 청년조직, 종교조직 등이 바로 대표적인 시민사회조직이었다.

독립협회에서 흥사단까지

역사적으로는 독립협회의 활동과 기능에서 최초의 시민사회단체로서의 요소를 발견할 수 있다. 독립협회는 1896년에 설립되어 근대화 사상으로 무장한 지식인들이 주도적 역할을 수행하였으며, 일군의 자유주의적이고 개혁지향적인 젊은 지식인을 대표하였다. 이들은 한국의 엘리트들에게 서구의 사상을 소개하였다. 독립협회의 영향과 개신교 계통의 학교에서 제공한 교육 덕분에 수백 명의 젊은이들이 민주적 개혁을 요청하는 모임을 가질 수 있었다. 이들 젊은 엘리트들이 수행한 활동은 오늘날 시민사회단체가 인권과 민주화를 위한 활동을 펼치는 것과 매우 유사하였다. 독립협회는 당시 부패한 지배계급을 비난하기 위해 만민공동회를 소집하였다. 이러한 역사적 사실을 고려할 때 독립협회는 근대 한국사에서 최초의 시민사회단체라고 할 수 있을 것이다. 독립협회는 1899년 정부의 압력으로 해산되었으나 1900년에 한국YMCA, 한국YWCA, 신민회, 그리고 신간회 등 몇몇 영향력 있는 시민사회단체가 나타났다.

한국YMCA는 1883년 미국 선교사의 주도로 설립되었다. 활동적인 성원으로 이상재, 윤치호, 이승만, 김규식, 신흥우 등이 있다. 한국YWCA는 1922년에 설립되었고 활동 무대를 서울에서 몇몇 지방으로 점차 확대하였다. 이 두 조직은 설립 이래 한국 사회에서 굵직한 역할을 감당하였으며 사회적으로 중요한 이슈에 대해서는 입장을 표명하기도 하였다. 한국YMCA와 한국YWCA는 오늘날에도 한국의 가장 대표적이며 영향력 있는 시민사회단체로 자리 잡고 있다. 반면 신민회는 일본 식민지에 대항한 독립운동을 이끌 비밀조직으로 형성되었으며, 신민회의 전통을 이어받아 1913년 흥사단이 창립되어 오늘날까지 이어오고 있다. 3·1운동 이래로 신민회를 포함한 많은 시민사회단체가 생겨났다. 하지만 대부분의 시민사회단체는 1910년부터 1945년까지의 식민시대에는 자신들의 활동을 독립운동에만 한정하였다.

1945년 해방 이후 시민사회단체의 숫자가 급속히 증가하였고 활동 범위도 확대되었다. 1945년과 1961년 사이의 소란스러웠던 시기에는 시민사회단체의 활동이 당대 상황에 의해 결정되었다. 그러나 1961년 발생한 군사쿠데타는 대부분 자발적으로 생겨난 시민사회단체의 활동을 억압하였다. 대신 군사정부는 정부가 지원하는 조직에 관심을 두었고 이러한 관변조직은 오늘날까지도 이어진다.

1990년대, 시민사회단체의 팽창

한국의 시민사회가 국가보다 상대적으로 힘이 약했던 것은 사실이지만 시민사회가 수동적이고 순하기만 했던 것은 아니다. 한국의 시민사회는 일련의 문화적·정치적 운동을 통해 점점 강해졌다. 많은 사람이 한국에서 자율적 시민사회단체는 군사정부가 권력을 잡은 이후 권위적 정권에 대항하기 위해 생겨난 것으로 보고 있다. 제3·4공화국 시점에서 반정부단체가 많이 만들어졌고, 정당이나 시민사회단체, 종교계 그리고 학계를 연결하는 연계망을 구성하기도 했다. 한국의 시민사회단체는 권위주의적 정부의 통제 아래에서도 활동을 꾸준히 이어나갔다.

한국의 사회운동이나 시민사회단체 역사에서 이정표가 된 사건은 1987년의 6월항쟁이다. 대통령직선제 도입과 시민참여 증대로 양적으로 많은 시민사회단체가 생겨났다. 시민권리 옹호, 정책 참여, 부패 감시 등의 활동이 활발히 전개되었고 각종 직능단체, 종교단체, 예술문화단체의 수도 늘어났다. 이를테면 1960년대를 한국시민사회 형성의 초기로 볼 수 있다면 1987년 이후는 시민사회영역이 활성화되고 국가에 대한 견제가 본격화된 시기로 평가할 수 있다(박상필 2003). 《한국민간단체총람》에 따르면 1990년대 초 1,140개에 불과했던 시민단체 수는 2000년대 5,176개로 크게 증가하였다. 1987년부터 시작된 시민사회단체의 수적 팽창 및 영향력 증대는 1992년 문민정부의 등장과 1997년 국민의정부 등장으로 절정기를 맞았다. 이 시기에는 경실련, 참여연대, 환경운동연합, 녹색연합, 여성단체연합 등 주요 시민사회단체의 영향력이 확연히 증대하였고 문민정부와 국민의정부 시절에는 시민사회단체에서 쌓은 경력이 정치계나 행정부로 진출하는 발판이 되기도 하였다. 하지만 2000년대 후반 ICT시대의 도래와 더불어 시민사회단체의 수도 줄고 그 영향력도 감소하기 시작하였다.

2000년대 초반 5,176개에 이르러 전체 민간단체에서 60%를 차지했던 시민단체는 2010년에는 846개로 줄어들어 전체 민간단체의 10.8% 수준으로 떨어졌다(신동준, 김광수, 김재온 2005). 시민사회단체의 쇠퇴는 민주주의의 성숙과 더불어 정치운동에 대한 관심 약화와 연관성이 있으며 특히 ICT시대의 도래와 SNS의 발달과도 깊은 연관이 있는 것으로 보인다. 한국의 수많은 시민단체 가운데 일반대중에게 알려진 것은 많지 않고 그중 몇몇 단체는 법인의 형태를 띠기도 했으나 다수의 시민사회단체가 여전히 법인 설립을 하지 않은 단체로 남아 있다. 정권이 바뀜에 따라 시민사회단체의 역할과 기능에도 미세한 변화가 있었지만 국가의 권력남용과 인권침해를 감시하고 비판하는 기능을 지속적으로 유지해왔다.

4. 사회복지조직의 시작과 변천

사회복지 분야의 비영리조직은 초기에는 주로 외국의 원조기관이나 종교단체가 운영하였다. 1945년 일제 식민지에서 해방되었을 때만 해도 단지 33개의 아동복지시설이 존재했다. 하지만 1959년에는 645개로 증가하였고, 이 시기의 통계에 따르면 645개의 복지시설 가운데 598개가 민간비영리조직이었다. 한국의 사회복지 분야에서 비영리조직의 역할이 상당했음을 보여주는 증거이다. 일제 식민지배가 시작된 1910년 이후 민간사회복지조직은 주로 종교적 동기에 의해 설립되고 운영되는 경우가 많았다(오세영 2011).

최초의 민간조직은 '반열방'이라는 선교단체

우리나라 최초의 민간조직으로 생겨난 사회복지관은 1906년 미국 감리교 선교단체에 의해 원산에 '반열방'이라는 이름으로 설치되었다. 1921년 미국 감리교 선교부는 서울 인사동에 '태화여자관'을 설치하여 민간사회복지관 활동을 전개하였다(황성철, 강혜규 1994).

한국전쟁 발발 후 10개 이상의 외국원조단체가 한국에 들어왔는데 대부분 전쟁고아를 돌보면서 종교와 문화 그리고 의료 활동에 관여했다. 1950년 한국전쟁의 발발은 전쟁고아 및 전쟁피해자를 양산하였고 전쟁으로 인한 가족해체는 시설보호와 물자구호의 필요성을 증대하였다. 정부의 허약한 재정으로 인해 사회복지 욕구를 충족시킬 수 없게 되자 외국원조단체와 토착민간단체 등이 주도적 역할을 맡았었다. 1970년대에 발행된 한 문건에 의하면 한국전쟁 이후 사회복지서비스를 공급하는 민간조직, 즉 사회복지서비스를 제공하는 재단법인, 사단법인 등의 등록단체는 약 97개, 이 가운데 토착민간단체는 53개였고 외국원조단체는 44개였다(이혜경 1998).

법과 제도 마련으로 '사회복지서비스'의 토대 형성

사회적 서비스를 전달하는 데 비영리조직의 중요성이 증가하자 주요 사회복지서비스를 위한 법적 환경의 정비가 필요해졌다. 특히 입법을 통해 분명히 규정해야 할 사안으로는 사회복지서비스에서 국가의 의무, 사회복지서비스의 범위와 한계, 공적복지서비스 전달체계 등이 있었다. 그리하여 1970년 '사회복지사업법'이 제정되었다. 이 법에 따라 사회복지 활동 책임은 국가와 지방자치단체 그리고 민간비영리조직에 부여되었다.

사회복지법인제도의 도입은 한국 비영리조직의 역사에서 매우 독특한 부분을 차지한다. 사회복지법인제도는 사적으로 운영되는 사회복지활동의 공적 특성과 공평한 운영을 보장하고자 도입된 것으로, 사회복지서비스를 전달함에 있어 독특한 공적-사적 관계를 제도화하였다. 말하자면 사회복지법인은 사회복지조직을 운영하고 사회적서비스를 전달하기 위해 만들어진 특수한 형태의 법인이자 비영리조직이었다.

사회복지 분야 비영리조직의 역사에서 가장 중요한 계기가 된 것은 1952년 '한국사회사업연합회'가 설립된 일이며, 이 기관은 1961년 '사단법인 한국사회복지사업연합회'로 이름을 변경했다. 1970년 '사회복지사업법'이 제정되면서 이전의 민간 사회복지 시설이나 단체는 일종의 특수 공익법인인 사회복지법인으로 위상이 변화되었다. 이에 따라 '사단법인 한국사회복지사업연합회'가 1970년 '사회복지법인 한국사회복지협의회'로 법인화된 이래 지금까지 가장 대표적인 사회복지 분야 민간단체로 활동하고 있다.

5. 장학법인의 설립 증가

장학법인의 주요 활동은 장학금이나 연구비의 자금 제공이며, 학문적이고 정책적인 연구를 지원하는 것을 목적으로 삼는다. 해방 이전에 설립된 장학법인은 모두 4개에 불과한데, 모두 식민시대에 일본의 '민법'에 따라 설립된 법인들로서 양영회(1939년 6월), 경방육영회(1939년

9월), 은성장학회(1940년 5월), 영신아카데미(1941년 1월) 등이다.

1939년 양영회(현 양영재단)가 우리나라 최초의 장학재단으로 설립되었고, 이를 시작으로 2012년까지 모두 2,518개의 장학법인이 설립되었다. 양영회가 설립된 이래로 약 70년 동안 한 해 평균 35개 재단이 설립된 것이다. 1960년대까지는 장학법인의 수가 그리 많지 않았으나, 1970년을 기점으로 이후 38년간 총 2,363개의 장학법인이 설립되었다. 1년에 평균적으로 62개의 장학법인이 설립된 셈이다.

〈표 3-1〉에서 보듯 장학법인 설립이 급속히 증가한 시점은 1970년대 이후로, 이는 국가의 발전 및 경제성장기와 일치한다. 특히 이 시기의 장학법인 설립 증가율을 10년 단위로 살펴보면 1970년대는 1960년대의 2.9배, 1980년대에는 1970년대의 3.7배, 그리고 1990년대는 1980년대의 2.3배 등 매우 빠른 증가율을 나타낸다. 한 해 평균으로 볼 때, 1970년대는 12개, 1980년대는 45개, 1990년대는 102개, 그리고 2000년 이후에는 97개의 장학법인이 설립되었다(황창순 1998).

표 3-1 시기별로 살펴본 장학법인 설립 현황

시기	1945년 이전	1945~ 1959년	1960~ 1969년	1970~ 1979년	1980~ 1989년	1990~ 1999년	2000년~ 현재
개수	4	21	41	119	446	1,022	776

자료: 교육부, 공익법인 현황 (2014).

6.
학교법인의 역사와 현황

1885년 기독교 선교사 아펜젤러가 개인의 가정집에서 두 명의 학생에게 영어를 가르친 것이 한국에서 나타난 근대식 사립학교의 첫 번째 사례로 볼 수 있다. 그 후 고종은 아펜젤러에게 고등학교 설립을 허가하였고 배재학당이라는 학교 이름도 지어주었다. 또 다른 선교사 언더우드는 1년 후 경신학교를 자기 집 안에 세웠다. 1986년에는 여성 선교사 스크랜턴 여사가 한 학생을 위한 교육을 시작하였는데 이것이 훗날 이화학당, 곧 이화여대가 되었다. 대부분의 여성이 유교 사상의 영향으로 학교에서 배울 권리를 갖지 못하던 시대에 여성 교육기관이 개교한 것인데 이는 한국의 여성교육사에서 중요한 이정표가 되었다(손인수 1998). 앞서 언급한 세 학교에서 출발하여 여러 기독교 종파에 의해 학교가 세워졌는데 그중 대표적인 종파는 장로교, 감리교, 성공회였다. 19세기 말에 설립된 796개의 학교 가운데 개신교 학교가 666개, 가톨릭 학교가 46개였다.

이처럼 한국 사회에서 사립교육은 주로 외국인 선교사에 의해 이뤄졌으며, 또한 의료서비스와 함께 제공되었다는 특징이 있다. 많은 역사가가 지적하듯 근대 한국의 비영리기관 교육, 의료서비스 그리고 개신교의 선교 활동은 개별적으로 전개되기도 하였으나 동시에 진행된 경우도 많았다(Hwang 1994).

20세기 초에는 또 다른 개인이나 사회집단에 의해 사립학교가 설립되었다. 1883년과 1909년 사이 다수의 근대식 학교가 설립되었는데 이때의 학교 수는 550개였고 학생은 20만 명에 달했다. 민간이 세운 비영리 형태의 조직인 이들 학교는 이후 민족사상을 고취하면서 반식민독립운동의 산실이 되었다.

〈표 3-2〉가 보여주듯 2014년 현재 학교법인 수는 1,156개이며 그 가운데 고등학교를 운영하는 법인이 681개로 가장 많으며 대학은 195개 법인이 설립되어 운영 중이다.

교육부에 등록된 학교법인 이외에 재단법인이나 사단법인의 현황은 〈표 3-3〉과 같다. 전체 2,692개의 재단법인 가운데 대부분을 차지

표 3-2 학교법인 현황(2014년 4월 1일 기준)

(단위: 개)

계	유치원	초등학교	중학교	고등학교	전문대학	대학	각종학교	기타학교
1,156	19	7	128	681	104	195	2	20

주: 학교법인 수는 관할 학교 수가 아닌 법인 수임(동일 법인의 초·중·고등학교가 있는 경우 상위 학제인 고등학교로 산출됨).

자료: 한국교육개발원 통계.

표 3-3 재단법인 및 사단법인 현황

(단위: 개)

재단법인					사단법인				
계	육영 및 장학회	학술	교화	기타	계	육영 및 장학회	학술	교화	기타
2,692	2,518	160	5	9	746	95	437	54	160

자료: 교육부, 공익법인 현황 (2014).

하는 법인이 육영 및 장학회이며 학술법인은 160개가 있다. 한편 사
단법인으로 설립된 법인은 총 746개이며 학술법인이 437개로 가장
많고 육영 및 장학회와 교화법인은 각각 95개 및 54개를 차지하고
있다.

7.
비영리의료조직과 공익법인

한국 사회에서 민간비영리의료조직에 의한 의료서비스 제공은 19세기
말 서양의학의 도입과 더불어 처음 이루어졌다. 공식적으로 그 첫 번
째 병원은 1885년 개신교 선교사의 주도로 설립되었는데 부분적으로
나마 조선 왕실의 지원이 있었다. 이후 많은 선교의사가 한국에 왔으
며 서로 연관된 세 가지 일에 함께 종사하였다. 즉 선교활동과 의료서
비스 제공 그리고 청년교육에 헌신한 것이었다. 그리하여 한국의 개
신교회, 서양의학, 사립학교는 100년의 역사를 함께 시작한 경우가
많았다.

한국의 개신교회와 서양의학

서양의학이 도입된 이후 초기 50년 동안은 대부분의 의료서비스가 선
교병원 또는 국가의 지원을 받는 공립병원에서 제공되었다. 개신교의
주요 종파에 의해 설립된 이 선교병원은 비영리의료조직의 또 다른
범주로서, 한국 최초의 현대식 병원 광혜원과 함께 그 역사가 시작되

었다. 1884년 입국한 미국인 의사 알렌은 그해 12월 의정국 개국 축하연에서 갑신정변으로 부상당한 민영익을 치료하여 서양의학의 우수성을 왕실로부터 인정받았다. 이를 계기로 알렌은 왕실에 병원 설립의 필요성을 제안하여 공식 기록상 최초의 병원인 광혜원(13일 후 제중원으로 이름이 바뀜)을 설립하였다. 광혜원은 조선 왕실과 미국 북장로교의 합작 형태로 세워졌으며, 진료는 미국 북장로교에서 비용을 부담하며 파송한 알렌이 맡았다. 이를 계기로 북미주와 유럽 각국에서 들어온 기독교 각 교파의 선교의사들이 1886년부터 1900년에 이르는 15년 동안 서울을 포함한 전국 주요 도시에 19개의 병의원을 설립하였고 환자 진료와 동시에 기독교 선교사업까지 실시했다. 일본 통치 초기에는 새로운 선교병원 설립이 불가능했지만 외국인의 선교 활동은 자유로워 대도시에 설립된 선교병원들은 계속 발전하였다. 하지만 선교병원이 점차 독립운동의 중심지가 되어감에 따라 1920년대부터는 선교활동 역시 제한을 받게 되었으며 새로운 선교의사들의 입국도 허락되지 않았다.

1950년 이후 선교병원은 한국에서 의료서비스를 제공하는 데 있어 중심 역할을 수행하였다. 특히 가톨릭교회는 1954년 의과대학을 설립하였고 이것이 가톨릭교회가 한국인의 의료서비스에 깊이 관여하는 계기가 되었다. 이후 가톨릭교회는 의료서비스를 점차 확대하여 15개의 병원을 거느리게 되었다. 1970년대로 들어서면 한국의 의료서비스가 급속히 증가하고, 이에 따라 과거 선교병원이 수행하던 역할이 순수 민간비영리조직으로 넘어갔다. 1945년 일본의 패망과 미군정 실시, 미군의 한국전쟁 참전으로 한국의 의학은 미국의 의료제도와 미국식 의학교육제도를 도입하였다. 하지만 전쟁의 상흔과 극도의 빈곤 속에서 의료시설 부족을 겪어야 했으며, 심지어 기존 시설의 활용조차 미흡하였다. 조선총독부의 통제하에 있던 모든 공공병원은 미군정에 의해 대한민국 정부에 귀속되었으며 제국대학 의학부 및 부속병원은 서울대학교 의과대학 및 부속병원이 되었다. 지방의 도립병원들도 모두 지방 행정부에 승계되어 시립 및 도립병원 등 공공병원이 되었다. 기독교 중심의 선교병원들은 공공병원보다는 상황이 좀 나았기 때문에 이 시기에도 선교병원은 병원의료의 중심 역할을 담당하였다. 1950년대에 부산의 복음병원, 서울위생병원, 침례병원, 인천기독병원과 원주기독병원 등이 설립되어 지방에서는 이들 선교병원들이 진료 수준이 가장 높은 공익병원으로 기능하였다.

한편 이 시기에는 민간병원도 양적·질적 발전을 이루어내 부진하던 병원의료를 보완해주었다. 특히 1952년에 도입되어 1958년에 시작한 전문의제도에 따라 많은 전문의사가 배출되었으며 이들이 직접 의원을 개설하거나 몇몇 의원은 차츰 규모를 확대하여 30~50병상 규모의 병원으로 발전하였다. 가장 대표적인 사례가 1963년에 설립된 서울의 제일병원, 1968년에 설립된 고려병원 등으로 이들 병원은 몇몇 의사를 중심으로 운영되었다. 1970년대를 지나면서는 경제성장과 더불어 그동안 잠재되었던 의료수요가 늘어나, 병원 설립이나 의료에 대한 국민의 전반적 기대수준이 급속히 높아졌다. 하지만 그 수요에 비해 의료시설은 절대량이 부족했으며 특히 기존의 공공병원이나 선교병원만으로는 이러한 수요를 감당하기 어려웠기 때문에 민간 영역에서 신속히 병원을 신설하였다.

의료서비스기관의 종류와 현황

한국 사회에서 의료서비스기관은 여러 가지 기준으로 구분이 가능하겠으나 영리 추구 여부에 따라 크게 개인 병원과 법인 형태의 병원으로 구분할 수 있다. 의료법 시행령 제18조에는 의료법인과 기타법인 형태의 병원은 의료업을 행함에 있어 공중위생에 기여하여야 하며 영리를 추구해서는 안 된다고 규정해놓고 있다. 그리고 의료법 제33조 2항에 의거하여 1. 의사 2. 국가나 지방자치단체 3. 의료업을 목적으로 설립된 법인인 의료법인 4. 비영리법인, 즉 비영리사단법인이나 비영리재단법인(학교법인, 사회복지법인 등) 5. 준정부기관(국민연금공단, 근로복지공단, 심평원, 국민건강보험공단 등), 지방의료원, 한국보훈복지의료공단만이 의료기관을 개설할 수 있다. 그래서 의료기관을 설립주체별로 나누면 국공립(국립·시립·도립·군립·공립·지방 의료원, 특수법인)과 사립(학교법인, 사단법인, 재단법인, 사회복지법인, 회사법인, 의료법인, 개인, 기타법인)으로 나눌 수 있다.

〈표 3-4〉는 한국 의료기관의 설립주체별 현황(《2010 전국병원명부》)을 보여준다. 이 가운데 학교법인, 사단법인, 재단법인, 사회복지법인, 기타법인 등은 비영리조직으로서 의료업을 개설한 경우이고, 의료법인은 의료업을 주목적사업으로 설립된 경우라 할 수 있다. 이를 제외한 광의의 공립의료기관은 155개로 전체 의료기관의 6.5%를 차지한다. 공립이 아닌 의료기관 설립주체 가운데 회사법인과 개인을 제외한 범주를 광의의 비영리조직이 설립한 의료기관이라고 할 수 있으며 이는 871개로 전체의 37%를 차지한다. 비영리의료기관 가운데 특히 의료업을 주목적으로 설립된 의료법인이 650개로 27.6%를 차

표 3-4 설립주체별 의료기관 현황

(단위: 개)

구분	계	국립	시립	군립/도립	공립	지방의료원	특수법인	학교법인	사단법인	재단법인	사회복지법인	회사법인	의료법인	개인	기타법인
종합병원	311	3	2	0	0	29	26	64	0	20	2	0	99	66	0
병원	1,259	10	10	3	9	6	7	11	3	26	22	2	301	847	2
요양병원	783	0	17	25	6	1	1	2	11	9	25	0	250	412	24
총계	2,353	13	29	28	15	36	34	77	14	55	49	2	650	1,325	26

자료: 대한병원협회. 《2010 전국병원명부》.

지한다. 하지만 한국은 개인이 설립한 의료기관이 1,325개로 전체의 56%를 차지할 정도로 압도적이다.

정부 부처 등록으로 나타난 비영리공익법인 현황

한국 사회의 여러 비영리조직은 역사적 발전을 통해 오늘날과 같은 비영리부문의 모습을 갖추게 되었다. 민간의 비영리조직들 중 공익적 활동을 목적으로 하는 공익법인으로 인정받는 조직들의 전체적인 모습은 현재 정부 각 부처와 국세청에 등록된 공익법인의 분포에서 찾아볼 수 있다. 2012년 현재 각 부처에 등록된 비영리법인과 국세청의 국세통계연보에 나타난 공익법인의 현황이 다른데 세법 측면에서 보아 공익성이 더 강한 공익법인의 현황을 살펴보면 〈표 3-5〉와 같다.

〈표 3-5〉가 보여주듯이 2012년을 기준으로 2만 9,509개의 공익법

표 3-5 **연도별 공익법인 현황**

(단위: 개)

연도	계	종교	사회복지	교육사업	학술장학	예술문화	의료	기타
2008	27,811	17,586	2,693	1,745	2,960	572	503	1,752
2009	28,905	17,958	2,830	1,749	3,163	673	610	1,922
2010	29,132	17,863	2,895	1,735	3,134	773	671	2,061
2011	29,170	17,753	3,028	1,681	3,229	658	700	2,121
2012	29,509	17,708	3,093	1,702	3,394	743	759	2,110

자료: 국세통계연보 각 연도.

인이 있으며 여러 유형의 공익법인 가운데 종교법인이 1만 7,708개
로 가장 많은 수를 차지한다. 그다음으로는 학술장학법인이 3,394개,
사회복지법인이 3,093개에 달하며 사립학교 법인에 해당하는 교육
사업을 목적으로 하는 법인이 1,702개이다. 의료 목적의 공익법인은
759개, 예술문화 목적의 공익법인은 743개에 달한다. 기타 목적으로
설립된 법인은 2,110개에 달한다.

이는 국세청의 국세통계연보에 나타난 현황이기 때문에 법인세법
상 비영리단체의 숫자보다 적다. 왜냐하면 세법상 공익법인은 법인세
법상 비영리법인 중 상속세 및 증여세법상 열거된 공익사업을 영위하
는 비영리조직만 포함하기 때문이다. 하지만 수익사업이 없어 법인세
신고를 하지 않는 비영리단체가 어느 정도인지 파악되지 않기 때문에

국세청 통계에서는 2012년을 기준으로 비영리법인의 수(1만 5,448개)가 공익법인의 수(2만 9,509개)보다 적은 것으로 나타나고 있다. 이러한 현상은 1만 7,708개에 달하는 종교법인이 공익법인에 많이 포함되었기 때문으로 보인다.

8. 사회적기업의 제도화 과정

사회적기업은 사회서비스나 일자리를 제공하여 사회취약계층의 삶의 질을 높이는 것과 같은 사회적 목적 달성을 위해 재화나 서비스를 생산하고 판매하는 기업을 말한다. 한국에서 사회적기업의 기원은 1970~1980년대의 빈민운동과 협동조합운동의 경험이 외환위기 이후 자활사업이나 민간위탁 공공근로로 이어진 것에서 찾아볼 수 있다. 그러다가 2007년 '사회적기업 육성법' 제정으로 사회적기업이 제도화되었다. 따라서 한국에서 사회적기업의 역사는 1996년 이전, 1996년에서 2006년, 그리고 2007년 '사회적기업 육성법'이 제정된 이후 현재까지 세 시기로 구분해서 살펴볼 수 있다.

초기의 사회적 기업(1996년 이전)

먼저 1996년 이전 시기를 살펴보면, 1970년대 초반 '수도권특수선교위원회'에 의해 진행된 빈민선교와 더불어 1970년대 중반 시작된 산업선교활동을 바탕으로 한 생산공동체운동을 사회적기업의 단초로 볼 수 있다(김성기 2011). 1980년대에 이르러 환경운동과 더불어 생활협동조합운동이 전개되기는 하였으나 주로 소비자협동운동의 형태였고 사회적기업으로 자리 잡지는 못했다. 1990년대 초반 빈민지역을 중심으로 건설업과 봉제업 종사자들 사이에 생산공동체운동이 다시 시작되었다. 1991년 서울 하월곡동의 '건축일꾼 두레', 1993년 서울 상계동의 '실과 바늘', 인천 송림동의 '협성', 1994년 서울 봉천동의 '나섬건설', 인천의 '옷누리', 1995년 서울 구로의 '한백', 마포의 '마포건설', 그리고 행당동의 '논골' 등이 그러한 예이다. 이러한 생산공동체운동에 더해 지식인들을 중심으로 노동자협동운동에 대한 연구와 실험이 진행되었는데(김성오, 김규태 1993), 한 예로 1994년 '인텔리서치' 등 컴퓨터정보 업종에서 노동자협동기업이 실험되었다.

자활지원센터부터 공공근로사업까지(1996~2006년)

다음 시기는 경제위기를 겪은 1996년부터 2006년까지로, 빈곤층의 자립을 돕기 위해 1996년 전국에 5개의 자활지원센터가 설립되었다(이문국 외 2009). 이 제도를 통해 생산공동체는 초기 창업과정에 필요한 자금을 마련하기 위한 제도적 지원을 받았다. 일본의 중고령 실업자를 위한 청소용역, 빌딩관리 협동조합의 사례를 바탕으로 자활센터의 신규 사업으로 청소용역협동조합이 시작되었다. 이후 도시락, 출장뷔페, 세탁업 등 새로운 업종이 시도되었다. 1997년의 경제위기를 거치면서 빈곤층을 위한 생산공동체운동의 일환으로 1998년 공공근로 민간위탁사업이 실시되었다. 특히 경제위기 이후 등장한 장기 실업자 등 새로운 빈곤층을 위해 새로운 일자리가 창출되어야 한다는 인식에 따라 1999년까지 사회적일자리창출운동이 전개되었다. 숲가꾸기사업, 무료간병인사업, 폐자원활용사업, 음식물재활용사업 등이 그러한 예이다.

2000년 '국민기초생활보장법'이 제정되면서 자활지원센터는 자활후견기관으로 명칭이 바뀌었고 2001년까지 157개 센터로 확장되었다(한국노동연구원 2003). 2000년 이후의 시기에는 공공근로사업의 일종으로만 인식되던 사회적기업이 '사회적일자리창출사업'이라는 개념으로 전환되었다. 사회서비스 분야의 일자리 창출 필요성이라는 문제의식과 함께 사회적일자리사업이 기존의 복지부와 노동부 차원에서 환경부, 교육부, 여성부, 산림청 등으로 확대되었다.

'사회적기업 육성법' 제정(2007년)

2003년 노동부에서 사회적일자리정책이 추진되기 시작해 2007년 '사회적기업 설립 및 육성에 관한 법률안'이 제정되었고(김성기 2011), 그 후 〈표 3-6〉과 같이 사회적기업의 수가 지속적으로 증가하였다. 또한 사회적일자리에 대한 시민사회의 참여도 확대되고 있다. 구체적인 예로는 생활협동조합 생성, 환경운동단체의 사회적기업화 시도, 장애인 운동단체의 장애인 중심 기업에 대한 실험 등이 있다. 이와 더불어 기업의 사회공헌활동의 일환으로도 사회적기업 확대가 이루어졌다.

표 3-6　연도별 사회적기업 현황(2014년 9월 현재)

(단위: 개)

연도	2007	2008	2009	2010	2011	2012	2013	2014. 9	계
신청	166	285	199	408	255	386	519	362	2,580
인증	55	166	77	216	155	142	269	171	1,251
현재 유지	42	136	71	191	145	141	268	171	1,165

자료: 한국사회적기업진흥원. 사회적기업 인증 현황.

9.
협동조합 및 사회적협동조합

'협동조합기본법'에 따르면 협동조합은 재화나 용역을 생산하여 구매하고 판매하는 것을 협동으로 영위하여 조합원의 상호복리를 도모하는 것을 목적으로 한다(유달영 1998). 협동조합의 목적이 경제활동에 있어 영리보다는 조합원들의 상호부조에 있으므로 비영리조직의 한 형태로 간주된다. 한국 협동조합의 역사는 1945년 이전, 1945년부터 1973년까지, 1974년부터 2000년까지, 그리고 2000년 이후의 기간, 그리고 '협동조합기본법'이 제정되어 사회적협동조합의 형태가 설립되기 시작한 2012년 이후로 구분할 수 있다.

1945년 이전의 협동조합

1945년 이전 곧 식민시대에는 자생적 민간협동조합과 관제 협동조합이라는 두 가지 유형의 협동조합이 존재했다(장종익 1995). 자생적 민간협동조합은 대부분 농촌지역을 중심으로 대중에게 파급되었는데, 1920년에 설립된 '경성소비조합'과 '목포소비조합'이 최초의 협동조합으로 알려져 있다. 일제 수탈에 항거한 이 시기의 농민운동은 일본 유학을 다녀온 지식인이나 종교지도자와의 연합을 통해 협동조합운동으로 이어졌다. 그 영향으로 1932년까지 농촌지역을 중심으로 80여 개의 협동조합이 자생적으로 만들어졌으며 조합원 수는 2만여 명에 달했다. 또한 기독교에서 YMCA를 중심으로 계 조직과 유사한 형태로 마을 단위 협동조합운동을 펼쳐 1930년대 초반 720개의 협동조합을 설립했고, 천도교에서는 농민공생조합을 육성하여 1930년대 초반 전국적으로 181개의 조합을 설립했지만, 이러한 종교 주도의 자생적 협동조합도 1935년 중일전쟁을 계기로 일제의 통제가 강화되면서 1937년에 완전히 소멸하였다.

관제 협동조합은 1907년 '금융조합'의 형태로 설립되었다(장종익 1995). 자생적 협동조합과 달리 관제 협동조합은 화폐정리사업, 납세 선전 등 총독부의 사업을 대신하는 성격이 강했다. 이러한 금융조합은 1933년에 이르러 전국 단위의 '조선금융조합연합회'가 설립되면서 협동조합 성격이 약화되고 대규모 일반금융기관으로 변질되었다. 이러한 변화에 대한 농민 불만이 커지자 총독부는 유화정책의 일환으로 1926년에 특산품을 구매하고 판매할 수 있는 '산업조합'을 별도로 신설하고 1932년에 이르러 사업범위를 일반 농산물로 확대하여, 1940년 조합 수는 115개로, 조합원 수는 22만여 명까지 늘어났다. 또한 총독부의 1911년 어업령 공포로 설립된 어업조합은 수산물 제조와 판매를 위한 수산조합의 형태로 이어졌다. 1941년 말에는 206개의 어업조합에 150만 명이 넘는 조합원이 가입되어 있었다. 이러한 관제 협동조합은 제2차 세계대전 발발과 함께 식민정부의 통제 강화로 인해 1940년대 초반 모두 해산되었다. 유사하게 1911년 '산림령' 공포로 평안남도에서 최초로 산림조합이 생겨났고 1920년대 중반에는 1,300개가 넘는 조합으로 확대되었으나 이 역시 1930년대 중반 총독부에 의해 모두 해체되었다.

협동조합의 부활과 체계 정비(1945~1973년)

이 시기에는 식민시대에 강제로 해산되었던 협동조합이 부활하고 그 체계가 정비되었는데, 그 형태는 생산자협동조합과 신용협동조합으로 구분할 수 있다(송재일 2012; 장종익 1995). 먼저, 생산자협동조합 중 농업협동조합은 해방 후 좌익 농민단체가 결성한 '협동조합전국연합회', 우익 농민단체가 결성한 '농업협동조합중앙연합회', 그리고 금융조합연합회가 결성한 '농업협동조합중앙회' 등 아래로부터 다양한 협동조합운동으로 부활하였다.

이러한 노력은 1952년 사단법인 농촌 실행협동조합의 설립으로 이어져 1만 3,000개 이상의 이동조합(里洞組合) 그리고 150여 개의 시군조합이 만들어졌다. 1961년 농협과 농업은행이 군사정부에 의해 통합되면서 140개의 군조합, 2만 1,000여 개의 이동조합을 가진 농협중앙회가 출범하였고, 1972년에는 이러한 방대한 조합들이 합병되고 정리되어 1,500여 개의 단위조합을 갖는 현재의 농협 체계가 완성되었다. 수산업의 경우 1962년에 '수협법'이 통과되어 88개의 지구어협, 12개의 업종어협, 그리고 2개의 제조업협동조합을 가진 수산업협동조합중앙회가 발족하였다. 마지막으로 산림업은 공적 성격이 강한 반관반민의 형태로 만들어져 1961년 '산림법' 제정으로 9개의 도조합, 159개의 시군조합, 2만 1,000여 개의 이동조합을 가진 대한산림조합연합회가 형성되었다.

한편 신용협동조합은 도시지역을 중심으로 자발적으로 설립되었다. 1962년 부산에서는 메리 가별 수녀에 의한 '협동조합교도봉사회'의 노력으로 17개의 신용협동조합이 설립되었고, 서울에서는 장대익 신부에 의한 '협동경제연구회'의 노력으로 4개의 신용협동조합이 설립되었다. 이 두 조직은 1964년 '신협연합회'로 통합되었고 1973년에는 277개 조합을 산하에 둔 '신용협동조합연합회' 발족으로 이어졌다. 또한 1963년 재건국민운동본부가 농촌을 중심으로 조합원의 저축을 장려하기 위해 마을금고를 조직했는데 이것이 새마을금고의 효시였다.

지속적 성장(1974~2000년)

이 시기에는 해방 후 정비된 협동조합들의 지속적 성장이 이루어졌다(김영미 2009; 송재일 2012). 생산자협동조합의 대표 격인 농협이 특히 비약적 성장을 이루어, 1961년 193억 원이던 자산이 1995년에는 124조 5,245억 원으로 증가했다. 1990년대 후반의 일반 은행에 비해 대출 비중이 낮았던 농협은 탄탄한 자산을 바탕으로 경제위기를 겪으면서 오히려 성장하였다. 수협 또한 1962년 18억 수준의 자산이 2000년에 17조 5,000억 원에 이를 정도로 크게 성장하였다. 신용협동조합의 경우에는 1982년 새마을금고법이 제정되면서 급격한 성장을 이루었지만 은행 성격이 강화되고 협동조합이 점차 경영주의에 빠지면서 부실이 발생하였다. 1997년 1,666개이던 신협은 경제위기를 겪으며 1,233개로 조합 수가 줄었고 적자 발생으로 공적 자금을 지원받아야 했다.

2000년 이후 협동조합의 3가지 특징

2000년 이후의 협동조합은 3가지 특징을 보인다. 먼저, 새로운 형태로서 소비자생활협동조합이 나타났다는 점이다(박상신 2004). 2000년 '생활협동조합법' 제정과 소비문화의 변화를 바탕으로 생활협동조합에 대한 인지도와 가입률이 급격히 증가하였다. 2010년 현재 대표적인 4개의 생협(한살림, iCOOP생협연합회, 두레생협연합회, 민우생협회)에 약 50만 명의 조합원이 가입되어 있다.

두 번째로, 노동자협동조합의 등장이다(정원각 2013). 한국에서는 노동자협동조합 생성이 다른 선진국에 비해 지체된 경향이 있었다. 한국에서 노동자협동조합은 2003년 '한국노동자협동조합연합회'를 결성했으나 관련 법제도가 없어 '한국대안기업연합회'라는 이름으로 활동했었다. 그러다 '협동조합기본법' 시행 이후 노동자협동조합연합회 추진단을 구성하여 창립총회를 열었다. 노동자협동조합연합회는 한국대안기업연합회를 이어받아 발족과 동시에 국제노동자협동조합연맹, 국제협동조합연맹의 준회원 자격을 얻었다.

표 3-7 협동조합 유형별 관련 법률 제정 연도

유형	농협	수협	중기협	엽연초협	신협	산림조합	새마을	소비자생협
연도	1957	1962	1961	1963	1972	1980	1982	1999

자료: 기획재정부 (2012). "Part 3. 쉽게 풀어 쓴 협동조합". 《상생과 통합의 미래, 협동조합과 함께》, p. 163.

마지막으로, 해방 후 자리 잡은 대표적인 생산자협동조합인 농협, 수협, 산림조합이 조합원의 고령화와 산업구조의 변화 등으로 성장의 한계에 다다랐다는 점이다(장종익 1995). 2009년 말 농협은 1,181개 조합에 245만 명의 조합원이 가입되어 있었고, 수협은 91개 조합에 16만 명의 조합원이 가입되어 있었으며, 산림조합에는 142개 조합에 48만 명의 조합원이 가입되어 있었다.

이상에서 살펴본 민간 협동조합, 관제 협동조합, 그리고 생활협동조합을 포함하여 현재 한국에는 8개의 개별 협동조합에 관한 법이 존재한다. 앞서 살펴본 6개 유형의 협동조합에 더해, 1차 산업 분야의 협동조합인 엽연초생산협동조합과 제조업 분야의 중소기업협동조합을 포함한 총 8개의 협동조합 유형별 관련 법률의 제정연도는 〈표 3-7〉과 같다.

사회적협동조합의 출현(2012년 이후)

이상에서 설명한 협동조합은 회원들의 이익을 도모한다는 설립목적을 갖고 있기 때문에 기존의 비영리부문(제3섹터)에는 포함되지 않는다. 이러한 유형의 협동조합은 잉여가 발생할 때 회원에게 배분함으로써 회원들이 이익을 얻고자 하는 목적이 있어 엄격한 의미에서는 비영리조직의 조건을 충족시키지 못하기 때문이다. 그러나 2012년 제정된 '협동조합기본법'에 의해 설립된 총 347개의 사회적협동조합의 경우 잉여금을 회원에게 배분할 수 없도록 하고 있어 공익을 목적으로 한 제3섹터에 포함할 수 있다. 따라서 사회적협동조합 이외의 협동조합이 한국 사회에서 제3섹터에 포함되는지 여부는 향후 논의의 대상이 될 여지가 있다.

10. 한국 비영리조직의 역사적 특징 7가지

지금까지 한국 비영리조직의 역사를 검토하였다. 비영리성과 공공성을 갖춘 조직을 비영리조직으로 함께 묶어 언급했으나 이는 비슷한 특징을 가진 조직이나 단체를 부르는 공통의 개념이므로, 이와는 별도로 개별 조직의 역사를 검토해보았다. 한국 비영리조직의 역사를 고찰하면서 발견한 특징을 요약해 정리하면 다음과 같다.

첫째, 근대화가 시작된 19세기 말 이전까지는 전통시대의 조직이나 단체가 지역사회를 중심으로 존재했으며 이들은 자선이나 복지 역할과 상호부조적 성격의 조직으로 기능하였다. 전통적 형태의 자선과 박애는 한국인의 삶에 뿌리 내린 유산으로 보이며, 이러한 옛 시대의 공공성과 결사의 정신 그리고 상호부조의 정신은 20세기 이후 발전된 다양한 근대적 공익 조직의 구성원리에 많은 긍정적 영향을 미쳤다고 할 수 있다.

둘째, 시민사회단체·의료·사회복지·교육을 주요 활동으로 하는 민간의 비영리조직이 근대화와 더불어 생겨났고 이러한 조직들은 기독교 전래와 깊은 연관을 맺고 있다. 많은 경우 서양 선교사들이 선교 목적과 더불어 교육기관과 의료기관을 함께 설립한 경우가 많았고, 더 나아가 빈민을 구제하는 복지사업에도 기여하였다.

셋째, 해방 이후 산업화가 진행되면서 한국 사회에서도 서양의 '재단'과 유사한 비영리조직이 생겨났는데 특히 양영회 설립으로 시작된 장학재단이나 기업재단은 기업가나 부를 축적한 개인들이 부의 사회 환원 차원에서 비영리조직을 설립한 경우라고 할 수 있다.

넷째, 한국 비영리조직의 역사에서 나타나는 또 다른 특징은 시민 사회단체가 가장 강력하며 영향력이 큰 비영리조직의 하나가 되었다는 사실이다. 한국의 시민사회단체는 최근에는 비록 SNS의 발달과 더불어 그 기능과 역할이 다소 축소되었으나 소규모의 생활 사건부터 국가적 이슈까지 사회적 삶의 거의 모든 영역에 광범위한 영향력을 행사하고 있다.

다섯째, 사회복지부문은 시민사회단체와는 성격이 다르다는 점에서 특이한데, 사회복지조직은 사회서비스를 전달함에 있어 정부영역과 긴밀하게 연관되어 있다는 사실이 바로 그것이다. 특히 사회복지 법인제도의 독특성으로 인해 정부의 영향력이 강하며, 이러한 구조적 특징으로 인해 이들은 복지서비스 전달에서 국가의 대행자 역할을 수행하게 되었다.

여섯째, 한국 사회에서 의료서비스의 공급은 외국인 선교사들에 의해 시작되어 의료서비스 공급자로서 민간의 비영리조직들이 매우 중요한 역할을 수행하면서 오늘에 이른다. 의료업에 종사하는 다양한 종류의 비영리조직에 대해 정부는 법인세율에서 차별적 혜택을 부여하고 있는데, 그 공공성은 비영리조직 사이에서도 차이를 보인다(김진수 1996). 사회복지, 학교 등 다른 비영리 분야와 달리 의료서비스를 제공하는 비영리조직의 경우에는 공익성의 정도가 어떠한가에 따라 조세혜택에서 차별적 대우를 받는 것이다.

마지막으로, 협동조합과 사회적기업은 실제로는 그 역사가 오래되었지만 여타 비영리영역과는 다르게 영리기업과 유사한 면이 강하게 나타나면서 최근에는 공익성과 비영리성보다는 수익성을 더 강조하는 경향까지 보이고 있다. 앞서 말했듯 협동조합의 경우 잉여를 회원들에게 배분한다는 특징 때문에 기존의 제3섹터(비영리부문)에는 포함하지 않았었다. 그러나 2012년 제정된 '협동조합기본법'에 의거하는 사회적협동조합은 (비영리)사회적기업, 마을기업, 자활단체 등과 함께 사회적경제의 한 부분을 차지하면서 제3섹터의 새로운 모델로 주목받고 있다.

- 감정기, 최원규, 진재문 (2010).《사회복지의 역사》. 서울: 나남출판.

- 교육부 (2008; 2009; 2010; 2011; 2012; 2013). 공익법인 현황.

- 국세청 (2008; 2009; 2010; 2011; 2012; 2013). 국세통계연보.

- 기획재정부 (2012). "Part 3. 쉽게 풀어 쓴 협동조합".《상생과 통합의 미래, 협동조합과 함께》, p. 163.

- 김영미 (2009).《그들의 새마을운동》. 서울: 푸른역사.

- 김상균, 최일섭, 최성재, 조흥식, 김혜란, 이봉주, 구인회, 강상경, 안상훈 (2007).《사회복지개론》. 서울: 나남출판.

- 김성기 (2011).《사회적기업의 이슈와 쟁점》. 서울: 아르케.

- 김성오, 김규태 (1993).《일하는 사람들의 기업》. 서울: 나라사랑.

- 김인춘 (1997). "비영리영역과 NGOs: 정의, 분류 및 연구방법".《동서연구》, 9(2), pp. 5-35. 연세대학교 동서문제연구원.

- 김진수 (1996).《공익법인에 대한 과세제도의 개선방안》. 한국조세연구원.

- 박상신 (2004). "생협운동의 현황과 과제".《한국시민사회연감 2004》. 시민의신문.

- 박상필 (2003). "제2장 한국 시민사회 형성의 역사". 권혁태 외.《아시아의 시민사회: 개념과 역사》. 서울: 아르케.

- 손인수 (1998).《한국교육사연구》. 서울: 문음사.

- 송재일 (2012). "협동조합기본법 제정과 신협의 역할".《신협연구》, 58, pp. 3-37.

- 신동준, 김광수, 김재온 (2005). "한국 시민단체의 성장에 대한 양적 연

구". 《조사연구》, 6(2), pp. 75-101.

- 오세영 (2011). 《사회복지행정론》. 서울: 신정.

- 유달영 (1998). 《협동과 사회복지》. 서울: 홍익재.

- 이문국, 김승오, 노대명, 김정원 (2009). 《자활사업 15주년 기념 백서: 자활운동의 역사와 철학》. 한국지역자활센터협회.

- 이혜경 (1998). "민간사회복지부문의 역사와 구조적 특성". 《동서연구》. 10(2), pp. 41-75. 연세대학교 동서문제연구원.

- 장종익 (1995). 《한국협동조합 운동의 역사와 현황》. 협동조합연구소.

- 정구현 (2011). "한국비영리조직 연구의 과거, 현재, 미래"(6월 3일). 한국비영리학회 창립 10주년 기념 학술대회 발표 논문.

- 정구현, 박태규, 황창순 (1999). "한국 비영리법 체제에 관한 연구". 《비영리조직에 대한 법과 규제》, pp. 51-94. 연세대학교 동서문제연구원.

- 정원각 (2013). "한국 협동조합운동의 역사화 현재". 《진보평론》, 57, pp. 101-125.

- 한국노동연구원 (2003). 《사회적 일자리 창출방안 연구》. 노동부.

- 협동조합 사이트. 〈www.coop.go.kr〉.

- 황성철, 강혜규 (1994). 《사회복지관 운영평가 및 모형개발》. 한국보건사회연구원.

- 황창순 (1998). "한국 공익법인의 성격과 기능: 기업재단을 중심으로". 《동서연구》, 10(2), pp. 145-170. 연세대학교 동서문제연구원.

- Hwang, Chang-Soon (1994). "Women and Voluntarism in Strengthening Civil Society: The Role of Women's Organizations in Korea". Working Papers Series. Center for the Study of Philanthropy. City University of New York.

제3섹터를 뒷받침하는
법제와 세제

박태규

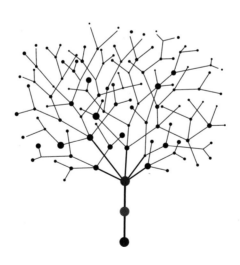

1.
비영리조직과 관련된 법제

제3섹터를 구성하는 조직은 전통적인 비영리조직과 더불어 사회적기업과 사회적협동조합 등으로 구분할 수 있다. 그러나 사회적기업과 사회적협동조합은 비교적 최근에 설립되었기 때문에 현재로서는 가장 큰 비중을 차지하는 기존의 비영리조직과 관련된 법제가 제3섹터 관련 법제의 대부분을 차지한다. 비영리조직과 관련된 이러한 법제는 비영리조직에 대한 정부의 정책 방향을 말해줄 뿐 아니라 한 사회에서 비영리 분야의 역할에 대해 어떻게 평가하는지를 보여주는 지표이기도 하다.

비영리조직 관련 법제는 비영리법인의 설립과 운영을 관할하는 법제와 비영리조직을 대상으로 하는 세제로 구성된다. 비영리법인의 설립과 운영을 관할하는 법률로는 '민법'을 비롯해 '공익법인 설립·운영에 관한 법률', '사립학교법', '사회복지사업법', '의료법' 등이 있다. 비영리조직을 대상으로 하거나 비영리조직에 재산을 출연하는 출연자 그리고 기부활동을 통해 후원하는 기부자와 관련된 세법으로는 '법인세법', '소득세법', '상속세 및 증여세법', '조세특례제한법', '지방세법' 등이 있다.

이 밖에도 많은 비영리조직이 활동재원을 마련하기 위해 일반대중을 대상으로 다양한 형태의 모금활동을 하는데 이러한 활동과 모금액의 사용에 대해서는 '기부금품 모집과 운영에 관한 법률'이 있어 비영리조직과 관련된 중요한 법제로 부각되고 있다. 여러 법률과 세법이 비영리조직의 설립, 운영, 재원조달과 직접적 연관이 있기 때문에 비영리조직 관련 법제에 따라 비영리조직의 설립과 활동이 크게 영향을 받게 된다. 따라서 이런 법제가 어떻게 변화해왔는지, 현재 어떤 변화를 겪고 있는지를 살펴보면 비영리조직의 과거와 현재 그리고 미래를 이해할 수 있다.

2. 비영리조직의 설립 및 운영과 관련된 법제

1960년 이후 시행된 '민법' 제32조에서는 "학술·종교·자선·기예·사교 등 영리 아닌 사업을 목적으로 하는 사단 또는 재단은 주무관청의 허가를 얻어 법인으로 할 수 있다"라고 규정한다. '민법' 제31조에서는 법률에 의하지 않고서는 법인을 설립할 수 없도록 규정함으로써 허가주의 원칙을 적용한다. 또한 '민법' 제38조에서는 비영리법인이 설립을 허가받은 이후라도 목적 이외의 사업을 하거나 설립조건을 위반하거나 공익을 해하는 행위를 한다고 판단하면 설립허가를 취소할 수 있도록 규정한다. '민법' 제33조에서는 비영리법인은 주된 사무소의 소재지에 설립등기를 함으로써 성립되는 것으로 규정하여 법인 설립의 허가 절차와 등기 절차를 분리하고 있다. 그리고 '민법' 제37조에서는 비영리법인은 주무관청의 검사와 감독을 받도록 하고 있어 각 주무관청이 비영리법인의 설립 및 감독에 관한 규칙을 제정하여 비영리법인을 관리·감독하도록 하고 있다. '민법'에서는 비영리법인의 설립에 관한 일반적인 원칙을 제시하고 비영리법인에 대한 보다 구체적인 규칙에 대해서는 비영리조직과 관련된 부서에서 관할하도록 기준을 제시하고 있다. 요컨대 '공익법인의 설립·운영에 관한 법률'이 제정되기 이전에는 '민법'에 의해 비영리조직이 설립되기는 했으나 공익적 활동을 수행하는 조직들에 대해 상세한 기준을 가지고 있지는 못했다.

'공익법인의 설립·운영에 관한 법률'

비영리조직의 설립과 운영에 관한 '민법'을 보완하기 위해 '공익법인 설립·운영에 관한 법률'이 1975년에 제정되었다. '공익법인의 설립·운영에 관한 법률' 제1조에서는 '민법'의 규정을 보완하여 "법인으로 하여금 그 공익성을 유지하며 건전한 활동을 할 수 있도록 함을 목적으로 한다"라고 규정하고 있다. '민법'을 보완하는 목적으로 특별법으로 제정된 이 법률의 제2조에서는 "이 법은 재단법인이나 사단법인으로서 사회 일반의 이익에 이바지하기 위하여 학자금·장학금 또는 연구비의 보조나 지급, 학술, 자선(慈善)에 관한 사업을 목적으로 하는 법인(이하 '공익법인'이라 한다)에 대하여 적용한다"라고 공익을 목적으로 하는 비영리법인의 사업영역을 규정하고 있다.

'민법'에서는 비영리법인을 포괄적으로 규정하는 데 비해, 이 법에서는 좀 더 구체적으로 비영리조직 중 공익활동을 목적으로 하는 공익법인의 범위를 규정해놓고 있다. 즉 이 법에서는 공익법인의 허가기준, 이사회의 구성과 의결, 공익법인의 재산에 관한 규정, 예산 및 결산, 허가의 취소, 공익법인에 대한 감독 등 공익법인의 설립과 운영에 관해 자세히 규정한다. 그리고 사회복지, 교육, 의료 등과 관련된 특정한 사회서비스를 공급하는 사업을 수행하는 비영리법인을 제외하고는 재단법인이나 사단법인 형태의 공익법인 대부분의 설립 및 운영을 규정하고 있다. 특히 1975년 이 법의 제정 이후 공익법인의 이사회 구성요건을 강화해 공익법인 중 특히 재단법인 형태의 공익법인은 재산 출연자에 의해 일방적으로 운영되지 않도록 요건을 강화하였다. 공익에 대해 구체적 규정을 담고 있지 못했던 '민법'을 보완하는 것이 그 목적이지만, 사실 이러한 법 제정의 배경에는 재단법인 설립자들이 상속세 또는 증여세를 회피하면서 공익법인을 통해 사적 이익을 얻기 위한 행위를 하는 데 대한 사회적 비판이 작용하였다.[1]

이 법에서는 공익법인, 특히 재단법인이 설립자에 의해 독단적으로 운영되는 것을 방지하기 위해 이사회의 구성을 규정하고 있다. 즉 제5조 5항에서, (대통령령에 의한) 특별한 관계의 사람들이 이사회의 5분의 1을 넘지 않도록 하고 있다. 이 규정(시행령 제12조)은 공익법인 중에서 특히 재산을 출연해 설립한 재단법인의 경우 출연자의 6촌 이내 인척, 4촌 이내 친척, 배우자(사실혼 관계자 포함), 자식(양자 포함), 출연자와 고용관계에 있는 사람, 출연자에 의해 생계를 유지하는 사람, 출연자가 설립한 다른 공익법인의 이사 등을 특수관계인으로 규정함으로써 설립자에 의한 일방적 운영을 제한하고 있다. 특히 이 법이 제정

---

1 "명문조항 없는 공익법인 증여재산 유용(流用)할 땐 증여세 추징" (1974. 9. 17),《동아일보》; "8개 재벌의 누탈(漏脫)사건에 비친 양상: 속 검은 상속, 탈세도 다양" (1974. 10. 29),《경향신문》; "재벌의 탈세 재산 유출구 봉쇄: 국회에 제출된 공익법인 설립 법안" (1975. 12. 10),《동아일보》, 1면 등의 신문기사에서 볼 수 있듯이 공익재단을 이용한 문제가 사회적으로 제기되었다.

된 이후 재산 출연자와 특수관계에 있는 사람들이 이사회의 일정한 비율을 넘지 않도록 하는 규정(제정 시 3분의 1에서)과 특수관계인의 범위를 강화하는 방향으로 개정되었다. 이같이 특수관계인의 이사회 구성비율 한도와 특수관계인의 범위를 강화하는 법 개정은 재단법인 형태의 공익법인들이 출연자에 의해 일방적으로 운영되는 현상에 대한 사회적 비판을 반영한 것이었다.

'사립학교법'에 의거한 설립과 운영

공익법인의 설립 및 운영과 관련된 법 외에도 교육, 사회복지, 의료 등의 서비스를 공급하는 것을 목적으로 설립되는 비영리법인의 경우 각각 해당되는 특별법에 규율을 받는다. 교육사업을 하는 비영리조직은 '사립학교법'에 의해 비영리법인을 설립하고 운영할 수 있도록 하고 있다. 또한 사회복지사업을 수행하는 비영리조직은 '사회복지사업법'에 의해 비영리법인인 사회복지법인을 설립할 수 있으며, 의료사업을 수행하려는 비영리조직은 '의료법'에 의해 의료법인이라는 비영리법인을 설립할 수 있도록 하고 있다. 이들 세 유형의 비영리조직이 공급하는 사회서비스의 특성이 다르기 때문에 각각의 법에 의해 설립·지배구조·운영에 대한 규정을 받는 것이다.

1963년에 제정된 '사립학교법' 제2조는 사립학교, 학교법인, 사립학교 경영자 등을 정의함으로써 사립학교를 설립하고 운영할 수 있는 비영리법인을 정의한다. '사립학교법'은 유아교육부터 고등교육에 이르기까지 모든 단계의 교육서비스를 공급하는 비영리법인을 관장하는 법률로 작용하고 있으며, 비영리법인인 학교법인의 설립, 학교법인의 이사회 구성 및 의무, 재산과 회계, 해산과 합병 등 비영리법인의 설립과 운영까지를 규정하고 있다. '사립학교법'을 제정하여 사립학교를 '민법'에 의거하는 일반공익법인과 분리한 배경에는 사립학교법인을 이사장에 의한 전횡으로부터 막아주어야 한다는 사회적 비판이 있었다.[2]

'사회복지사업법'에 의거한 설립과 운영

1970년에 제정된 '사회복지사업법'은 사회복지서비스를 공급하는 비영리조직이 사회복지사업을 수행하기 위해서는 이 법에 의거해 법인을 설립·운영해야 한다고 규정하고 있다. 한국의 사회적·경제적 상황이 어려웠던 시절, 사회복지사업에 대한 체계적 관리와 지원이 이뤄지지 못한 시대를 지나 산업화시대로 접어들고 사회복지시설 및 관련 기관이 증가하면서 보다 체계적으로 사회복지사업을 관리하고 지원해야 할 필요가 생겨났다. '사회복지사업법'은 증가하는 사회복지에 대한 사회적 요구에 따라 사회복지사업 관련 비영리조직들을 관리하고 지원하기 위해 제정되었다.[3] 이 법에서는 사회복지사업을 구체적으로 정의함으로써 사회복지사업을 수행하는 비영리법인의 사업 범위를 규정하고 있다. 또한 사회복지사업을 수행하는 비영리법인인

---

2 《동아일보》는 1963년 2월 16일자 기사인 "사학재단의 육성에 집중: 사립학교법안 통과"에서 법인을 일반공익법인에서 분리하여 이사회 권한을 강화하고 이사장이 이사회를 고의로 소집하지 않을 경우 감독청의 허가를 얻어 소집할 수 있다는 내용의 사립학교법이 각의의 심의를 통과했다는 내용을 보도하고 있다.
3 "활발해질 복지사업" (1969. 12. 25). 《매일경제》.

사회복지법인의 설립, 정관, 임원, 재산 및 회계 등을 전반적으로 규정해놓고 있다. 이 법에서는, 사회복지법인을 설립하려는 자는 대통령령으로 정하는 바에 따라 시·도지사의 허가를 받도록 하고 있다. 설립된 법인은 주된 사무소 소재지에 설립등기를 하도록 하고 정관에 목적과 명칭 등을 기재해야 하며, 정관을 변경할 때는 시·도지사의 허가를 받도록 규정하고 있다. 이 법에서는 법인이 거짓 등 그 밖의 부정한 방법으로 설립허가를 받은 때에는 시·도지사가 허가를 취소하고 허가 조건을 위반하거나 목적 달성이 불가능하게 될 때 그리고 목적사업 이외의 사업을 한 때 등에는 기간을 정하여 시정명령을 하거나 취소할 수 있도록 규정하고 있다.

'의료법'에 의거한 설립과 운영

1973년에 제정된 '의료법'에서는 의료사업을 수행하는 의료기관을 설립할 수 있는 자를 규정하고 있다. 물론 의료기관은 '사회복지사업법', '공익법인 설립·운영에 관한 법률', '사립학교법' 등에 의해서도 설립할 수 있다. 의료기관 개설과 관련해 '의료법'(제33조)에서는 의료기관을 개설할 수 있는 경우를 규정하고 있다. 의료기관은 '의료법'에 의한 의료법인 외에도, 예를 들어 '공익법인 설립·운영에 관한 법률'에 의해 설립된 재단이 의료기관을 설립·운용할 수도 있고(예를 들어 아산병원), '사립학교법'에 의해 설립된 대학이 대학병원(예를 들어 사립대학 의과대학의 부속병원)을 설립·운용할 수도 있다.[4] 이뿐 아니라 '사회복지사업법'에 의해 설립된 사회복지법인이 의료기관(예를 들어 사회복지법인인 삼성생명공익재단이 설립한 삼성의료원)을 설립·운용할 수도 있다. 그러나 '의료법'에 의해 설립된 의료기관인 의료법인들은 '의료법'의 설립과 운영 등에 대한 규정을 적용받는다.

'의료법'(제48조)에서는 의료기관을 개설할 경우 시장·군수·구청장이나 시·도지사의 허가를 받도록 규정하고 있으며, 의료법인의 설립허가 및 정관, 재산 그리고 설립의 허가취소를 규정하고 있다. 또한 이 법의 시행령 제20조에서는 의료법인은 비영리법인으로 영리를 추구하지 않을 것을 규정하고 있다. 의료법인은 부대사업을 시행할 수 있도록 되어 있지만 부대사업의 회계를 의료법인회계와 분리하도록 규정함으로써 비영리법인으로서 의료법인의 정체성을 유지하도록 하고 있다.

각기 다른 모습으로 규정된 비영리법인의 지배구조

'사립학교법', '사회복지사업법', '의료법'에서는 각기 다른 모습으로 비영리법인의 지배구조를 규정하고 있다. 우선 '사립학교법'(제21조)에서는 이사 정수의 4분의 1 이상을 '민법'(제777조)에서 규정하는 친족으로 구성할 수 없도록 하고 있어 학교법인 설립자와 그 친족이 이사회를 지배할 수 없도록 하고 있다. 이뿐 아니라 '사립학교법'(제14조 3항)에서는 2007년 법 개정에 따라 학교법인은 이사 정수의 4분의 1(단, 소수점 이하는 올림한다)에 해당하는 이사를 제4항에 따른 개방이사추천위원회에서 2배수 추천한 인사 중에서 선임하도록 하고 있다. 즉 설

---

4 그러나 사립대학 부속병원의 경우 법인회계, 학교회계, 병원회계로 구분하고 있다.

립자 친족의 공익법인 지배를 규제할 뿐 아니라 외부의 인사를 영입하는 개방형이사제라는 이중의 장치를 통해 학교법인의 지배구조에 영향을 미치고 있다.

'사회복지사업법'(제18조)에서는 사회복지법인 이사회의 5분의 1 이상을 특수관계인들로 구성하지 못하게 규정하고 있는데, 특수관계인의 범위는 '공익법인의 설립·운영에 관한 법률'에서 규정하는 범위와 동일하다. 또한 2012년 '사회복지사업법' 개정에 따라 사회복지법인은 이사회의 이사 정수의 3분의 1(소수점 이하는 버린다) 이상을 시·도의 사회복지위원회에서 추천받은 사람을 단체장이 임명한 복수의 후보자 중에서 선임하도록 하고 있다. 사회복지법인의 경우에도 특수관계인에 의한 법인의 지배를 방지하는 규정과 더불어 외부의 인사를 이사로 선임해야 하는 소위 '공익이사제'를 도입해 비영리법인의 지배구조 건전성을 위한 이중적 장치를 설치하도록 규정하고 있다. '사회복지사업법'(제18조 7항)에서는 연수입의 규모가 30억 원 이상인 사회복지법인의 경우 감사 중 1인을 시·도지사의 추천을 받아 임명해야 하는 개방감사제를 도입하는 등 추가 규정을 두고 있다.

'의료법'에 의한 의료법인의 경우에는 동일하게 비영리법인이기는 하지만 사립학교법인이나 사회복지법인처럼 지배구조 관련 규정은 갖고 있지 않다. 즉 '의료법'에서 의료법인은 '민법' 상의 재단법인에 관한 사항을 준용하는 것으로 규정함으로써 비영리법인으로 인정하지만 이사회 구성에 대한 구체적 제약을 가하고 있지는 않다. 오히려 현행 의료법에서는 의료법인의 부대사업 범위를 넓혀주는 방향으로 법제화가 이뤄지고 있다. 의료법인이나 공익법인과는 달리 사회서비스 공급을 담당하는 비영리조직들 중 사립학교법인과 사회복지법인에 대해서만 비영리법인의 지배구조에 대해 개방이사제를 추가로 도입하였는데, 여기에는 앞서 언급했듯 이들 두 형태의 비영리법인에 대한 사회적 비판이 있었기 때문이다. 사회복지법인과 사학법인의 경우 설립자 또는 출연자 그리고 가족에 의해 점유되면서 운영상의 불투명함에 대한 비판이 오랫동안 제기되었던 것이다. 사회복지법인의 운영과 관련해 공공성에 대한 사회적 요구와 운영의 자율성이라는 두 가지 가치가 상충하는 상황에서 공공성에 대한 사회적 요구에 부응해 법제도가 개정된 결과이다.[5] 그러나 이들 사립학교법인과 사회복지법인의 개방이사제에 대해서는 정치적, 사회적 논란이 오랫동안 제기되었고 현재도 진행중에 있다.[6]

5 하승수, 김현수(2007)에서는 사회복지법인 운영의 투명성과 책임성을 개선하기 위해 개방이사제와 개방감사제의 도입을 제안한 바 있다. 사회복지법인의 개방형이사제 도입에 대해서는 사회복지 관련 기관에서 찬성과 반대로 나뉘어 많은 논쟁이 있었다(《한겨레신문》. 2011. 10. 30).
6 사립학교법인의 개방형이사제를 두고 벌어진 '사립학교법'에 대한 위헌심판소송에서, 헌법재판소는 2013년 11월 28일 개방형이사제에 대해 합헌판결을 내린 바 있다(《법률신문》. 2013. 11. 29).

3.
비영리법인(조직)에 대한 사후관리 법제

비영리법인의 주무관청은 목적사업의 영역에 따라 결정되며, '민법' (제37조)에서는 비영리법인은 주무관청의 검사와 감독을 받도록 하고 있다. 또한 '민법'(제38조)에서는 목적 이외의 사업을 하거나 설립조건 을 위반하거나 공익을 해하는 행위를 한 때에는 주무관청이 설립허가 를 취소할 수 있도록 규정해놓고 있다. 이처럼 '민법'에서 규정한 대 로 각 주무관청은 비영리법인의 설립 및 감독에 관한 규칙을 제정하 여 비영리법인을 관리 · 감독하도록 하고 있다.

비영리법인의 설립 및 감독에 관한 규칙에 의하면 대부분의 비영리 법인은 사업계획 및 수지예산서 · 사업실적 및 수지결산서 · 자산 증감 사유 · 재산목록 · 사원의 이동현황 등을 소관부서에 보고할 의무가 있 다. "대부분의 부서에서는 사업계획 및 수지예산서 · 사업실적 및 수 지결산서 · 재산목록 등에 대한 보고를 규정하고 있으나 감사원의 '비 영리법인의 설립 및 감독에 관한 규칙'의 경우에는 더 엄격한 규정을 적용해 자산 증감 사유 · 사원의 이동현황 등을 추가적으로 요구하고 있다"(손원익 2013). 이 같은 보다 구체적 사후관리제도의 내용은 〈부록〉 의 표(이 책 137쪽) '비영리법인의 설립 및 감독에 관한 규칙'에서 확인할 수 있다.

'사회적기업 육성법'

전통적인 비영리조직 외에 한국 사회의 제3섹터를 구성하는 사회적

기업의 설립 및 운영을 규율하는 법제로는 2007년 제정된 '사회적기업 육성법'을 들 수 있다. 이 법은 사회적기업을 육성하고 지원하기 위해 마련된 것이지만 실제적으로는 육성과 지원의 목적 외에 사회적기업의 사업 내용과 운영까지 관할한다. 이 법(제2조 1호)에서는 "사회적기업이란 취약계층에게 사회서비스 또는 일자리를 제공하거나 지역사회에 공헌함으로써 지역주민의 삶의 질을 높이는 등의 사회적 목적을 추구하면서 재화 및 서비스의 생산·판매 등 영업활동을 하는 기업으로서 제7조에 따라 인증받은 자를 말한다"라고 규정하고 있다. '사회적기업 육성법'에서는 사회적기업의 사업범위와 사회적기업으로 인증받는 경우에 한해 사회적기업으로서의 지위와 명칭을 사용할 수 있도록 하고 있다. 이 법에서는 사회적기업의 정관, 인증요건과 인증에 필요한 절차를 구체적으로 규정하고 있다.

그러나 동법 시행령 제8조에서는 사회적기업은 공익법인, 사회복지법인 등 비영리법인의 형태뿐 아니라 '비영리민간단체지원법'에 의한 비영리단체, 협동조합 등에도 사회적기업의 지위를 부여할 수 있도록 하고 있다. 또 전통적 비영리법인 또는 비영리단체, 협동조합 형태 외에도 영리 추구가 가능한 주식회사의 형태로도 설립할 수 있도록 하고 있다. 그러나 영리를 추구하는 주식회사 형태로 설립되는 경우에도 이 법에서 규정하는 '사회적 목적 달성' 기준을 충족해야 하기 때문에 전통적인 영리법인들과 차별성을 갖도록 하고 있다.

'사회적기업 육성법'에서는 사회적기업의 설립과 운영뿐 아니라 사회적기업을 지원하기 위한 정부 지원정책의 내용과 법적 근거를 마련해놓고 있다. 정부의 운영지원, 시설비지원, 교육지원, 사회적기업 제품에 대한 공공기관 우선구매, 조세감면 및 사회보험료 지원 등 구체적 지원책을 마련해놓고 있다. 따라서 '사회적기업 육성법'은 또 다른 측면에선 사회적기업 지원법이라는 성격을 갖는다.

또한 사회적기업은 사회적기업으로 인증받기 이전에 이미 '공익법인 설립·운영에 관한 법률', '비영리민간단체지원법', '사회복지사업법', '소비자협동조합법', '협동조합법', '상법' 등에 의거하는 법인 또는 비영리단체이기 때문에 이들 법에서 요구하는 설립 및 운영에 관한 규정을 동시에 충족해야 한다는 특성을 갖는다. 바로 그러한 이유로 인증사회적기업으로서 세제혜택(제13조)과 사회적기업에 기부하는 연계기업 및 개인에게도 조세감면 혜택(제16조)을 부여하고 있다. 이 밖에도 설립 근거법에 의해 비영리법인 또는 비영리단체는 세법에서 부여하는 세제혜택을 적용받을 수 있다.[7]

비영리조직의 기부금 모집을 규율하는 법제

비영리조직이 설립의 동기가 되는 비영리활동을 수행하려면 재원이 필요하고, 따라서 다양한 방법으로 재원을 마련해야만 한다. 재단법인의 경우 재단에 출연한 재산을 기초로 사업을 수행하게 되고, 종교단체와 사단법인의 경우 회원들의 회비를 재원으로 사업을 수행한다. 이 밖에도 특별법에 따라 설립된 비영리조직인 사회복지법인, 학교법인, 의료법인 등은 사회복지, 교육, 의료 등의 서비스를 제공하고 받

---

7 한국의 제3섹터에는 사회적협동조합도 포함되지만 '협동조합기본법'은 2012년에 제정된 것이라 아직은 초기 단계이므로 현재의 논의에서는 제외한다.

는 서비스요금을 재원으로 활동을 수행한다.

그러나 많은 비영리단체가 이런 방법만으로는 필요한 재원을 모두 조달할 수 없기 때문에 일반인들을 대상으로 기부금과 기부물품을 모집하는 행위를 하게 된다. 또한 이런 비영리단체들이 기부금 모집을 통해 자신들이 표방한 사회복지, 교육, 의료, 기타 공익적 활동을 수행하는 것을 바람직한 사회현상으로 보고 있다. 이는 한국 사회의 구성원들이 자발적 참여를 통해 자신들이 지지하는 공익활동을 지원하는 통로가 될 수 있기 때문이다. 비영리단체들의 기부금 모집 노력과 사회구성원들의 자발적 기부참여의 정도와 수준을 두고 '기부문화'라고 표현한다. 이런 사회적 노력이 중요하기 때문에 정부에서도 민간 차원의 노력을 지원하기 위해 세제혜택 등을 통해 정책적으로 지원하는 것이다.

한국에서는 불특정 다수를 대상으로 기부금품을 모집하는 행위에 대해 '기부금품 모집 및 사용에 관한 법률'을 통해 간여하고 있다. 기부금품 모집과 관련된 정책은 오랜 역사를 갖는다. 1951년 제정된 '기부금품모집금지법'을 시작으로 1995년에는 '기부금품모집규제법'으로, 그리고 2013년에 와서는 현재의 '기부금품 모집 및 사용에 관한 법률'로 자리 잡았다. 법률의 명칭과 내용의 변화를 통해 비영리단체의 기부금품 모집과 관련된 정부의 정책 변화를 읽어낼 수 있다.

1951년 '기부금품모집금지법'이 도입되던 시기는 한국전쟁으로 인한 사회적 혼란이 컸던 때이기에 "기부금품의 모집을 금지하여 국민의 재산권을 보장하며, 그 생활안정에 기여하기 위해"라는 목적을 밝히고 있다. 1995년 '기부금품모집규제법'이 도입되면서 1951년 법은 폐지되었는데 여전히 민간의 경제적 능력에 한계가 있고 자발적 기부를 할 수 있는 경제적 여건이 조성되지 않았을 뿐 아니라 비영리부문의 사회적 역할에 대한 인식이 충분치 않았다. 경제성장을 지속하며 민간의 경제적 여건이 조성된 시기인 1995년 '기부금품모집규제법'이 도입되었다. 민간이 기부금품 모집에 참여할 수 있는 사회·경제적 여건이 조성되었고 민간의 자발적 기부참여가 사회적 문제 해결에 기여할 수 있다는 인식이 싹텄다. 따라서 기부금 모집과 관련된 정부정책 역시 민간기부의 긍정적 역할에 대한 인식을 가지고 기부금품의 무분별한 모집을 규제하되 제한적으로 모집된 기부금품이 적정하게 사용되도록 하는 방향으로 그 목적이 변화하기는 했다. 그럼에도 여전히 기부금품 모집을 규제하는 데 초점을 맞춘 정책이었던 탓에 민간의 자발적 역할에 대한 근본 인식이 낮은 시기였다고 볼 수 있다.

사회구성원들의 자발적 기부참여도가 높아질수록 기부금품 모집과 관련해서도 정부의 새로운 인식이 요구되었다. 2013년 '기부금품모집 및 사용에 관한 법률'로 대체 입법되면서 비영리단체의 기부금품 모집에 관해서는 모집단체의 투명성과 책임성을 강조하는 방향으로 정책의 초점이 맞추어졌다. 그러나 이런 개선에도 불구하고 현행 법제는 양적·질적 발전을 이룬 기부문화와 비교해 현실과 동떨어진 법제라는 비판을 받고 있는 형편이다. 비영리단체의 기부금품을 모집하는 움직임에 대해 긍정적 측면보다는 부정적 측면에 초점을 맞춘 법제를 유지하는 탓이다. 현행 '기부금품의 모집 및 사용에 관한 법률(이하 기부금품법)'에 따르면 1,000만 원 이상의 기부금을 모집하려면 사전에 행정자치부 또는 관할 시도에 등록해야 한다(제4조 1항).

등록 기간 내 모집 및 사용계획서와 달리 모금하는 경우 불법 모금이 되어, 3년 이하의 징역 및 3,000만 원의 벌금형에 처해질 수 있다(제 16조 1항). 비영리단체들은 "누가, 언제, 얼마를 기부할지 예측이 불가능한데, 이를 사전에 등록하도록 하고 규제하는 것은 현실과 괴리가 크다"(조선일보 '더 나은 미래' 2014. 5. 13)라고 비판하고 있다.

현재 소관부처인 행정자치부가 입법예고한 개정안에는 과거에는 재난구휼, 자선, 교육, 문화, 환경보전 등 11개 분야 사업에 한해 기부금품 모집등록이 가능했으나, 개정안에는 영리·정치·종교활동, 그리고 법령 위반 또는 공공질서·사회윤리 등을 해할 목적이 아닌 한 모든 사업에 대해 기부금품 모집등록을 할 수 있도록 해서 기부금품 모집의 대상사업을 넓혀주고 있다. 그러나 개정안에서도 기부금품을 모집할 때마다 정부의 허가를 받아야 하는 허가제 원칙이 유지되고 있으며, 기부금품 모집을 금지하는 사업영역이 자의적으로 해석될 수 있다는 이유를 들어 모금단체들로부터 반대 의견이 제기되고 있다. 또한 현행 법제에서 기부금품 모집과 관련해 사용할 수 있는 사용비용을 모금액의 15%로 제한하고 있어 규모가 작은 모금단체로서는 모집비용이 여전히 비현실적이라는 문제가 제기되고 있다.

4.
제3섹터 비영리법인에 대한 세제

비영리조직과 관련한 정책은 비영리조직의 설립과 활동을 관장하는 법과 제도를 비롯해 조세정책도 있다. 이러한 조세정책은 비영리조직의 활동 재원 마련에 매우 중요한 요인으로 작용하는데, 실제로 비영리조직의 역할을 지원하기 위해 여러 형태의 조세혜택이 마련되어 있다.

세감면 지위의 획득 및 조세감면

비영리법인들도 영리활동을 수행하는 법인들과 마찬가지로 당연히 세부과의 의무를 갖는다. 비영리활동을 수행하는 법인이라 할지라도 소득이 발생하면 법인세가 부과되고, 현금이나 부동산 등을 기부받는 경우에는 상속세 또는 증여세 부과의무를 갖는다. 그러나 비영리법인이 특정 조건을 충족하는 경우 조세감면을 받을 수 있다. 비영리법인은 관할부서에 의해 등록 시 설립허가를 받으면 세감면 지위를 획득하게 된다. 그러나 비영리법인이라도 수익사업을 시작하면 '법인세법'에 의해 규정된 조건을 만족해야만 수익사업소득에 대해 세감면 혜택이 부여된다.[8] 비영리법인에 대한 추가 조사과정을 거치지 않고 제출한 신고를 처리하도록 함으로써 수익사업에 대한 세감면 지위를 자동으로 인정받는다.

---

8 제61조의 비영리법인의 수익사업 개시신고와 제62조의 장부의 비치, 기장 등에 관한 조건을 지키도록 되어 있다.

법인격이 없는 사단이나 재단의 경우라도 국세기본법(제13조 1항)에 의해 법인세 부과의 목적상 비영리법인으로 본다. 따라서 '법인세법'에서 비영리법인에 부여하는 세제혜택을, 법인으로 보는 비영리단체[9]에도 부여한다. 법인격이 없는 비영리단체는 수익사업을 시작할 때 관할세무서에 신고 절차를 통해 '국세기본법'(제13조 2항)에서 규정하는 조건(단체의 조직과 운영에 관한 규정을 가지고 대표자나 관리인을 선임하고 있을 것, 단체 자신의 계산과 명의로 수익과 재산을 독립적으로 소유·관리할 것, 단체의 수익을 구성원에게 분배하지 아니할 것)을 만족하게 되면 법인격을 갖는 비영리법인과 같이 법인세법상 동일한 조세감면 혜택의 지위를 부여받도록 하고 있다.

수익사업소득에 대한 조세

현행의 세제에서는 법인세, 부가가치세, 지방세제 등을 통해 비영리법인에 대한 조세감면 혜택을 부여하고 있다. 이들 중 수익사업을 하는 비영리법인에 대한 조세감면 혜택은 법인세를 통해 감면이 이뤄진다. 현행 '법인세법'에 따르면 비영리법인도 법인세 부과대상이 되는데 영리를 추구하는 일반법인과 같이 수익사업을 통해 벌어들인 과세소득이 2억 원 이하인 경우에는 10%, 2억 원 이상~200억 원 이하에 대해

---

9 (1) 주무관청의 허가 또는 인가를 받아 설립되거나 법령에 따라 주무관청에 등록한 사단, 재단, 그 밖의 단체로서 등기되지 아니한 것, 또는 (2) 공익을 목적으로 출연(出捐)된 기본재산이 있는 재단으로서 등기되지 아니한 경우에는 수익을 구성원에게 배분하지 않는다는 조건을 만족해야 한다. 1994년의 세법개정을 통해 세제혜택을 부여하는 법인으로 보는 단체들의 범위를 넓힌 바 있다.

서는 20%, 200억 원 이상의 경우에는 22%의 한계세율이 적용된다.

'조세특례제한법'(제74조 1항)에서는 사립학교법에 의해 설립된 학교법인, '사회복지사업법'에 의해 설립된 사회복지법인, 대통령령에 의해 규정된 예술문화단체는 정관에 규정된 비영리사업을 위해 적립하는 경우 모든 수익사업소득을 손금으로 인정하는 조세감면 조항을 두고 있다. 그리고 '법인세법'(제29조)에서는 그 밖의 비영리법인의 경우 수익사업에서 발생한 소득에 100분의 50('공익법인의 설립·운영에 관한 법률'에 따라 설립된 법인으로서 고유 목적사업 등에 대한 지출액 중 100분의 50 이상의 금액을 장학금으로 지출하는 법인의 경우에는 100분의 80)을 손금 산입으로 인정하고 있다.

현행 '법인세법'은 비영리법인의 경우 정관에 규정된 목적사업과 직접 관련된 임금과 급료는 비영리사업 수행을 위한 필요경비로 인정한다. 그러나 목적사업을 준비하는 등의 과정에서 발생한 임금과 급료는 목적사업을 수행하는 데 소요된 필요경비로 인정하지 않는다. 비영리사업을 위해 적립된 사업소득의 경우 만일 사업소득 발생연도가 종료되는 시점으로부터 5년 이내에 목적사업에 사용되지 않으면 사업소득이 발생한 후 5년째 되는 연도의 익금으로 편입되어 법인세 과세대상이 된다.

비영리법인은 수익사업소득에 대해 법인세를 부담할 의무가 있기 때문에 세무당국에 세무 관련 보고를 해야 한다. 그러나 수익사업을 수행하지 않는 비영리법인은 관할 세무서에 이자소득에 대한 세무 관련 보고서를 제출할 의무가 없다. 이 경우 보고되지 않은 이자소득에 대해 법인세가 원천 징수되며 이것은 법인세 산정을 위한 비영리법인의 과세소득에는 포함되지 않는다. 그리고 원천 징수된 이자소득에 대한 법인세는 비영리법인의 환급 절차를 통해 환급된다.[10]

상속세 및 증여세제

'상속세 및 증여세법'에서는 종교, 자선, 학술활동 등 대통령령에 의해 규정된 비영리사업을 수행하는 비영리법인에 기부되는 현금, 부동산, 주식 등 모든 종류의 기부금품에 대해 (1) 상속재산을 피상속인이 상속한 후 6개월 이전에 기부행위가 이뤄지는 경우에는 상속세가 면제되고(제16조), (2) 증여에 의한 기부에 대해서는 증여가 이뤄진 시점으로부터 3년 이내에 목적사업에 증여된 재산이 사용되는 경우 증여세가 면제된다(제48조 2항). 또한 출연받은 재산에 대한 외부 전문가의 세무 확인 등의 조건(제50조), 전용계좌를 개설하고 사용하고(제50조의 2), 결산서류 등을 공시하고(제50조의 3), 그리고 장부를 작성하고 비치하는 조건(제51조)을 만족해야 상속세 및 증여세를 면제받도록 되어 있다. 만약 비영리법인이 이에 해당하는 의무를 이행하지 않는 경우에는 기부재산과 총소득에 대해 범칙금을 부과받도록 하고 있다(제78조 5항).

1995~1999년 기간 중 정부는 '상속세 및 증여세법'을 개정함으로써 비영리법인의 내국법인 발행주식의 보유 비율 한도를 강화했다.

---

10 '법인세법'에 의하면 이자, 임대, (인세를 제외한) 로열티 소득과 같은 수동적인 투자수입의 경우에도 수익사업소득과 같은 소득으로 취급되어 모두 법인의 과세대상에 포함된다. 그러나 '법인세법'(제29조 4항)에 따르면 이들 수동적인 형태의 투자소득은 소득이 발생한 연도의 종료 이후 5년 이내에 목적사업에 사용되거나 규정된 기부금으로 사용되는 경우 손금산입하도록 하고 있다.

1995년도 세법개정에 따라 비영리법인은 동일한 내국법인이 발행한 총주식의 5% 이상을 소유할 수 없도록 규정하고 있다(제16조 2항). 1995년 세법개정 이전에는 이미 5% 이상의 주식을 보유한 비영리법인에 대해서는 이를 예외로 인정했으나 1996년의 세법개정에서는 세법개정 이전 예외규정에 의해 동일한 내국법인이 발행한 총주식의 5% 이상을 보유하고 있는 비영리법인 중 보유 비율이 5~20%인 경우에는 1999년 12월 31일까지, 그리고 20% 이상을 보유한 경우에는 2001년 12월 31일까지 5% 이상의 지분을 다른 주식으로 전환하거나 처분토록 함으로써 주식 보유와 관련한 정책을 강화했다(제49조). 만일 이 규정을 지키지 않을 경우 그 5% 이상에 해당하는 주식에 대해, 주식액면가격의 5%에 해당하는 범칙금이 10년을 넘지 않는 범위 내에서 부과되도록 하고 있다(제78조 4항). 따라서 현행 '상속세 및 증여세법'에서 출연된 주식에 대해서는 내국법인이 발행한 주식의 5%(성실공익법인의 경우에는 10%)[11] 이상에 대해서는 공익법인에 출연한 경우라도 상속세가 부과된다.[12]

---

11 성실공익법인은 (상속세 및 증여세법 제16조 2항에 의해) 직접공익사업에 대한 전용계좌의 개설 및 사용, 결산서류의 공시, 소득세 과세기간 또는 법인세 사업연도별로 출연받은 재산 및 공익사업 운용 내용 등에 대한 장부의 작성·비치 그리고 그 밖의 대통령령으로 정하는 요건을 갖춘 법인으로 규정하고 있다.

12 상호출자제한기업집단과 특수관계에 있지 아니한 공익법인 등에 그 공익법인 등의 출연자와 특수관계에 있지 아니한 내국법인의 주식 등을 출연하는 경우로서 대통령령으로 정하는 경우와 상호출자제한기업집단과 특수관계에 있지 아니한 성실공익법인 등(공익법인 등이 설립된 날부터 3개월 이내에 주식 등을 출연받고 설립된 사업연도가 끝난 날부터 2년 이내에 성실공익법인 등이 되는 경우를 포함한다)이 발행주식 총수 등의 100분의 10을 초과하여 출연받은 경우로서 초과 보유일로부터 3년 이내에 초과하여 출연받은 부분을 매각하는 경우에는 (대통령령으로 정하는 특수관계인에게 매각하는 경우를 제외하고) 상속세를 부과하지 않도록 하고 있다(제16조 1항).

5.

기부자에게 부여하는 세제혜택 및 최근의 변화

비영리단체가 활동 수행에 필요한 재원을 조달하는 방법은 앞서 언급했듯 다양하다. 우선 비영리단체(사단법인 형태)가 회원제로 운영되는 경우에는 회원들로부터 거두어들이는 회비 수입이 있다. 그리고 비영리단체가 공급하는 서비스의 이용자들로부터 받는 서비스 이용료 수입이 있으며, 정부를 대신해 서비스(특히 사회서비스)를 제공하는 업무를 대행하는 경우 정부로부터 받는 지원금 형태의 수입이 있다. 그리고 비영리단체(재단법인 형태)가 보유 자산이 있는 경우에는 자산 운영 수입이 발생할 수 있다. 만일 비영리법인이 공익적 활동을 수행하는 단체인 경우에는 불특정 다수의 후원자들로부터 기부금을 받을 수 있도록 하고 있다. 한국을 비롯해 많은 나라에서 비영리단체가 기부금을 받을 수 있는 경우라면 당연히 기부금을 받는 단체뿐 아니라 기부금을 내는 기부자에게도 세제혜택이 주어지는 것이 일반적이다. 한국에서 비영리단체에 기부활동을 하는 기부자에 대한 세제혜택의 내용은 2000년을 기점으로 해서 많은 변화를 겪었고 2012년을 기점으로 해서 또 한 차례 커다란 변화가 있었다.

기부금에 따른 세제혜택

민간의 비영리단체가 수행하는 활동의 공익성에 따라 현행 세제에서는 법정기부금과 지정기부금으로 구분해 혜택을 적용한다.[13] 우선 법정기부금의 경우 법인기부금은 법인소득의 50%까지 비용으로 공제를 인정하고 기부금공제를 해당연도에 다 할 수 없는 경우 3년 동안 이월해서 공제하는 것을 인정하고 있다. 그리고 개인기부금은 사업소득자의 경우에는 소득의 100%까지 공제하도록 하고 3년의 이월공제를 인정하고 있으나 근로소득자의 경우에는 2014년 소득부터 기존의 소득공제에서 세액공제로 전환해 3,000만 원 이하의 기부금에 대해서는 15%, 그리고 3,000만 원 이상의 기부금에 대해서는 3,000만 원을 초과하는 부분에서 25%의 세액공제를 인정하고 있다.

지정기부금의 경우에는 법인기부금에 대해서는 소득의 10%까지 비용공제를 인정하며 5년 동안의 이월공제를 인정한다. 그리고 개인기부금에 대해서는 사업소득자의 경우 기존의 제도와 마찬가지로 소득의 30%까지 비용으로 공제를 인정하고 있으며 5년간 이월공제를 인정하는 반면 근로소득자는 법정기부금과 동일하게 3,000만 원 이하의 경우에는 15%, 3,000만 원 이상인 경우에는 3,000만 원 초과 부분에 대해 25%의 세액공제를 인정해준다. 그런데 이때 세액공제액이 소득의 30%를 넘지 않도록 한도를 설정해놓고 있다. 이처럼 근로소득자의 경우 소득공제에서 세액공제로 전환한 명목상의 이유는 고

---

13 '법인세법' 제24조에서는 기부금을 법정기부금과 지정기부금으로 구분하고 있는데, 법정기부금은 '법인세법' 제24조 2항에서 열거하는 국가 및 지방단체에 대한 기부금, 국방헌금 및 국군장병 위문품의 가액, 천재지변으로 생기는 이재민을 위한 구호금품의 가액 등을 포함한다. 이에 비해 지정기부금은 '법인세법' 제24조 1항에서 사회복지·문화·예술·교육·종교·자선·학술 등 공익성을 고려하여 대통령령으로 정하는 기부금으로 규정하고 있다. 그리고 '소득세법'에서도 법정기부금과 지정기부금의 구분은 '법인세법' 규정을 사용하고 있다. 현재 '법인세법'에서는 법정기부금이 지정기부금에 비해 상대적으로 공익성이 높다고 평가하고 있으나 이에 대해 사회적 합의가 이루어지고 있지는 않다.

액 소득자가 기부금공제로 세금을 감면받는 혜택을 줄인다는 것인데, 실제로는 세액공제 비율을 낮은 수준으로 정한 것으로 보아 세수 증대를 위한 것으로 해석할 수 있다.

표 4-1 개인 및 법인에 대한 기부금 조세혜택 비교

종류	구분	손금 한도
법정기부금	개인	- 근로소득자: 기부금공제를 소득공제에서 세액공제로 전환(세액공제 비율은 기부금 3,000만 원 이하 15%, 3,000만 원 초과분 25%) - 사업소득자: 공제 대상 소득금액의 100% 한도 소득공제 ※ 이월공제 기간: 3년
	법인	- 대상소득의 50% 한도 소득공제 ※ 이월공제 기간: 3년
지정기부금	개인	- 근로소득자: 기부금공제를 소득공제에서 세액공제로 전환(세액공제 비율은 기부금 3,000만 원 이하 15%, 3,000만 원 초과분 25%) - 사업소득자: 기존의 필요경비 공제(30%까지)제도를 유지 ※ 이월공제 기간: 5년
	법인	- 대상소득의 10% 한도 소득공제 ※ 이월공제 기간: 5년

자료: 김진, 박태규, 이상신 (2013). "나눔문화 활성화를 위한 조세지원제도 도입 연구". 보건복지부 자료 〈표Ⅱ-16〉, 〈표Ⅱ-17〉을 수정 보완.

기부금 관련 세제개편 및 그 영향

이와 같이 지정기부금보다는 법정기부금에 더 많은 세제혜택을 부여하고 있으며, 기부자 역시 개인과 법인의 경우로 구분하며, 또 개인기부자라 할지라도 다시 사업소득자와 근로소득자를 구분해 상이한 세제혜택을 적용하고 있다. 2000년 이후 기부금에 대한 세제혜택은 법인기부자와 개인기부자 모두로 확대되었지만 특히 개인기부자에 대한 세제혜택이 크게 변화했다. 개인기부자의 지정기부금에 대한 세제혜택이 확대(종교단체 제외)되었고, 1999년까지는 소득의 5%까지만 공제할 수 있었으나 2000년 세제개편을 통해 10%로, 2008년에는 15%, 2010년에는 20%, 그리고 2011년에는 30%까지 확대되는 등 매우 빠르게 변화했다. 그러나 지정기부금 단체에 해당되는 종교단체에 대한 기부금은 소득의 10%까지만 공제하는 수준에 머물렀는데 이는 종교단체에 대한 개인기부금의 비중이 너무 높아 공제 확대로 인한 종교단체 기부 편중 현상을 방지하기 위한 조치로 분석된다.

그러나 2012년 세법개정에서는 개인기부금(사업소득자 제외)에 대해서는 기존의 소득공제에서 세액공제 형태로 전환했는데 이는 개인기부자, 특히 근로소득자를 중심으로 한 개인기부자들에게 부여하는 세제혜택이 축소되는 결과를 가져오는 내용이었다. 2012년 '조세특례제한법'의 신설 조항(제132조의 2)을 통해 개인기부금을 보험료, 의료비, 교육비, 주택자금, 청약저축, 신용카드에 부여하는 공제한도에 포함하는 내용을 담았으나 2014년 세법개정에서 이를 폐지하는 대신 '소득세법'(제59조의 4)에서 개인기부금에 대한 특별공제에 대한 내용을 확정하여 2014년 소득부터 적용하도록 하고 있다. 그러나 개인기부자 중 사업소득자의 경우에는 기존의 필요경비공제제도를 유지시켰다. 그리고 보험료 등 세액공제액과 기부금 세액공제액의 합계액이 그 거주자의 해당 과세기간에 합산 과세되는 종합소득산출세액을 초과하는 경우에는 초과한 금액에 기부금 세액공제액이 포함되어 있다면 한도액을 초과하여 공제받지 못한 지정기부금은 해당 과세기간의 다음 과세기간의 개시일부터 5년 이내에 이월하여 종합소득산출세액에서 공제하도록 한다.

2014년의 세제개편에서 기부금에 대한 공제방법을 소득공제에서 세액공제로 전환함에 따라 개인기부금에 어떤 영향을 미치게 될지 향후 추이에 관심이 집중되고 있는데, 사업소득과 사업소득 이외의 소득에 대해 기부금 공제 방법을 달리하고 있어 사업소득을 근로소득에 비해 우대한다는 형평성의 문제도 제기될 수 있다. 그리고 고소득을 받는 근로자들(사업소득만 있는 경우 제외)의 경우 세액공제로 전환함으로써 세감면 혜택이 실질적으로 축소되기 때문에 결국 이것이 고소득 근로자의 기부활동을 저해하는 결과를 초래하지 않을지에 대한 우려도 나타나고 있다.

새로운 세액공제 방식이 과연 고소득 근로자들의 기부행위에 대한 세감면을 줄이는지는 다음 사례를 통해 확인해볼 수 있다. 즉 기부금액 3,000만 원 이하인 개인기부자가 새로 채택된 세액공제를 통해 받을 수 있는 세제혜택은 기부금의 15% 정도인데 이는 기존의 소득공제제도하에서는 소득세의 과세표준액이 4,600만 원 정도인 소득계층이 받았던 세제혜택과 유사하다. 따라서 4,600만 원 이상의 소득계층의 기부금에 대해서는 세액공제로 전환된 이후 세감면 혜택이 줄어든다는 것을 어렵지 않게 예상할 수 있다. 만일 세감면 혜택 축소로 인해 기부금이 줄어들면 민간비영리조직의 재원이 감소하게 되어 공익활동이 위축될 가능성이 있다.

6. 공익활동 효과를 높이는 법제는 무엇일까?

비영리조직과 관련된 법제는 대체로 설립 및 운영을 관장하는 법제와 비영리조직에 부과되거나 비영리조직에 기부하는 기부자들에 대한 세법으로 구성된다. 설립 및 운영에 관한 법제의 경우 법인 설립은 정부의 허가를 얻어야 가능한 '허가주의' 원칙을 유지하고 있다. 비영리조직 기부자들에게 세감면 혜택을 부여하거나 비영리조직이 세감면 혜택을 부여받으려면 비영리조직이 법적 지위를 획득하여야 하는 것이다. 현재 비영리법인 설립의 허가주의 정책은 법인 설립은 어려운 반면 설립 이후 정부 차원의 모니터링이 시행되지 않는다는 문제점이 있다. 이는 비영리 공익법인의 투명성, 책임성, 전문성 결여와 같은 또 다른 문제를 낳을 수 있으므로 비영리조직과 관련된 법제는 설립은 용이하게 하되 오히려 투명성, 책임성, 전문성을 높이는 방식으로, 즉 사후관리 법제가 강화되는 쪽으로 변화해야 한다.

그리고 비영리공익법인들이 사회적 필요에 의해 다양한 영역에서 공익활동을 수행해야 하지만 지금처럼 부처별 등록을 통한 공익활동 수행은 공익활동을 특정한 영역에 국한한다는 문제가 있다. 또 비영리법인이 공익활동을 수행하는 경우 세제혜택을 부여함에 있어 공익성을 확인할 수 있는 객관적 절차가 미비한 실정이다. 이를 해결하려면 공익성을 검증할 수 있는 객관적 기준을 마련하여 세제혜택을 받은 비영리공익법인의 공익활동이 적절히 수행되었는지에 대한 판단이 가능하도록 만들 필요가 있다.

관련 법제의 문제점을 해결하기 위한 방안

향후 비영리공익법인들이 운영상의 투명성, 책임성, 전문성을 높여 보다 효과적으로 제 역할을 수행하도록 하려면 비영리공익법인에 대한 설립 및 운영 그리고 모니터링의 방법 및 지원제도 등 제도적 측면을 보완해야 한다는 과제가 남아 있다. 비영리조직의 경제적 위상 또한 크게 증대하는 상황에서 설립 및 운영에 관한 법제는 사회적 요구에 따라 비영리법인의 설립은 용이하게 하되 충분한 역할을 수행할 수 있도록 적극적 정책을 도입하는 방향으로 전환이 요구된다. 특히 비영리조직을 통해 사회복지서비스와 교육서비스를 공급하기 위해 정부가 재정을 지원하는 사회복지법인 및 사립학교법인의 경우 찬반 논란에도 불구하고 '공익이사제'를 도입하게 되었다. 그러나 공익이사제를 통해 비영리법인의 투명성과 책임성을 다소 높일지라도 그것이 과연 공익이사제로 인해 발생하는 문제를 충분히 상쇄할 정도가 될지에 대한 논의가 필요하다.

정부는 지난 2000년을 기점으로 비영리법인에 기부하는 기부자들에 대한 세제혜택을 확대하는 정책을 꾸준히 펴왔다. 세제혜택 확대로 인해 비영리법인에 대한 기부금 액수가 크게 증가하였다. 기부에 대한 세제혜택을 확대하는 한편, 비영리법인이 지정기부금 단체의 지위를 얻기 위한 요건을 강화하고 이들 단체들에 대한 사후적 관리체계를 강화하는 제도가 도입되었다. 아울러 '상속세 및 증여세법'에서는 비영리법인의 공익성과 투명성을 높이는 방향으로 세제가 강화되었다. 즉 비영리조직에 부여하는 세감면 혜택을 늘리는 대신 기부금을 통한 공익적 활동에 대한 투명성을 높이기 위해 제도 강화가 이루어진 것이다. 비영리 관련 세제의 이러한 변화는 분명 바람직한 방향으로 움직이는 것이라고 평가할 수 있다. 그러나 이런 세제가 그 목적을 달성하려면 제도 시행의 효과를 높이기 위한 정부의 실질적 노력이 필요하다. 그리고 그 노력은 정부정책을 반영하는 법제와 밀접한 연관을 갖게 되리라 예상할 수 있다.

- "'개방형 이사제' 규정 사립학교법 '합헌'"(2013. 11. 29).《법률신문》.
- "'공익이사제 안돼' 시설장들 반발 사회복지사업법 개정 '난항' 예고" (2011. 10. 30).《한겨레신문》.
- 김진, 박태규, 이상신 (2013). "나눔문화 활성화를 위한 조세지원제도 도입 연구". 보건복지부.
- "[더 나은 미래] 후원만 했을 뿐인데 범법자 되다니… 기부문화 발목잡는 규제들"(2014. 5. 13).《조선일보》.
- 손원익 (2011. 5). "비영리법인 관련 제도의 국제 비교".《재정포럼》, 179호.
- _____ (2013).《비영리 분야 통계의 실태와 통계 구축을 위한 정책과제》. 한국조세연구원.
- 손원익, 박태규 (2013).《공익법인 관리체계의 근본적 개선방안》. 한국조세연구원.
- 오영호, 손원익, 황준성, 전광현, 양재모, 윤강재 (2011).《비영리법인 제도의 개선방안에 관한 연구》. 보건사회연구원.
- 하승수, 김현수 (2007). "공익법인 지배구조의 현황과 법제도적 개선방안: 사회복지법인을 중심으로".《한국비영리연구》, 제6권 2호, pp. 41-88. 한국비영리학회.

비영리법인의 설립 및 감독에 관한 규칙

	사업계획 및 수입·지출 예산서	사업실적 및 수입·지출 결산서	자산 증감 사유	재산 목록	사원의 이동 현황	제출 기한
						제출 대상
1. 감사원	○	○	○	○	○ 〈사단법인의 경우〉	사업연도 종료 후 2개월 이내 ※ 사업계획 및 수입·지출예산서 : 사업연도 종료되기 1개월 전
						감사원
2. 고용노동부	○	○	×	○	×	사업연도 종료 후 2개월 이내
						고용노동부장관
3. 공정거래 위원회	○	○	×	○	×	사업연도 종료 후 2개월 이내
						주무관청
4. 교육과학기술부	○ 〈사업계획 및 수지예산서〉	○ 〈사업실적 및 수지결산서〉	×	○	×	사업연도 종료 후 2개월 이내
						주무관청
5. 국가보훈처	○ 〈사업계획 및 수지예산서〉	○ 〈사업실적 및 수지결산서〉	×	○	×	회계연도 종료 후 늦어도 2개월 이내
						국가보훈처장
6. 국방부 및 그 소속청	○	○	×	○	×	사업연도 종료 후 2개월 이내
						주무관청
7. 국토해양부 및 그 소속청	○	○	×	○	×	사업연도 종료 후 2개월 이내
						주무관청

8. 금융위원회	○	○	×	○	×	회계연도 종료 후 2개월 이내 금융위원회
9. 기획재정부 및 그 소속청	○	○	×	○	×	사업연도 종료 후 2개월 이내 주무관청에 제출
10. 농림수산식품부 및 그 소속청	○	○	×	○	×	사업연도 종료 후 2개월 이내 주무관청에 제출
11. 문화체육관광부 및 문화재청	삭제 〈2005.6.4〉	삭제 〈2005.6.4〉	×	삭제 〈2005.6.4〉	×	삭제 〈2005.6.4〉
12. 법무부	○ 〈사업계획 및 수지예산서〉	○ 〈사업실적 및 수지결산서〉	×	○	×	사업연도 종료 후 2개월 이내 법무부장관
13. 법원행정처	○ 〈사업계획 및 수지예산서〉	○ 〈사업실적 및 수지결산서〉	×	○	×	사업연도 종료 후 2개월 이내 법원행정처장
14. 법제처	○ 〈사업계획 및 수지예산서〉	○ 〈사업실적 및 수지결산서〉	×	○	×	사업연도 종료 후 2개월 이내 법제처장
15. 보건복지부 및 그 소속청	○	○	×	○	×	사업연도 종료 후 2개월 이내 주무관청
16. 여성가족부	○	○	×	○	×	사업연도 종료 후 2개월 이내 여성가족부장관

17. 외교통상부 (현 외교부)	○ 〈사업계획 및 수지예산서〉	○ 〈사업실적 및 수지결산서〉	×	○	×	회계연도 종료 후 2개월 이내
						외교부장관
18. 중앙선거 관리위원회	○ 〈사업계획 및 수지예산서〉	○ 〈사업실적 및 수지결산서〉	×	○	×	사업연도 종료 후 2개월 이내 ※ 정책연구소가 연간활동 실적보고와 회계보고를 한 경우는 제외
						위원장
19. 지식경제부 및 그 소속청	○	○	×	○	×	사업연도 종료 후 2개월 이내
						주무관청
20. 통일부	○	○	×	○	×	사업연도 종료 후 2개월 이내
						통일부장관
21. 안전행정부 및 그 소속청	○	○	×	○	×	사업연도 종료 후 2개월 이내
						주무관청
22. 헌법재판소 사무처	○ 〈사업계획 및 수지예산서〉	○ 〈사업실적 및 수지결산서〉	×	○	×	사업연도 종료 후 2개월 이내
						사무처장
23. 환경부 및 기상청	○	○	×	○	×	사업연도 종료 후 2개월 이내
						주무관청

자료: 국가법령정보센터, 부처별 비영리법인의 설립 및 감독에 관한 규칙, 2013년 3월 18일 기준.
손원익 (2013). 《비영리 분야 통계의 실태와 통계 구축을 위한 정책과제》. 한국조세연구원, pp. 26 – 29.
(손원익, 박태규 (2013), pp. 64–66에서 재인용).

한국 사회의 기부문화,
어디까지 왔나?

박태규

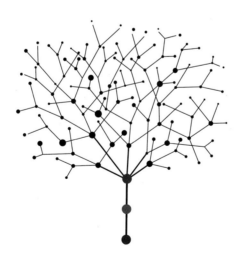

1.
민간기부의 사회적 역할

한국 사회에서 민간의 자발적 기부에 대한 관심이 높아진 것은 1997년 말 외환위기로 어려움에 처한 이웃들을 돕는 데 시민들이 자발적으로 참여해야 한다는 의식이 싹트면서이다. 1960년대 이후 정부주도의 경제발전이 지속되면서 사회가 떠안은 문제는 당연히 정부가 해결해야 한다는 사회적 분위기가 강했었다. 지속적인 경제성장을 이어가면서 많은 일자리가 창출된 한편 정부의 재정지출을 통해 사회가 필요로 하는 공공재(서비스)를 공급받을 수 있을 뿐 아니라 시장에서 해결하지 못하는 문제들도 모두 국가가 해결할 수 있다고 생각하게 되었다.

1997년 외환위기를 계기로 확산된 '기부문화'

그러나 1960년대 이후 급속한 경제발전을 지속하는 동안에는 전혀 경험하지 못했던 경제위기를 겪으면서 경제 상황이라는 것은 언제든지 예상치 못한 어려움에 빠질 수 있음을 깨닫게 되었다. 기업들의 도산과 구조조정으로 인해 대량실업이 발생했고 이로 인해 중산층이 빈곤층으로 전락하면서 사회복지 수요가 급증했고 관련 서비스를 공급하는 민간비영리단체가 크게 증가하였다. 물론 1997년 말 경제위기 이전에도 사회복지서비스를 제공하는 민간의 활동은 없지 않았다. 이미 오래전부터 종교, 교육, 사회복지, 의료, 문화, 예술 등의 분야에서 민간의 비영리조직이 활동을 해왔다. 그러나 경제위기 이후 이러한 복지서비스를 정부에만 의존할 수 없다고 생각한 많은 제3섹터의 비영리조직이 다양한 분야에서 독자적으로 활발한 활동을 하게 되었다. 정부에 일방적으로 의존하기보다는 민간의 자발적 노력이 이런 어려움을 극복하는 데 도움이 되고 나아가 사회발전에 이바지할 수 있음을 인식하였기 때문이다.

민간의 자발적 역할에 대한 사회적 인식이 높아질수록 이런 역할을 수행하는 NGO와 NPO의 활동을 지원하는 민간의 자발적 기부에 대한 관심도 커지고 기부활동에 대한 참여도 많아지는데, 이런 현상은 비단 몇몇 선진국에 국한된 일이 아니다. 다시 말해, 민간의 기부문화가 정착되어 기부활동이 이미 활발히 전개되고 있는 미국 같은 몇몇 나라에 국한되는 것이 아니라, 정부의 역할이 강해 상대적으로 민간의 역할이 저조했던 나라들에서도 찾아볼 수 있는 일이다.

민간의 자발적 기부가 가져오는 효과

민간의 기부활동은 그 사회의 문화적·사회적·정치적 환경의 차이에 따라 매우 다른 양상을 보이지만 이런 대내외적 환경 차이에도 불구하고, 모든 사회에서 민간의 자발적 기부를 통해 사회가 필요로 하는 공공재와 공공서비스의 공급이 이뤄지고 있다. 이런 점은 유럽같이 사회보장 등에서 정부의 역할이 컸던 나라도 예외가 아니어서, 오늘날 민간기부의 역할은 점점 더 중요성이 커지고 있다.

사회가 요구하는 공공재와 서비스의 공급을 정부에만 의존하지 않고 민간의 자발적 비영리 활동을 통해 이뤄내야 하는 이유는 또 있다. 과거와는 달리 사회의 욕구가 다양해짐에 따라 정부의 일률적 공공재(서비스) 공급을 통해서는 그 욕구를 모두 충족시킬 수 없게 된 것이다. 그렇지만 NPO들은 소규모로 각 계층과 지역에 맞는 공공재와 서비스를 공급할 수 있기 때문에 다양한 수요에 보다 효율적으로 대응할 수 있다는 장점을 갖는다(Weisbrod 1988). 민간의 자발적 기부활동에 의한 공공재와 서비스 공급은 정부의 손길이 미치지 못하는 곳까지 가까이 다가갈 수 있다는 장점 외에도 정부재정의 팽창 현상을 완화하는 효과도 가져온다.

2. 자발적 민간기부를 이끌어내는 요인은?

그렇다면 민간에서는 누가 기부활동에 참여하는가? 자발적 민간기부 활동은 개인과 기업이 하고 있는 것으로 나타난다. 즉 기부활동의 주체는 크게 '개인'과 '기업'으로 나눌 수 있다. 기부문화가 발전된 사회에서는 기업기부보다 개인기부가 민간부문의 기부를 주도한다는 특징이 발견되는데, 실례로 기부문화가 가장 발전되었다고 평가받는 미국의 경우 민간기부 중 개인기부가 차지하는 비중이 월등히 높다. 좀 더 구체적으로 보자면, 2014년의 경우 3,584억 달러의 기부금 중 개인이 72%, 유증(遺贈)에 의한 개인기부가 8%로 나타나 개인기부가 전체의 80%를 차지하는 반면 기업기부는 5% 정도에 머무른다(Giving USA 2015). 기업에 비해 개인들은 본인의 노력으로 재산을 축적하고 세금을 납부한 뒤 본인의 의사로 자유롭게 사용할 수 있으며,

그렇기 때문에 자신들이 소유한 자산이나 소득을 사회적 공익을 위해 어떤 제약도 없이 기부할 수 있다.

반면에 기업기부는 기업 소유자인 주주들의 권익을 침해할 수 있다는 문제 때문에 궁극적으로 기업의 이익에 도움이 되는 범위 내에서 기부가 이루어져야 명분을 가질 수 있다. 기업은 주주 등 이해당사자들의 동의 없이는 기부행위를 마음대로 할 수 없을 뿐 아니라 주주들의 경제적 이익을 침해해서는 안 된다는 제약을 받는다. 다만 기업의 경제활동 수행과 연관한 기부행위는 기업의 지속가능한 발전에 도움이 되기 때문에 그 경우에는 사회문제 해결에 동참하는 기업의 사회공헌활동의 일환으로 받아들여진다. 또한 기업의 기부활동이 기업의 고객 또는 잠재적 고객으로부터 신뢰를 얻을 수 있어 기업의 이윤 추구 활동에도 영향을 미치게 된다는 주장에 근거해 기부행위가 이루어질 수도 있다(Schwartz 1968). 기업의 소유와 경영이 분리된 상태에서 기업의 경영자들이 기부활동을 통해 지역사회, 나아가 사회 또는 정부로부터 우호적 평가를 받을 수 있기 때문에 경영자들의 만족이 증가할 수 있다는 이유도 제시되고 있다(Navarro 1998).

기업의 기부 동기

한국 사회에서 '사회공헌'이라는 명목으로 기업기부가 활성화된 것은 불과 10년 남짓이지만 사실 기업의 기부활동은 오래전부터 있어 왔으며 기업기부가 민간기부의 거의 대부분을 차지할 정도였다. 그러나 경제위기를 겪고 나서 2000년대부터는 기업의 역할에 대한 사회적 인식의 변화에 따라 기업기부의 형태 또한 변화하는 양상을 보였다. 이미 외국에서 논의되었던 기업의 법적·경제적·윤리적 책임, 그리고 사회공헌활동을 포함하는 '기업의 사회적 책임(Corporate Social Responsibility, CSR)'에 대한 국내 기업의 인식이 높아졌다. 기업이 경제활동을 통해 이윤을 창출하고 세금을 납부하고 고용을 창출하는 역할을 넘어 사회가 앓고 있는 문제를 해결하는 일에 동참해야 한다는 요구가 있었기 때문이다. 한국 사회가 기업의 (기부활동을 포함한) 사회공헌활동에 대해 강한 기대감을 나타내기 시작한 것이다.

한국 기업들의 기부활동의 구체적 동기는 무엇인가? 기업의 기부활동에 대해 독립적 의사를 묻는 경우보다는 기업기부를 포함하는 사회공헌활동의 동기에 대한 설문조사가 더 많이 이루어졌는데 이에 따르면, '기업의 사회적 책임', '임직원의 자부심 증진', '외부의 압력', '기업 이미지 제고', '기업의 실적 증진' 등이 그 동기로 제시되고 있다 (문형구, 박태규 2005). 앞서 살펴본 바와 같이 외국의 문헌에서 연구결과로 제시한 동기에서 크게 벗어나고 있지 않다. '임직원의 자부심 증진', '기업 이미지 제고', '기업의 실적 증진'이라고 답한 경우에는 사회공헌활동의 동기로 기업의 이윤을 직접적으로 꼽은 것이며, 기업의 사회적 신뢰도 및 내부 구성원들의 사기를 진작함으로써 장기적으로 기업에 이익이 될 수 있다고 본 셈이다. 모두 기업의 사회공헌활동에 대한 사회적 기대와 이에 부응하는 기업의 참여라는 점에서 경제적 동기는 물론 비경제적 동기 또한 없지 않다. 기부를 포함한 기업들의 사회공헌활동은 '사회의 기대에 부응하기 위해', '어려운 이웃을 도와주거나', '임직원의 사기를 높이기 위해서' 등 비경제적 동기로도 이루어지고 있으며 이 역시 궁극적으로 기업에 도움이 된다고 보는 것이다(아름다운재단 2011).

개인의 기부 동기

개인의 기부 동기는 여러 가지겠지만 그중 가장 중요한 이유로는 자신을 포함해 사회구성원들의 기부가 사회발전에 기여할 수 있고 그 결과 기부자를 포함한 사회구성원 모두에게 이익을 가져오리라는 믿음일 것이다. 개인기부자들이 기부활동에 참여하는 동기를 분석할 때 경제학에서는 전통적으로 '공공재 모델(public goods model)'을 중심으로 논의한다.

  민간의 입장에서 볼 때 정부가 공급하는 공공재의 양이 부족하거나 사회가 필요로 하는 공공재를 공급하지 못하는 경우 민간 스스로 부족한 공공재를 공급하려는 의도를 가지게 되며 이에 필요한 재원은 구성원들의 자발적 기부로 마련된다. 개인의 기부행위를 설명하는 이러한 '공공재 모델'에 따르면 기부자는 기부행위로부터 직접적으로 만족을 얻는 것이 아니라 자신의 기부와 사회구성원들의 기부가 합쳐져 공공재를 공급하게 되고 이렇게 공급된 공공재를 소비하는 것에서 만족을 얻게 된다. 각 개인들의 기부액은 적을 수 있으나 사회구성원들의 기부를 모두 합치면 금액이 커지고, 이를 이용해 사회 전체의 후생을 높여주는 공원, 도서관, 의료시설 등 공공재 성격을 갖는 재화를 공급하게 되어 자신뿐 아니라 기부자를 포함한 사회 모든 구성원의 후생을 높여주게 된다.[1]

  개인들의 기부에 작용하는 또 다른 동기는 기부행위 자체로부터 기부자가 만족감을 얻는다는 점이다. 개인이 사회의 복리 증진을 위해,

예를 들어 가난한 이웃을 돕는 데 무엇인가 조금이나마 기여했을 때 느끼는 보람 때문에 기부를 행하는 것이다. 따라서 이 모델에서는 개인이 자신의 소득을 소비재에 지출할 때 만족을 얻듯 자선을 위한 기부활동으로부터도 직접적 만족을 느끼게 된다고 분석한다. 이 외에, 기부자가 기부에 대한 대가를 보상받기 때문에 기부를 하는 것이라는 분석도 있다. 기부활동을 통해 사회적 명예를 얻을 수 있을 뿐 아니라 사회 명사로 대접받게 되는 등 대가를 얻을 수 있기 때문이라는 설명이다. 이처럼 사람들이 기부활동에 참여하는 이유는 사람 수만큼이나 다양하기에, 앞서 언급한 하나의 모델로 설명하기에는 충분치 않을 것이다. 결국 여러 동기가 복합적으로 작용한다고 보는 편이 정확할 것이다.

한국인들의 기부 동기

그렇다면 좀 더 구체적으로, 한국 사회에서 개인들이 기부활동에 참여하는 동기는 무엇일까? 이에 대한 대답은 2000년대에 이루어진 아름다운재단의 개인기부활동에 대한 설문조사에서 확인할 수 있다. 2001년, 2003년, 2005년의 '개인기부에 대한 조사'에 따르면 사람들이 기부에 참여하는 가장 중요한 동기는 '동정심'이었다. 그 뒤를 이어 '사회적 책임', '개인적 행복감', '종교적 신념' 등이 동기로 작용한 것으로 제시되었다. 이러한 응답은 2011년 조사에서도 동일한 순서

---

1 자선적 기부를 설명하는 공공재 모델에서는 개인들의 기부행위가 자신만을 위해 이뤄지는 것이 아니고 사회 모두를 위해 이뤄지는 것으로 보기 때문에 이타주의 모델(altruism model)이라고 도 부른다(Andreoni 1990).

로 나타났는데, 다만 과거에 비해 '사회적 책임'의 동기가 조금씩 높아지고 있다.

개인기부자들이 불우한 이웃을 돕고 싶다는 '동점심'을 가장 중요한 기부 동기로 삼는 것은 한국은 물론 외국의 사례에서도 유사하게 나타나는데 이를 가리켜 '따뜻한 마음 모델(warm-glowing model)'이라 부른다. '동점심'에 이어 두 번째 동기로 나타난 '사회적 책임감'은 사회문제를 해결하기 위해 기부에 참여함으로써 사회구성원으로서 책임을 다한다는 의미를 담은 '공공재 모델'에 나타난 동기와 동일하게 해석할 수 있다. 한국 사회에서는 '사회적 책임감'보다는 '동점심'이 더 중요한 개인기부의 동기로 작용하는 듯하다. 즉 어려운 이웃을 돕는 기부활동을 통해 자신들의 마음이 따뜻해지는 등 본인의 만족감을 위해 기부가 이뤄지는 경향이 많은 것이다. 그러므로 한국 사회의 경우 기부 동기가 아직은 '사적 소비 모델(private consumption model)'에 더 가깝다고 해석할 수 있다.

민간기부가 비영리활동을 수행하는 비영리조직들의 재원조달을 담당하는 역할을 수행한다고 본다면 개인들의 기부참여 동기는 매우 중요한 의미를 갖는다. 동정심이라는 동기에만 의존하다 보면 사회발전을 위한 활동을 수행하는 민간비영리조직의 활동을 뒷받침하는 재원조달의 방법으로서 한계를 지닐 수밖에 없기 때문이다. 그러나 한국 사회에서도 점차 사회적 발전에 기여한다는 목적으로 기부의 동기가 이동하고 있으며, 이는 민간기부가 비영리부문을 지원하는 재원조달의 한 방법으로 지속성을 지닐 수 있으리라는 긍정적 전망을 가능하게 한다.

민간기부의 현황

이제 한국 기부문화의 현실은 어떤지 구체적으로 살펴보자. 1999년 이전 한국의 민간기부는 기업기부 의존율이 70% 이상을 차지할 정도로 높았지만 이후 개인기부에 대한 사회적 인식 확대와 세제지원 등 정부정책에 힘입어 개인기부의 비중이 높아졌다. 개인이 민간기부에서 차지하는 비중이 높아진 것은 2000년 기부금공제에 대한 세제혜택의 폭이 증가하면서 나타난 현상으로, 기부금에 대한 조세정책이 크게 기여한 것으로 보인다. 이후 기부금(지정기부금)에 대한 세제혜택이 꾸준히 증가하고 민간기부에 대한 사회의 인식이 변화하면서 기업기부보다도 훨씬 빠른 속도로 개인기부가 증가하고 있다.

증가 추세인 개인기부

국세청 자료에 따르면 2013년 기준으로 개인기부가 전체 민간기부의 62.7%를 차지하는 것으로 나타나 명실공히 민간기부의 주축을 이루었으며, 이러한 경향은 앞으로 더욱 확대될 것으로 기대된다. 2013년 기준 기부금은 개인이 7조 8,300억 원이고, 법인이 4조 6,500억 원으로 총 12조 4,800억 원에 이른다. 불과 13년 동안 총기부금 규모가 4.4배 이상 증가했으며 특히 개인기부금 규모가 9배 이상 증가하였고 법인(기업)의 기부는 2배 남짓 증가하는 데 그쳤다. 그 결과 민간기부 중에서 개인이 62.7%, 법인이 37.3%의 비중을 차지하게 되었다(〈표 5-1〉 참고). 또한 기부활동에 참여한 기부자의 수를 보면

표 5-1 기부금 추이: 개인과 법인

(단위: 조 원)

연도	1999	2000	2001	2003	2005	2007	2008	2009	2010	2011	2012	2013
기부금 총계	2.9	4.25	4.67	5.9	7.13	8.75	9.05	9.61	10.03	11.16	11.84	12.48
개인 — 근로소득자	0.8	2.00	2.70	3.20	3.60	4.15	4.27	4.64	4.86	5.19	5.54	5.58
개인 — 종합소득자	0.05	0.23	0.28	0.54	0.74	1.28	1.40	1.51	1.67	1.90	2.19	2.24
개인 — 소계	0.85	2.23	2.98	3.74	4.34	5.43	5.67	6.15	6.53	7.09	7.73	7.83
개인 — 비중(%)	29.3	50.1	63.8	63.4	60.9	62.0	62.6	64.0	65.1	63.5	65.3	62.7
법인 — 금액	2.05	2.22	1.69	2.16	2.79	3.32	3.38	3.46	3.50	4.07	4.11	4.65
법인 — 비중(%)	70.7	49.9	36.2	36.6	39.1	37.9	37.4	36.0	34.9	36.5	34.7	37.3

자료: 국세통계연보 각 연도.

현재 492만 명 이상의 근로소득자가 기부활동에 참여한 것으로 나타났다. 상대적으로 고소득자들인 종합소득신고자들도 거의 88만 명이 기부에 참여하고 있어 2013년 기부에 참여한 개인기부자 숫자가 약 577만 명에 이른다(〈표 5-2〉 참고). 요컨대 민간기부의 양적 성장과 더불어 구조 면에서도 많은 변화가 생긴 것이다.

2013년 개인기부자들 중 소득이 상대적으로 높은 종합소득신고자의 기부 참여 인원수는 근로소득자의 18%에도 미치지 못하는 수준이

표 5-2 개인기부금 현황(2013년도 기준)

	신고 금액	공제 인원	1인당 기부금
계	7.83조 원	577만 명	138만 원
근로소득자	5.58조 원	492만 명	113만 원
종합소득신고자	2.24조 원	87.9만 명	255만 원

자료: 국세통계연보 (2014).

표 5-3 종합소득신고자 연도별 기부금 신고 현황: 특별공제 및 필요경비

(단위: 명, 백만 원)

연도	합계		기부금특별공제		필요경비	
	인원	금액	인원	금액	인원	금액
2007	500,354	1,283,316	468,565	1,111,451	31,789	171,865
2008	557,159	1,395,708	529,352	1,259,689	27,807	136,019
2009	594,931	1,512,795	566,887	1,357,250	28,044	155,545
2010	643,969	1,673,999	617,091	1,516,864	26,878	157,135
2011	689,252	1,901,707	662,523	1,745,299	26,729	156,408
2012	886,617	2,186,211	860,547	2,025,424	26,070	160,787
2013	879,216	2,247,192	852,556	2,037,163	26,660	210,029

자료: 국세통계연보 각 연도.

지만 전체 기부액(기부금공제 신고 기준)을 놓고 보자면 그 비중이 거의 27%에 이른다. 왜냐하면 종합소득신고자의 1인당 기부액이 근로소득자의 1인당 기부액과 비교해 2배가 넘는 수준이기 때문이다. 1999년 기준 종합소득신고자의 기부액이 개인기부자 전체 기부 총액의 6% 미만을 차지했으나 2000년 이후 꾸준히 증가해 2013년 현재 거의 30%에 수준에 이르는 등 매우 빠르게 그 비중이 높아지고 있다. 이는 2000년대 초반만 해도 근로소득자가 개인기부의 거의 대부분을 차지했던 데서 변화하여 종합소득신고자들의 기부액이 크게 증가했음을 보여준다.

법인의 기부를 보면 2013년 51만 7,000여 개의 법인이 기부에 참여한 것으로 나타났으며 1개 법인당 899만 원 이상 기부한 것으로 나타나고 있다. 또한 법인의 규모별로 구분해보면 기부에 참여한 중소기업이 42만 1,000여 개로 일반기업에 비해 매우 비중이 크지만 1개 법인당 기부액은 일반기업 기부액의 3% 수준에 머물러 전체 법인기부

IIIIIIIIIIIIIIIIIIIIIIIIIIIIIIIII 표 5-4 **법인기부금 현황(2013년도 기준)** IIIIIIIIIIIIIIIIIIIIIIIIIIIIIIIII

구분		신고 금액	공제 인원	1법인당 기부금
계		4.65조 원	51.7만 개	899만 원
법인규모별	일반기업	4.11조 원	9.6만 개	4,253만 원
	중소기업	0.54조 원	42.1만 개	128만 원

자료: 국세통계연보 (2014).

금의 11.6% 정도를 차지하는 것으로 나타났다.

유증(遺贈) 단계에서 본 기부

현재 기부참여의 특징을 나타내는 중요 지표 중 하나로 고액 자산가들의 기부참여 현상을 들 수 있다. 이미 살펴본 바와 같이 민간기부가 가장 활발히 이뤄지고 있는 미국의 경우 고액 자산가들이 자신의 소득에서 일부를 떼어내 기부에 참여하는 경우도 많지만 전체 민간기부의 7%에 이르는 막대한 기부액은 유증의 과정에서 이뤄지고 있다. 즉 자신들이 평생 노력으로 쌓은 부의 일부를 유증 단계에서 사회의 공익적 활동을 위해 기부하는 것이다. 이들 고액 자산가들이 유증 단계에서 기부할 경우 그 대상은 공익활동을 하는 대학이나 병원 또는 비영리단체가 되기도 하고 자신들이 설립했거나 설립하고자 하는 공익재단이 되기도 한다.

한국 사회에서도 유증 단계에서 공익을 위해 기부하는 개인기부자들에 관해 발표된 자료가 있어 몇 가지 특징을 파악할 수 있다. 〈표 5-5〉에서 보듯 상속과정에서 나타난 공익성 기부액(과세가액 불산입액)은 2009년 270억 8,300만 원, 2010년에는 820억 6,700만 원으로 증가했으나 2011년에는 210억 3,200만 원, 그리고 2012년 117억 5,300만 원으로 감소했다. 그러나 2013년에는 다시 1,864억 6,100만 원으로 크게 증가하는 등 지난 2009~2013년 5년 기간 동안 감소세와 증가세를 함께 보여주었다. 상속 단계에서의 전체 상속재산 중 공익성 기부액은 2009년에는 0.3%에서 2010년에는 0.9%로 크게 증가했다. 그러나 2011년에는 0.2% 정도의 감소율을 보였다. 2012년에는 0.1%

표 5-5 **연도별 상속세 추이: 재산가액 및 과세가액 불산입액**

(단위: 명, 백만 원)

연도	피상속인 수	상속재산가액	과세가액 불산입액		
			계	공익법인 출연 재산가액	공익신탁 재산가액
2009	3,771	8,254,263	27,083	23,747	3,336
2010	4,083	8,709,698	82,067	78,303	3,764
2011	4,316	9,244,612	21,032	19,902	1,130
2012	4,600	10,270,467	11,753	11,078	675
2013	4,619	10,510,195	186,461	161,664	24,797

자료: 국세통계연보 각 연도.

|||||||||||||||||||||||||||||||||||||||||||||||||||||||||||||||||||||||||||||||||||

대로 또 떨어졌으나 2013년에는 처음으로 전체 상속재산가액 대비
비율이 1.7%를 초과해 다시 1%를 상회한 것으로 나타났다.[2]

사실 한국 사회야말로 시장영역과 정부영역에서 감당할 수 없는 사
회문제 해결을 위해 고액 자산가들의 기부참여가 크게 증가할 필요
가 있다. 그런데 현재 고액 자산가들의 공익을 위한 재산 출연 규모
는 매우 낮은 수준이다. 2012년 조사에서 유산 중 일부를 자선 목적
을 위해 기부할 용의가 있는지에 대해 응답자의 12.5%만이 "의향

---

2 증여과정에서 공익을 위해 기부하는 경우는 상속과정보다도 그 비중이 훨씬 낮다. 2010년 공익
신탁에 500억 원 그리고 2012년 공익법인 또는 공익신탁에 출연한 재산이 1,000억 원을 넘어
선 것 같은 특별한 경우를 제외하고는 증여과정에서 이루어지는 공익을 위한 기부행위는 매우
미미한 상황이다.

이 있다"라고 대답하였으며 유산 기부에 대해 잘 모르고 있는 비율이 70%대로 매우 높게 나타났다. 다만 유산 중 기부 의사가 있는 비율은 2010년 조사와 비교해서는 증가세를 보였다. 이는 유산 기부에 대한 한국 사회의 인식 부족과 유산 기부 방법 그리고 유산 기부에 대한 모금단체들의 이해 부족과 현행 세법상의 문제 등에 기인한 것으로 해석할 수 있다(박태규 외 2011). 특히 한국 사회의 가족구성원들 사이에 재산 기부에 대한 인식 차이가 있으며 상속인의 유산에 대한 권리를 일정 부분 인정하는 제도인 유류분제도 등의 도입으로 인해 유산 기부가 활발히 이뤄지지 못하는 것으로 나타나고 있다(아름다운재단 2012). 고액 자산가들의 유산 중 자선 목적을 위해 기부하고 싶다는 의도와 실천 사이에는 아직 큰 괴리가 있다. 따라서 유산을 기부할 의도가 있는 자산가들의 기부가 보다 용이하게 이루어질 수 있는 환경이 조성되어 그 괴리를 줄일 수 있다면 비로소 한국 사회의 나눔문화가 한 단계 발전된 모습을 보일 것이다.

상속재산 중 공익을 위해 출연하는 기부금은 전체 상속재산가액에서 차지하는 비중이 낮을 뿐 아니라 연도별로 차이가 많다. 여기에는 고액 자산가들이 자신들이 설립한 공익법인 또는 제3의 공익법인 등에 기부할 의향이 아직은 선진국에 비해 높지 않은 까닭도 있으며, 공익법인을 직접 설립하려는 경우 설립과 운영에 대한 법적·제도적 어려움이 있다는 점도 이유로 작용한다. 이뿐 아니라 고액 자산가들이 제3의 공익법인에 기부하려는 의사가 있다 하더라도 과연 공익법인이 기부자의 의도에 맞게 투명하고 책임 있게 기부금을 사용할지에 대한 의구심이 완전히 사라지기 어렵다는 점도 그러한 이유가 된다. 하지만 비록 지금은 고액 자산가들이 유증 단계에서 기부하는 비율이 낮다고 하나 향후 법적·제도적 뒷받침이 이루어지고 또 명성, 책임성, 효과성을 기반으로 해서 공익법인이 전문성과 사업수행의 역량을 높일 수 있다면 고액 자산가들의 공익적 목적의 자산 기부 역시 많아질 것이다. 이런 측면에서 볼 때 유증 단계에서 이루어지는 기부는 한국 사회의 민간(개인)기부문화를 한 단계 향상시키는 계기가 될 수 있다.

한국 사회의 기부문화를 보여주는 주요 지표

앞서 살펴본 것처럼 한국 사회에서 개인기부가 차지하는 비중이 크게 증가했고 이로써 개인기부문화가 확산 분위기임을 확인할 수 있다. 개인들의 기부액과 기부금공제 신청자 수가 증가했다는 것 자체가 개인기부의 매우 중요한 지표가 될 수 있다. 그러나 개인기부 문화가 정말로 정착되고 있는지 확인하려면 양적 측면뿐 아니라 질적 측면까지 고려해보아야 한다. 우선 양적 측면에서 개인기부문화가 얼마나 한국 사회에 정착되었는지를 보여주는 지표로는 한국 사회의 개인(또는 가계)이 얼마나 많이 기부에 참여하는지를 보여주는 '기부참여율'과, 개인에 의한 '기부액 규모'가 있다. 무엇보다도 중요한 지표는 한 해 동안 꾸준히 정기적 기부를 하는 기부자의 수가 얼마나 많은가, 즉 '기부횟수'이다. 특정 시기에 한두 번 간헐적으로 기부활동에 참여하는 개인보다는 정기적으로 여러 번 기부활동에 참여하는 기부자의 수가 많아야 한다. 이처럼 기부횟수가 많은 기부자 수가 늘어나야만 개인기부의 저변이 확대되었다고 판단할 수 있다. 정리하자면, 양적으로 최소한 3가지 조건이 동시에 충족되어야만 한국 사회에서 개인기부 문화가 정착되었다고 판단할 수 있다.

우선 첫 번째 지표인 기부참여율을 보면 다소 정체되어 있는 상태이다. 종교단체에 대한 기부를 제외하고 나면 2001~2011년 기간의 기부참가율은 50%대에 머무를 뿐 별로 달라지지 않고 있다. 2011년 57.5%의 자선기부참여율은 2009년도의 참여율 55.5%보다는 다소 증가한 수치이지만 2000년대의 50%대에서 크게 벗어나고 있지 않으므로 정체되었다고 판단할 수 있다. 더욱이 같은 기간 동안의 개인기부 증가는 이미 기부에 참여하고 있던 개인기부자들이 기부액을 높이는 등 고액 기부자들의 기부금 증가에 기인한다고 설명할 수 있다(아름다운재단 2012).

두 번째 지표인 기부의 정기성(定期性)을 보면 2011년도의 경우 정기 기부자가 30% 초반대로 대다수가 매우 부정기적으로 기부에 참여하는 간헐적 기부자인 것으로 나타나고 있다. 이는 2000년대 초 16%대의 정기 기부자의 비율보다는 크게 증가한 것이지만 여전히 낮은 수준이다. 비정기 기부자가 많다는 것은 기부자들의 기부횟수로도 잘 드러나는데, 기부횟수가 연 8회 이하인 경우가 전체의 70% 정도를 차지하였고 연 8회 이상 기부하는 비율은 전체의 30% 정도에 불과하였다. 아직은 비정기적인 기부자가 더 큰 비중을 차지하고 있는 것이다.[3] 최근에는 젊은 층을 중심으로 소액의 정기적 기부에 참여하는 경향이 높아지고 있어 앞으로는 소액의 정기 기부자들이 증가하리라 기대된다.[4]

세 번째 지표로 개인기부자들의 기부대상 영역을 확인해볼 수 있다. 한국 사회에서 개인기부의 대상은 80% 이상이 종교단체에 집중되어 있으며, 나머지 기부금도 사회복지 분야로 편중되어 교육과 문화 등의 분야에서 비영리활동을 수행하는 단체들에 대해서는 매우 제한적이라는 특징이 있다. 기부자들이 자신들의 기부금이 어느 분야에서 사용되기를 바라는지 조사한 자료에서도 기부의 영역은 주로 사회복지 분야였다(아름다운재단 2012). 또한 기부금이 국내외의 사회복지 사업을 직접 수행하는 대형 모금기관에 편중된다는 문제도 있다. 이처럼 기부금이 특정 영역과 기관으로만 쏠리는 현상은 민간기부금이 다양한 영역에서 활동하는 제3섹터 내의 여러 비영리단체를 지원해야 한다는 본래 목적을 달성하기 어렵게 만들며, 따라서 그 이유가 무엇이건 간에 성숙한 기부문화를 정착시키려면 어느 정도 해소해야 할 문제이기도 하다.

4. 기부활동과 자원봉사활동의 상관성

기업들은 사회공헌활동을 수행하는 과정에서 자연스럽게 기부와 자원봉사를 동시에 수행하는 것이 일반적이다. 사회공헌활동을 추진하

---

3 2004년도 자료에서는 연 8회 이상 기부하는 기부자들의 비율이 크게 증가하지 않았지만 이후의 조사자료에서는 연 기부횟수가 증가하는 모습을 보였다. 이는 앞서 설명한 정기 기부자의 비율이 증가한 것으로 나타난 아름다운재단의 조사자료와 일치하는 것이다(김인영 외 2006).
4 "나눔의 진화 행복이 번진다" (2011. 1. 30). 《한겨레신문》.

는 대부분의 한국 기업들 역시 금전적 기부활동과 임직원의 자원봉사 활동을 병행하고 있다(아름다운재단 2011). 대기업의 경우 사내에 자원봉사단이 설립되어 있는데 대체로 기업의 기부활동보다는 자원봉사가 좀 더 중요시되면서 또한 적극적으로 이루어지고 있다.

기부와 자원봉사의 연관성에 관한 선행연구 분석

개인기부의 경우 기부활동과 자원봉사는 어떤 연관성을 맺고 있을까? 이 질문에 대답하려면 개인기부에 영향을 미치는 요인이 무엇인지부터 살펴보아야 한다. 개인기부를 결정하는 요인이 무엇인가와 관련해서는 외국의 실증분석을 참고해볼 수 있다. 물론 외국의 선행연구들은 금전적 기부행위와 시간의 기부행위인 자원봉사 간에 어떤 관계가 있는지에 대해서는 일관된 분석결과를 보여주고 있지 않다. 어떤 경우에는 상호대체 관계에 있는데, 즉 시간적 여유가 없는 경우에는 직접 시간을 내어 자원봉사를 하기보다는 금전적 기부를 통해 민간의 사회문제 해결에 참여하는 방식을 택하는 것이다. 또 어떤 경우에는 기부행위와 자원봉사가 상호보완의 관계에 있다. 자원봉사를 통해 시민들의 자발적 참여가 갖는 사회적 의미를 더 잘 알게 되어 기부활동에도 참여하게 된다든지, 기부활동을 먼저 경험하면서 자원봉사의 중요성과 의미를 더 잘 알게 되어 자원봉사에도 참여하는 결과를 가져오는 것이다. 자료 분석에 따르면 한국 사회에서 자원봉사와 기부활동은 매우 보완적인 관계인 것으로 나타난다. 자원봉사 경험을 통해 민간의 기부활동이 갖는 의미를 체감할 수 있어 기부활동에 참여하는 계기를 얻는다는 해석이 가능한 부분이다. 자원봉사를 통해 문제를 해결하려면 자원봉사와 더불어 필요한 재원을 조달하는 일도 중요함을 인식하게 되는 것이다.

실증분석에 따르면 '자원봉사 경험'이 있는 사람들이 그렇지 못한 사람들에 비해 기부참가율이 높을 뿐만 아니라 기부에 참가하는 사람들 중 자원봉사 경험이 있는 기부자들이 그렇지 않은 경우보다 더 많은 금액을 기부한 것으로 나타났다(박태규 외 2003; 김인영 외 2006). 사회구성원들이 사회의 공익적 활동에 자신들의 시간을 기부하는 자원봉사를 통해 금전적 기부의 의미와 역할의 중요성을 깨닫는 계기로 삼을 수 있는 것이다. 지금 한국 사회에서 개인기부의 활성화와 관련해 가장 중요한 문제는 기부참여율을 높이는 것, 곧 기부자 1인당 금액의 증가보다는 기부에 참여하는 사람들이 정기적으로 기부활동에 참여하도록 하는 일이다(Park & Park 2004).

기부문화 정착을 위한 핵심 토대

정기적으로 기부에 참여하는 사람들의 수가 많아질수록 저변이 탄탄해질 수 있다. 그런데 기부횟수에 영향을 미치는 가장 중요한 요소가 자원봉사의 경험이다. 자원봉사 경험이 있는 기부자들이 그렇지 못한 기부자들보다 정기적 기부활동에 더 많이 참여한다. 기부자 그룹은 간헐적 기부자 그룹과 비교적 자주 기부하는 기부자 그룹으로 나눌 수 있는데 자원봉사 경험을 가진 기부자들이 자주 기부하는 기부자 그룹을 형성하는 데 더 크게 기여한다는 사실이 나타났다(김인영 외 2006). 또한 자원봉사 경험이 있는 기부자들이 자원봉사 경험이 없는 기부자들에 비해 정기적 기부활동에 참여하는 경향이 더 높다(김병수

외 2014). 이 같은 결과에 비추어 자원봉사 경험 유무에 기부의 양상이 영향을 받는다고 볼 수 있다. 결국 한국 사회에서 개인기부문화가 정착되는 데는 자원봉사 경험이 매우 중요한 요인이 되는 셈이다. 자원봉사 경험이 기부참가율, 기부금액, 기부횟수 등 기부문화 정착에 필요한 지표 모두에 영향을 미치는 것으로 나타났기 때문이다.

한국 사회의 자원봉사참여율은 지난 10여 년간 별다른 변화를 보이지 않았다. 외국과 비교할 때 한국의 자원봉사참여율은 매우 낮은 수준을 보이고 있으며 그 격차 또한 크다.[5] 자원봉사 활성화는 기존 세대의 기부활동에도 물론 영향을 미칠 수 있지만, 이보다 더 중요한 것은 청소년들이 기부의 역할과 의미를 깨닫도록 함으로써 다음 세대의 기부활동을 장려하는 한 방법이 될 수 있다는 점이다. 이런 측면에서 볼 때 자원봉사가 개인기부의 정착과 활성화에 매우 중요한 역할을 담당하리라는 점은 주지의 사실이다. 따라서 어린 세대에게 자원봉사 경험을 제공함으로써 미래의 충실한 개인기부자층을 형성하는 일 또한 개인기부 활성화 방안 가운데 중요한 부분이다. 한국 사회의 자원봉사참여율이 아직은 외국에 비해 매우 낮은 상태이지만 만일 이 비율을 지속적으로 높인다면 개인기부의 참여, 정기적 기부활동 증가 등에 긍정적 영향을 미칠 가능성이 매우 크다.

---

5 미국의 자원봉사참여율의 2분의 1 수준(20%대)으로, 미국의 개인기부참여율과 비교해도 그 차이가 매우 크다.

조세정책은 민간기부에 어떤 영향을 끼칠까?

앞서 〈표 5-1〉에서 보았듯 1999~2013년 기간에 민간기부금은 개인 기부금을 중심으로 크게 증가했다. 그렇다면 이 기간 동안 개인기부 금이 증가하게 된 요인은 무엇인가? 이에 대해서는 대체로 (1) 나눔 에 대한 인식 확산, 그리고 (2) 나눔문화 활성화를 위한 정부의 정책, 특히 조세지원정책에 기인한다고 볼 수 있다.

개인기부금의 증가 요인

개인기부가 증가한 데는 민간 스스로 한국 사회의 사회경제적 상황 변화에 따른 필요성을 인식한 것이 크게 작용했는데, 기부에 대한 시 민의 인식을 바꾸는 데는 시민단체나 사회복지단체 같은 모금단체 의 역할이 컸다. 또한 정부가 민간기부, 특히 개인기부를 장려하는 조세정책을 적극 시행한 것도 개인기부가 성장하는 데 한몫을 했다 고 판단된다. 개인기부에 대한 세제혜택 덕분에 개인기부자들의 실제 부담이 줄어들어 더 많은 기부를 할 수 있도록 유도한 것이다.

한국 사회에서 조세정책이 개인기부에 얼마나 실질적 영향을 미쳤 는지를 두고 몇몇 실증분석이 나온 바 있다. 2000년 이뤄진 개인기부 에 대한 조사자료를 분석한 연구결과(박태규 외 2003)에서는 조세감면 혜택이 기부에 별 영향을 미치지 못한 것으로 나타났다. 하지만 조세 감면 혜택이 좀 더 확대된 시기인 2000년대 후반의 연구결과에서는 조세감면이 개인기부를 장려하는 데 기여한 것으로 확인되고 있다(박기백 2010; 송헌재 2013). 조세지원정책이 개인기부에 영향을 미치는 효과는 기부자들이 조세감면 효과를 얼마나 인식하고 있느냐와 조세감면 규모에 따라 달리 나타날 것으로 예상할 수 있다. 2000년도 자료에서는 상대적으로 조세감면 혜택이 낮았다는 점 외에도 개인기부가 이제 막 증가하는 초기 단계였기 때문에 조세감면이 기부참여의 동기로 크게 작용하지는 못했던 것으로 추정된다. 이후 민간기부 중에서 기업기부에 비해 개인기부에 대한 조세지원이 빠르게 확대되는 흐름이 2013년까지 지속되었다.

기부금공제제도의 변화

2000년 처음으로 개인기부금에 대한 세공제를 소득금액의 5%에서 10%로 확대한 이후 2008년 10%에서 15%로, 2010년에는 다시 15%에서 20%로, 그리고 2011년에는 20%에서 30%로 확대하는 등 매우 급속도의 확대과정을 거쳤다.[6] 그러나 2013년 세재개편이 이루어지면서 개인기부금의 경우 기부금공제제도에서 세액공제제도로 큰 변화가 있었다. 새로운 세액공제제도에 따르면 소득자(사업소득자를 제외한)의 경우 기부금의 세액공제 한도액은 (법정기부금＋지정기부금)×15%(3,000만 원을 초과하는 부분은 25%)로 하고 있다. 이에 비해 사업소득자(사업소득만 있는 경우)의 경우에는 기존의 제도 그대로 기부

---

6 그러나 종교단체에 대한 기부금공제 비율은 10%로 유지되었는데 이는 개인기부금의 80% 이상이 종교단체에 집중되고 있기 때문에 조세감면의 효과가 종교단체로 치우치는 것을 우려한 조치였다.

금을 필요경비로 공제하는 방법을 유지시켰다.

2014년부터 기부금공제 방법을 소득공제에서 세액공제로 전환함에 따라 개인기부금에 어떤 영향을 미치게 될지에도 이목이 집중될 뿐 아니라 사업소득과 사업소득 이외의 소득(근로소득 등)에 대해 기부금공제 방법을 달리함에 따라 형평성 문제 역시 제기될 수 있다. 세액공제제도로 전환됨으로 인해 고액 소득자(사업소득만 있는 경우 제외)의 기부활동을 저해하는 결과를 초래하지 않을지 우려가 나타나고 있다. 특히 고액 소득자에 대한 조세감면 혜택의 축소로 고소득자들의 개인기부에 영향을 끼치지 않을까 예상된다. 그러나 개인기부자들의 기부행위가 세제혜택에 의해 어느 정도 영향을 받을지 정확히 판단하기는 어렵다. 기부활동은 세제혜택 같은 외부적 요인에 의해서도 영향을 받지만 사회적 책임감, 동정심, 개인적 행복감 등과 같은 내부적 요인에도 영향을 받기 때문이다. 만일 내부적 요인이 외부적 요인보다 강하게 작용한다면 조세감면의 효과를 어느 정도 상쇄할 수 있을 것이다(Benabou & Tirole 2006).

6. 기부문화 성숙을 위한 향후 과제

2000년 이후 한국 사회의 자발적 기부는 규모 면에서는 많은 성장을 보여왔으며 기업기부가 전체 기부에서 차지하는 비중이 낮아지는 대신 개인기부 위주의 구조로 변화했다는 긍정적 측면도 나타나고 있다. 특히 비교적 짧은 기간 내에 기부의 규모 및 구성비 변화라는 큰 발전을 이루었다는 점은 괄목할 만하다.

소액의 정기적 기부와 고액 기부가 동시에 증가해야 한다

그러나 기부문화를 보다 성숙, 발전시키려면 다음과 같은 과제를 해결해야 한다. 우선 소액이라도 정기적으로 기부에 참여하는 개인기부자 비율을 더욱 높여야 한다는 과제이다. 개인기부가 활성화되려면 기부액 또는 기부참가율보다는 '정기적 기부'에 참여함으로써 비영리단체들의 공익활동에 안정적 재원을 조달하는 역할을 해낼 수 있어야 한다. 둘째, 고액 자산가들에 의한 기부 증대가 여전히 필요하다는 과제이다. 다시 말해 기부문화가 매우 확산되기는 했으나 아직은 고액 자산가들의 기부활동이 더 활발해질 필요가 있다는 것이다. 요컨대 한국 사회에 기부문화가 완전히 뿌리내리려면 적은 규모의 기부를 정기적으로 하는 기부자 수도 많아져야 하고 큰 규모로 기부하는 고액 기부자 수도 더불어 늘어나야 한다.

그런데 고액 기부가 활성화되려면 유산 상속 및 증여 과정에서 이루어지는 기부(계획기부)가 필요하다. 성공한 기업인 등 사회지도층이 자선활동에 참여함으로써 그간 쌓은 재산을 환원한다는 것 자체도 중요한 의미를 갖지만 이들 계층의 참여가 한국 사회에 미치는 영향력이 크다는 점에서 궁극적으로 한국 사회의 발전에 기여할 수 있기 때문이다. 즉 사회지도층의 솔선수범이 평범한 시민들의 기부참여를 유도할 수 있어 기부문화 정착에 매우 중요한 역할을 할 수 있다. 이뿐 아니라 재산 기부 과정에서 이들이 역량과 경험을 활용하여 한국 사회가 안고 있는 문제가 무엇인지를 파악하고 해결하는 데 기여할 수 있다는 점에서도 의미를 찾을 수 있다.

비영리조직의 투명성과 책임성, 그리고 전문성이 필요하다

또한 현재 한국 사회의 기부는 종교단체, 사회복지단체 등 특정 영역에 치중해 있다는 문제가 계속 지적되고 있으므로 향후에는 보다 다양한 형태의 공익활동을 지원할 수 있도록 기부영역이 확대되어야 한다. 또한 기부금이 집중되는 사회복지단체의 경우에도 모금액이 상위 10개 단체로 쏠려 소규모 단체를 지원하는 기부금 규모는 매우 낮은 수준이다. 이러한 현상 역시 한국 사회의 기부문화 발전을 위해 해소해야 할 과제이다. 기부금이 대규모 단체에 집중되는 현상은 이들의 이름이 잘 알려졌다는 이유 외에도 이들 단체가 비교적 투명하게 운영되고 있다는 점이 크게 작용하는 것으로 보인다.

개인들은 기부를 통해 사회 전체에 이익을 가져다주는 공익적 사업을 지원하기를 원한다. 개인기부가 지원하려는 공익사업은 한국 사회의 종교, 교육, 문화, 예술, 사회복지, 환경 등 여러 분야에서 공익사업을 수행하는 비영리조직을 통해 이뤄지게 된다. 이런 비영리조직이 투명하고 책임감 있고 전문적 운영을 해나가야만 공익사업이 소기의 목적을 효율적으로 달성할 수 있게 된다. 이런 점에서 비영리조직의 투명성과 책임성 그리고 전문성이야말로 개인기부를 활성화하는 데 중요한 요인이다. 그러나 일부 비영리조직이 여전히 투명하지 못한 운영을 통해 기부자들의 신뢰를 얻지 못하는 경우가 있어 사회문제로까지 부각되고는 한다. 민간기부가 활성화되고 기부문화가 정착되려면 바로 이러한 문제가 우선적으로 해소되어 기부자들의 신뢰를 획득해야 하며, 비영리조직의 투명성과 전문성을 위해서는 비영리조직 스스로의 노력과 더불어 이를 위한 정부의 제도적 뒷받침도 필요하다.

- 김병수, 이주영, 김인영, 박수범, 박태규 (2014). "2002년 기부횟수 자료의 재분석: 수정 및 보완".《응용통계연구》, 27(5), pp. 743-754.

- 김인영, 박수범, 김병수, 박태규 (2006. 3). "포아송 분포의 혼합모형을 이용한 기부횟수 자료 분석".《응용통계연구》, 19(1), pp. 1-12.

- "나눔의 진화 행복이 번진다" (2011. 1. 30).《한겨레신문》.

- 문형구, 박태규 (2005). "기업의 사회공헌활동 현황과 성과와의 관계".《한국비영리연구》, 44(2), pp. 183-224.

- 박기백 (2010). "조세감면이 근로소득자의 기부금에 미치는 영향".《세무학연구》, 27(2), pp. 143-158.

- 박태규, 이상신, 오준석 (2011). "대학 기부금 수입 확대를 위한 다양한 기부방식 도입에 관한 연구"(정책연구과제 보고서). 교육과학기술부.

- 박태규, 정영석, 박수범 (2003. 3). "기부행위에 대한 경제학적 요인분석". 재정공공경제학회 학술대회 발표.

- 손원익 (2007. 7). "기부문화 활성화를 위한 정책과제".《기부문화 및 공익법인에 관한 정책토론회 자료집》. 한국조세연구원.

- 손원익, 박태규 (2008. 2).《한국의 민간기부에 관한 연구: 규모, 구조와 특징, 관련 정책 방향》. 한국조세연구원.

- 송헌재 (2013). "재정패널의 소득증빙 자료를 활용한 근로소득자의 기부금 가격탄력도 추정".《재정학연구》, 6(4), pp. 151-178.

- 아름다운재단 기빙코리아 2009 ; 2010 ; 2011 ; 2012.

- 한국비영리학회 (2005). "기업 사회공헌 실태조사 및 평가지표 개발 연

구". 전국경제인연합회.

- Andreoni, J. (1990). "Impure Altruism and Donations to Public Goods: a Theory of Warm-glow Giving?". *Economic Journal,* 100, pp. 464-477.

- Benabou, Ronald & Tirole, Jean (2003). "Intrinsic and Extrinsic Motivation". *Review of Economic Studies,* 70, pp. 489-520.

- _____ (2006). "Incentives and Prosocial Behavior". *American Economic Review,* 96(5), pp. 1652-1678.

- Bergstrom, T., Blume, L. & Varian, H. (1986). "On Private Provision of Public Goods". *Journal of Public Economics,* 29, pp. 25-49.

- Clotfelter, C. T. (1980). "Tax Incentives and Charitable Giving: Evidence from a Panel of Taxpayers". *Journal of Public Economics,* 13, pp. 319-340.

- _____ (1985). *Federal Tax Policy and Charitable Giving.* Chicago: The University of Chicago Press.

- Glazer, A. & Konrad, K. A. (1996). "A Signaling Explanation for Charity". *American Economic Review,* pp. 1019-1028.

- Navarro, Peter (1998). "Why Do Corporations Give to Charity?". *Journal of Business,* 61(1), pp. 66-75.

- Park, Tae Kyu & Park, Su-Bum (2004). "An Economic Study on Charitable Giving of Individuals in Korea: Some New Findings from 2002 Survey Data". presented at 6th conference of ISTR(International Society for Third Sector Research). July 9-12. Toronto,

Canada.

- Roberts, R. (1984). "A Positive Model of Private Charity and Wealth Transfers". *Journal of Political Economy,* 70, pp. 584–599.

- Schwartz, Robert (1968). "Corporate Philanthropy Contributions". *Journal of Finance,* 23, No.3, pp. 479–497.

- Warr, P. (1982). "Pareto Optimal Redistribution and Private Charity". *Journal of Public Economics,* 19, pp. 131–138.

- Weisbrod, B. A. (1988). *The Nonprofit Economy.* Boston, MA.: Harvard University Press.

'작지만 크게'
세상을 바꾸는 사람들:
공공적 시민과 제3섹터

김인춘

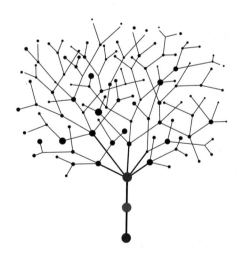

1.
자원봉사자들, 제3섹터의 주요 인적자원

자원봉사(voluntary work, volunteering)는 타인을 위해 자신의 시간을 보상 없이 내주는 일체의 행위를 의미하거나 사회 또는 공공의 이익을 위한 일을 자발적으로 무상으로 행하는 것을 말한다. 타인이나 사회를 위해 무상의 활동을 하는 자원봉사는 봉사자의 자존감과 삶의 질을 높여주고 역량개발, 사회성, 재미 등의 성과도 주는 것으로 알려져 있다. 또한 전문지식으로 훈련된 봉사뿐 아니라 단순히 필요한 도움을 주는 일반봉사도 봉사대상자와 지역사회에 긍정적 혜택을 주는 것으로 평가되고 있다(Wilson 2000). 자원봉사는 무엇보다 자발성, 무보수성, 공익성에 그 정신이 담겨 있고 여기에 이타성, 조직성, 지속성까지 더불어 요구된다. 자원봉사의 개념이 워낙 다양하고, 특히 그 영역의 확대로 외국에서는 사회공헌(social contribution), 시민동참(civic engagement), 시민서비스(civic service) 등과 유사한 의미로 쓰이기도 한다(지은정 외 2013 ; 주성수 2013).

저변이 확대되고 있는 자원봉사활동
한국에서는 2005년 자원봉사활동에 관한 기본 사항을 규정하는 '자원봉사활동기본법'이 제정되어 자원봉사활동을 장려, 진흥하고 있다. '자원봉사활동기본법'의 목적은 자원봉사활동에 관한 기본 사항을 규정함으로써 자원봉사활동을 진흥하고 행복한 공동체 건설에 기여함에 있다. '자원봉사활동기본법'은 자원봉사활동을 "개인 및 단체가 지역사회, 국가 및 인류사회를 위하여 대가 없이 자발적으로 시간과 노력을 제공하는 행위"라고 정의한다. 자원봉사활동은 주로 비영리단체의 활동을 지원하며, 자원봉사활동을 주된 사업으로 삼거나 이를 지원하는 비영리단체 역시 자원봉사단체로 규정하고 있다. 이처럼 자원봉사활동은 비영리 및 사회적경제 분야에서 주로 이루어지기 때문에 제3섹터와 밀접한 연관을 갖는다. 자원봉사자는 제3섹터의 주요 인적자원인 것이다.

오늘날 한국의 자원봉사 주체와 활동은 갈수록 확대되고 또 다양화되고 있다. 우선 자원봉사 주체가 기존의 종교계, 비영리·자선단체를 넘어 전문가집단, 대학, 기업, 청소년, 시니어집단 등으로 크게 확대되었다. 봉사활동의 영역 또한 보호기관 및 시설, 아동, 노인 대상 봉사는 물론 국제 자원봉사활동으로 발전하고 있다. 특히 대학, 시니어집단, 기업의 사회봉사활동이 나날이 활성화되는 추세이다.[1]

자원봉사는 자원봉사자들의 활동과 기여에 크게 의존하는 제3섹터에서 가장 많이 이루어져왔다. 기존의 NGO, NPO뿐 아니라 사회적협동조합이나 사회적기업 등 참여를 필요로 하는 조직이 많기 때문이다. 제3섹터에서는 여러 형태와 성격의 봉사활동이 나타나는데, 공식적·비공식적 유형의 봉사활동도 있고, 활동비용을 받는 자원봉사도 있으며, 의무적 성격을 띠는 자원봉사도 있다.

---

1 많은 대학에서 교양교육의 일환으로 대학생들의 자원봉사활동을 장려한다. 그리고 고학력 은퇴 인구가 크게 증가하면서 시니어 자원봉사활동이 앞으로 자원봉사 영역에서 중요한 역할을 할 것으로 예상된다. 기업의 자원봉사 역시 적극적이다. 예를 들어 삼성그룹은 29개 계열사에 112개 자원봉사센터와 4,226개의 자원봉사팀을 운영하고 있다(《중앙일보》 2014. 7. 30. 기사).

자원봉사는 공공서비스 전달이라는 측면에서도 기여도가 높다. 1990년대 이후 선진국들에서 복지국가 재편과 함께 다양한 복지서비스 제공 형태가 발전해왔다. 이를테면 보다 전문적인 지식과 기술을 가지고 공공서비스 전달과정에 참여하는 것 등이다. 자원봉사가 공공사회서비스를 완전히 대체할 수는 없겠지만, 전문성을 갖춘 자원봉사활동을 통해 민간비영리복지기관은 재정적 부담을 줄이고 다양한 복지서비스를 제공할 수 있게 되었다. 이러한 경향은 공공복지서비스 발전이 늦은 편인 한국에서도 나타나고 있으나, 그 내용이 과연 얼마나 전문적이고 조직적이며 기대하는 성과를 달성하고 있는지는 명확히 알려진 바가 없다.

자원봉사를 하나의 연구주제로 삼아 연구하는 일이 매우 드물던 과거와 달리 최근 한국에서도 자원봉사에 대한 공식적인 관심이 커졌다. 한국 사회에 여러 사회적 위험이 상존하고 재난이 자주 발생하면서 자원봉사활동이 그 어느 때보다 주목을 받게 된 것이다. 2014년 4월 세월호 참사 이후 '팽목항'과 '안산'에서 이루어진 자원봉사활동은 민간자원봉사의 역할과 기능, 중요성과 필요성을 새삼 일깨워주었다. 세월호 참사 현장을 함께한 수많은 자원봉사자가 봉사를 통해 자존감을 높이고 치유를 경험했다고 말했다. 물론 이들의 봉사활동은 희생자 가족들에게도 큰 힘이 되었다. 이런 맥락에서 볼 때 이제 자원봉사는 명실공히 제3섹터의 주요 인적자원으로 자리를 잡았으며, 따라서 참여하고 연대하는 자원봉사 없이는 제3섹터의 발전과 공공성을 기대하기 어려울 것이다.

자원봉사를 통한 참여와 연대

자원봉사는 모든 사회에서 이루어지고 있는 보편적 활동으로 결사체적 생활의 핵심이었다. 결사체의 활동과 생존에 자원봉사자들의 자발적 무급노동과 노력이 매우 중요한 요소였기 때문이다. 자원봉사자들은 특히 전통적 성격의 자원결사체(voluntary associations)의 핵심 참여자였다. 역사적으로 자원봉사는 17~18세기 유럽에 그 어원이 있다. 특히 프랑스에서는 군사적 자원활동을 자원봉사로 간주했으나 일반적으로 영국 등 유럽에서 자원봉사는 지역사회서비스(community service)를 지칭하였다. 19세기 들어 자원봉사는 영국과 미국 등 서구에서 주로 자선단체를 통해 확산되고 발전하였다. 1844년 영국에서 창립된 YMCA 활동이 유럽 전역으로 확산되고 1851년 미국에서도 시작되면서 자원봉사활동이 전 세계로 급속히 확산, 발전하였다. 19세기 유럽의 전쟁과 적십자(Red Cross)의 봉사활동, 미국 남북전쟁 당시의 민간자원봉사, 제1·2차 세계대전 등을 거치면서 자원봉사활동은 국제적 차원에서 소기의 역할을 하게 되었다. 이와 함께 지역사회 차원에서도 교육과 빈곤퇴치 등을 위한 봉사활동이 펼쳐졌다.

제2차 세계대전을 계기로 국가의 역할이 확대되면서 공공사회서비스가 민간봉사활동의 일부를 흡수 또는 대체하였다. 특히 기초 지방자치단체를 중심으로 포괄적 복지서비스가 시행되면서 민간봉사활동은 이러한 공공복지서비스를 지원하는 형태를 보이기도 하였다. 그러다 근대로 접어들면서 사회적 차원에서 자원봉사에 대한 요구가 변화하였다(김경동 2012). 변화의 1단계는 전통적 의미의 공동체가 약화되면서 이를 대체하는 단순 자원봉사활동이 대두된 시기로, 이때는 주로 교회를 통해 자원봉사가 이루어졌다. 2단계에서는 복지국가 기능이 강화되면서 그 기능에 협력하거나 역할을 분담하는 자원봉사에 대한 수요가 증가하였다. 주로 비영리조직들이 이러한 역할을 담당하였다. 최근 등장한 것이 마지막 3단계인데, 복지국가 기능이 후퇴하면서 자발적이고 자율적인 시민사회의 자원봉사, 즉 지역사회나 제3섹터에서 이루어지는 자원봉사활동에 대한 수요가 증가하고 있다.

시민들의 자원봉사참여 정도는 나라마다 다르다. 자원봉사 활성화가 법적·정책적 지원에 영향받기도 하지만 시민사회와 제3섹터의 발전과 마찬가지로 역사적·문화적 요인도 작용하기 때문이다. 자원봉사에 참여하는 이유와 동기도 사람마다 제각각이다. 기존 연구에 의하면 가치(values) 측면에서 가장 강한 동기가 발생하고, 그다음으로 이해(understanding), 강화(enhancement), 경력(career)을 다소 약한 동기로, 사교(social), 방어(protective)의 이유를 약한 동기로 보았다. 또 다른 연구에 따르면, 인도주의 또는 이타주의 가치를 구현하기 위해(가치 동기), 세상에 대한 지식을 확대하고 기술을 습득하기 위해(이해 동기), 심리적 안정과 자긍심을 높이기 위해(강화 동기), 다른 사람들과 공공적 사교활동을 하기 위해(사교 동기), 그리고 심리적 죄책감이나 갈등을 해소하기 위해서(방어 동기)이다(Clary et al. 1998). 결국 이타심과 사회성 등 자신의 삶의 질 향상 외에도 의무감, 신앙심 등 봉사활동의 동기와 보상은 매우 다양하며, 대개 이들 요소가 복합적으로 결합되어 자원봉사를 하도록 이끈다. 예컨대 자원봉사자들은 보람이나 경험 같은 정신적 보상을 얻기도 하고 교통비나 식사비, 소정의 활동비 등을 제공받는 재정적 보상을 얻기도 하며 봉사 경력과 같은 보상을 바라는 경우도 있을 수 있다.

자원봉사는 비공식적 형태의 자원봉사와 공식적 자원봉사로 나누어 살펴볼 수도 있다(Wilson & Musick 1997). 이 가운데 비공식적 형태의 자원봉사는 조직화되지 않은 다양한 형태의 '남을 돕는' 일과 같은 것으로, 이웃에게 도움을 주어야 한다고 느끼는 일종의 개인적 책임감에 기초하여 봉사하는 것을 말한다(이봉주 2005). 개인 또는 일부 사람들이 형식에 구애받지 않고 자유롭게 봉사활동을 하는 비공식적 봉사활동은 흔히 있는 당연한 일로 여겨져왔고 보통 잘 알려지지 않기 때문에 그 실상과 규모를 파악하기가 어렵다.

따라서 자원봉사 여부를 어떤 기준으로 판단할 것인가, 자원봉사의 범주를 어떻게 정할 것인가 하는 문제가 제기될 수 있다. 자원봉사의 범주는 자원봉사를 지칭하는 다양한 용어만큼이나 나라마다 또 연구자마다 다르다. 그럼에도 오늘날의 자원봉사는 다양한 비영리단체나 공익재단 또는 공공기관 등이 지원하는 공식적 성격의 시민봉사활동이 중심이 되고 있다(Eliasoph 2013). 자원봉사의 특성 중 하나로 조직성이 강조되는 것도 자원봉사의 공식적 성격이 그만큼 중요하기 때문이다. 공식적 형태의 자원봉사는 보통 결사체적 조직이나 기관을 통하여 행해지는 조직화된 자원봉사를 가리키는데 사회적·경제적 기여도를 평가할 수 있으며 시민운동이나 복지서비스 등 다양한 분야에서 중요한 역할을 한다.

자원봉사와 시민성: 제3섹터의 공공성과 사회자본의 토대

1980년대 이후 복지국가 위기와 신자유주의 심화로 나타난 국가와 시장, 사회제도의 급속한 환경 변화는 전 세계적으로 제3섹터의 역할에 더욱 주목하게 만들었다. 더구나 21세기 들어 신자유주의의 부작용이 드러나고 국가의 역량에 대한 불신과 불안이 커지면서 시민 스스로 호혜적인 사회적경제를 만들고 네트워크 및 상호협력을 중시하는 분위기이다. 제3섹터는 정부부문과 민간부문 모두가 제대로 관심을 갖지 못하는 여러 문제를 해결하기 위해 제도화된 조직들의 영역으로서 시장영역 및 국가영역의 일부와 연계하거나 협력하면서 갈수록 확대되고 있다. NGO, NPO에 더해 최근에는 사회적기업 등 다양한 하이브리드 조직도 등장하였으며, 사회서비스 생산, 일자리 창출 등 경제적 역할을 포함해 권력감시 및 사회변혁적 역할, 사회갈등 및 이익조정, 사회자본 함양 등 제3섹터의 역할은 점점 더 중요해지고 다양해지고 있다. 특히 복지국가의 재편, 자본주의의 변화, 가족 및 지역사회와 같은 전반적 사회제도 변화에 따른 역할과 비전이 커지고 있다.

이처럼 중요한 제3섹터의 의의가 실현되려면 규범적 힘에 의해 구성되고 규범적 가치가 작동해야 하는데, 자원봉사가 바로 이런 규범적 힘을 키움으로써 사회자본을 강화해줄 수 있다. 자원봉사에 담긴 시민성이 국가의 강제적 힘이나 시장의 경제적 동기를 지배할 수는 없다 해도, 규범적 힘 없이는 제3섹터가 형성될 수도, 지속될 수도 없다는 점에서 자원봉사가 갖는 중요성이 크다. 타인이나 공익을 위해 자발적으로 무보수로 봉사하는 다양한 자원봉사활동은 그 자체가 시민성의 발로이다.[2] 사회변화를 위해서는 개인의 변화가 중요하며 시민의 역량 강화와 자발적 사회참여를 증진하는 자원봉사가 개인을 변화시키는 중요한 계기가 될 수 있다. 자원봉사자들의 주체적이고 지혜로운 삶은 결국 사회를 변화시킨다.

자원봉사는 강하고 결속된 사회를 만드는 역할 또한 할 수 있다. 자원봉사는 사회적 배제를 해결하는 수단이자 시민성의 핵심적 행위이다. 이는 공동체적 사회를 조성하고 개인과 사회의 관계 속에서 올바른 사회구성원으로서의 자질을 함양하며 인간성을 회복하고자 노력하는 행위이기 때문이다. 자원봉사활동은 시민성을 강화하여 궁극적으로 제3섹터의 공공성과 사회자본의 토대가 될 수 있다. 참여와 협력을 통해 시민성을 함양한 주체적 시민은 자발적 책임성을 가지며 이웃과 공동체를 배려하는 수평적 관계를 만들게 된다(송호근 2015).

자원봉사자는 시민성을 가진 대표적인 '시민적 개인(civic individual)' 이라 볼 수 있다. 자원봉사가 사회문제를 해결하고 공동체적 발전을 보장하지는 않겠지만, 다양하게 분화된 복잡한 현대사회에서 자원봉사는 필수불가결한 요소로 자리 잡아가고 있다. 국가와 시장이 해결하기 어렵거나 충분히 관심을 갖지 못하는 부분, 사회와 세계가 처한 여러 가지 복잡하고 위험한 문제를 해결할 효과적인 방법이 될 수 있는 것이다. 자원봉사활동은 그 본연의 가치인 연대와 사회적 신뢰 등을 돈독히 하여 건강하고 정직한 사회를 만들고 소통과 협력으로 사회통합을 이루는 데 기여할 수 있다. 나아가 신뢰와 호혜성을 기반으로 하는 사회자본을 통해 공동체의식 확산, 거래비용 감소, 정책수행

---

2 시민성(civicness)은 민주적 시민사회의 시민들 사이에 보이지 않게 작동하는 가치와 규범의 총체를 지칭한다.

의 정당성 확보, 감시비용 절약 등 긍정적 효과를 가져와 궁극적으로는 사회 전체적 유효성을 증진할 수 있다. 한국 사회가 겪고 있는 막대한 불신의 비용이 바로 이러한 사회자본으로 해결될 수 있을 것이며, 그 과정에서 자원봉사는 한국 사회의 신뢰와 공동체성 회복에 상당한 기여를 할 것이다.

2. 한국과 주요 선진국의 자원봉사 현황

대부분의 선진국에서 자원봉사는 사회적 연대뿐 아니라 공공재 생산, 복지서비스 전달 등 중요한 역할을 담당한다. 자원봉사활동이 사회적으로는 물론 경제적으로도 중요한 기능을 하는 것이다. 이에 따라 자원봉사에 대한 사회적 기대 또한 크다.

선진국보다 낮은 한국의 자원봉사참여율

그러나 한국 국민의 자원봉사참여율은 선진국에 비해 낮다. 15세 이상 인구의 자원봉사참여율은 2006년 14.3%, 2009년 19.3%, 2011년 17.6%, 2013년 17.7%를 보였다. 이는 미국의 25.4%(16세 이상, 2013년 기준), 영국의 44%(16세 이상, 2012/2013년 기준)에 비해 크게 낮은 수준이다(통계청 2014, '2013년 국내 나눔 실태'). 더 큰 문제는 학교에서 의무적 자원봉사를 해야 하는 10대를 제외하고 나면, 한국 성인의 자원봉사참여율은 현저히 낮아진다는 점이다. 10대의 자원봉사참여율은 무려 80%에 이른다. 반면 20세 이상 인구의 자원봉사참여율은 2013년 기준 12.8%로 나타나고 있다(통계청 사회조사 2006; 2009; 2011; 2013).

특히 한국은 시니어(65세 이상)의 자원봉사참여율이 6.2%로 매우 낮은 것으로 나타났다. 스웨덴 51%, 영국 44%, 네덜란드 40%, 프랑스 37%, 독일 37%, 미국 24.4%, 일본 18.1%와 크게 비교되는 지점이다(지은정 외 2013). 이 수치가 보여주듯 선진국에서는 노인인구의 자원봉사가 아주 활발하다. 프랑스의 경우 영국이나 네덜란드와 달리 1980년대까지만 해도 자원봉사참여율이 그리 높지 않았으나 1990년 대부터 크게 늘고 있다. 이러한 증가의 중심에 50대 이상의 시니어들이 있었다. 노인인력의 자원봉사활동 같은 사회참여를 증진하는 일에는 프랑스 정부가 적극적으로 나섰다. 프랑스 시니어들의 자원봉사, 즉 넓은 의미의 사회참여가 확대된 것은 크게 두 가지 측면, 즉 개인적 동기요인과 사회적 동기요인이 있는데 두 가지 요인이 잘 맞아떨어져 적극적 참여를 이끌어낸 것이다. 50%에 이르는 한국의 노인빈곤율을 감안할 때 한국 시니어의 자원봉사참여가 부진한 것은 안타까운 일이다.

15세 이상 인구의 자원봉사참여율이 40%를 넘는 나라로는 영국, 스웨덴, 네덜란드, 호주 등이 있다. 30~40% 수준인 나라로는 덴마크, 핀란드, 독일, 룩셈부르크가 있으며 20~29% 수준인 나라로는 미국과 프랑스 등이 있다(지은정 외 2013). 자원봉사가 활발한 나라들은 대부분 복지선진국으로, 북유럽과 네덜란드, 스위스, 독일이 대표적이다. 이들 나라는 사회서비스 자원봉사참여와 더 나은 사회를 만들기 위한 자원봉사활동이 모두 활발하다. 사회적 신뢰 또한 높다. 반면 남유럽과 동유럽 국가들은 자원봉사참여와 사회변화를 위한 활동 모두에서 낮은 수준을 보이고 있다.[3] 자선영역이나 비영리영역이 큰 비중을 차지하는 영국과 미국도 자원봉사가 활발하다. 한마디로 말해 시민사회가 강하게 구축되었거나 제3섹터의 역할이 큰 나라에서 자원봉사가 활성화되어 있다.

영국: 사회를 유지하는 규범적 힘의 뿌리

전통적으로 영국은 사회문제 해결이나 복지서비스 제공에서 자원 및 자선의 영역이 중요한 역할을 해왔다. 그만큼 자원봉사의 역사가 오래되었고 다양한 제도와 정책이 성숙되었다. 영국 정부는 자원봉사를 "시간을 내서 무급으로 타인이나 다른 집단, 사회환경에 도움이 되는 활동을 하는 것"으로 정의하고 있다(The Volunteering Compact Code of Good Practice 2005 Home Office: London). 영국의 자원봉사활동이 발전할 수 있었던 것은 시민의 높은 참여의식 덕분이기도 하지만 그런 참여를 유도한 정부 차원의 적극적 지지와 후원 덕분이라고도 할 수 있다. 제도적 활성화가 뒷받침됨으로써 다양한 분야에서 중요한 역할과 영향력을 발휘하고 있는 것이다.

먼저 자원봉사 진흥의 근거가 되는 법으로 '자선법(Charity Act)'이 있다. 이는 민간사회사업기관 및 단체의 보호·육성을 목적으로 1960년에 제정된 법이며 1985년과 1992년에 개정되었다. 이 법에 의거해 영

---

3 European Values Systems Study Group (EVSSG), European Values Study (EVS 2008) 참조. 〈http://www.europeanvaluesstudy.eu/〉.

국의 비영리민간단체들이 발전해왔고 오늘날에도 사회적으로 중요한 역할을 하는 자원봉사활동에 든든한 토대가 되어주고 있다. 영국은 자원봉사활동이 가장 먼저 조직화된 나라로서 민간자선단체가 크게 성장한 19세기에 이미 자원봉사가 중요한 역할을 감당하였다. 당시 산업화가 진행되면서 많은 사회문제가 나타났으나 사회적 역할에 적극적이지 않았던 자유주의 국가 시대에 자원봉사단체들이 사회적 목적을 위한 활동에 적극적이었다. 제1·2차 세계대전 중에는 자원봉사자들이 시민상담소, 가정복지단 같은 활동을 벌이며 중요한 역할을 하였고 이러한 역사적 유산과 그 영향이 지금까지 이어져오고 있다. 제2차 세계대전 후 영국은 보편적 복지국가를 추구하면서 보편적 의료보건서비스와 교육, 지방정부에 의한 공공서비스의 적극 실시로 자원봉사활동이 다소 위축되었으나 그 후 자원봉사활동이 복지국가에 보완적 역할을 할 수 있다는 인식이 퍼지면서 1960년대 이후부터는 자원봉사활동에 대한 관심이 커졌다. 또한 청소년정책의 일환으로 자원봉사활동이 활성화되었다.

1970년대에 들어 자원봉사센터, 전국적 자원봉사활동 네트워크가 다수 생겨나면서 자원봉사기관의 전문화가 이루어져 다양한 조직적 성격을 갖추었다. 1990년대부터는 국가복지의 축소와 함께 정부의 역할이 서비스 제공자에서 구매자, 자원봉사활동 고용자로 바뀌는 등 자원봉사활동이 복지서비스 공급 분야에서 중요한 영역으로 자리 잡아가고 있다. Volunteering England 등 자원봉사협의회(The National Council for Voluntary Organisations, NCVO)[4]에서 보듯이 오늘날 영국의 자원봉사기관은 시민들의 뜨거운 자원봉사참여 열기에 힘입어 전통적인 지역사회 봉사활동뿐 아니라 복지서비스 제공까지 폭넓은 역할을 하고 있다.

영국에서 이뤄지는 사회봉사활동의 주요 역할과 사회적 영향은 다음 3가지로 요약될 수 있다.[5] 첫째 자원봉사는 경제발전과 지속가능한 발전에 기여해왔다. 자원봉사참여는 곧 경제와 사회발전을 연계하는 다리 역할을 하는 것이며, 따라서 사회적기업 활동 역시 자원봉사의 일종이라고 본다. 다양한 형태의 영국 사회적기업들은 경제적·사회적 영향력을 갖고 있다. 둘째, 자원봉사는 강하고 안전한 공동체를 만들고 사회통합에 기여하는 일이라고 본다. 즉 자원봉사를 통해 비행 가능성이 있는 청소년집단에 긍정적 영향을 주어 범죄율을 낮추거나 수감자에 대한 자원봉사 등으로 강하고 안전한 공동체를 만든다든지, 개인적 소외를 줄이고 개인의 능력과 자존감을 높여주며 사회참여와 고용기회를 확대함으로써 사회통합을 증진한다. 셋째, 자원봉사는 봉사자의 신체적·정신적 건강과 행복을 증진해 삶의 질을 높이는 데 기여할 수 있다. 자원봉사자의 삶의 질에 영향을 주고 다양한 사회적 경험과 관계 형성을 통해 봉사자들은 평생학습을 할 수 있게 된다.

영국의 제3섹터에서는 자선영역과 자원봉사가 핵심적 역할을 해왔

---

4 영국 최대의 자원봉사단체협의회. ⟨http://www.ncvo.org.uk/⟩.

5 The Institute for Volunteering Research and Volunteering England (2007). *Volunteering Works: Volunteering and social policy.* London: The Commission on the Future of Volunteering. The Institute for Volunteering Research(http://www.ivr.org.uk/)와 Volunteering England(http://www.volunteering.org.uk/)는 NCVO 산하의 조직이다.

으며, 개인적 차원에서 얻는 보상뿐 아니라 경제발전에 기여하며, 강하고 안전한 공동체를 만들면서 사회통합에도 기여하는 것으로 나타났다. 자원봉사 자체가 자선영역이자 제3섹터로서 20세기 이후 영국이 경제적·정치적 혼란과 위기를 겪을 때도 영국 사회를 유지하는 규범적 힘이 되어주었다.

네덜란드: 사회적 공공선에 대한 책임감

네덜란드의 자원봉사는 자선적 성격을 띠고 사회서비스를 제공하는 활동을 할 뿐 아니라 정치 및 사회참여적 성격의 봉사활동도 활발하다. 네덜란드에서는 자원봉사를 "조직적 맥락에서 의무와 금전적 보상 없이 타인 또는 공동체를 위해 이루어지는 활동"이라고 정의한다 (The Dutch Ministry of Health, Welfare and Sports, MVWS). 네덜란드는 제3섹터의 발전이 매우 고도화된 나라로서 복지국가와 제3섹터 조직 간 협력관계가 제도화되어 있으며, 대부분의 사회서비스가 비영리조직을 통해 이루어지는 까닭에 제3섹터의 인적·물적 자원 또한 막대하다. 역사적으로 네덜란드의 자원봉사활동은 보살핌영역을 돕기 위한 자발적 조직의 증가에 발맞추어 시민사회와 비영리영역에서 발전해왔다.

오늘날 네덜란드 제3섹터의 자원봉사활동 조직에는 4가지 유형이 있다.[6] 첫째, 네덜란드의 복지부문은 민관파트너십을 중심으로 다양한 형태와 조직을 갖춘 자원봉사활동으로 이루어진다. 둘째, 민주주의 영역, 즉 정치영역에서 이루어지는 자원봉사활동이 있다. 정책결정에 영향을 주거나 정책결정 과정에 참여함으로써 사회 전반의 민주주의 수준을 높이고 유권자의 권리와 이익을 보장하고자 하는 것이 목적이다. 이러한 유형의 조직은 활동가집단(action groups), 이익집단, 정당 등으로 이들 조직에서 자원봉사활동도 하고 있다. 셋째, 지역 차원의 자원봉사로서 지역공동체에서 이루어지는 이러한 자원봉사활동은 '서로 위하며 함께하기(with and for each other)'라는 상호부조(mutual support)를 특징으로 한다. 지역공동체의 상호부조는 사회관계를 만들고 사회적 결속과 사회자본을 창출하는 데 기여한다. 대표적 상호부조 형태는 자조조직(self-help groups and associations)과 문화·스포츠조직이다. 그리고 마지막 유형으로는 기업 등 경제영역에서 봉사자 개인이 자기발전을 위해 펼치는 자원봉사활동이 있다. 실업 등의 상황에서 자원봉사를 통해 노동시장에 참여하거나 새로운 경험과 기술을 익힐 수 있기 때문에 수혜자, 봉사자, 지역공동체 모두에게 바람직하며, 사회적 소외에서 벗어나 의미 있는 여가시간을 제공받는다는 점에서 혜택도 있다. 지역공동체 차원의 자원봉사가 가져오는 성과는 사회적 결속 및 연대 증진, 사회관계 증대와 사회통합 기여, 보살핌 및 복지 제공 증대, 적극적인 시민권 촉진, 물리적 환경 개선과 지역공동체 지원, 문화 간 그리고 세대 간 대화 촉진, 사회의 안정 등이다.

네덜란드 정부는 지자체에 대한 자원봉사를 지원하기 위해 지자체

---

6 Study on Volunteering in the European Union Country Report Netherlands. "National Report-the Netherland". 〈http://ec.europa.eu/citizenship/pdf/national_report_nl_en.pdf〉.

협의회(association of Dutch municipalities, VNG) 비영리단체와 함께 보살핌봉사를 위한 5가지 핵심 기능을 정하였다.[7] 2008년 글로벌 경제 위기 이후 네덜란드 또한 여러 사회문제를 겪고 있으며 연령, 성별, 교육수준, 장애정도, 출신민족, 재정상태 등에 따라 분리 또는 차별을 받는 사람이 없도록 정책적 노력을 다하고 있다. 아울러 네덜란드 정부는 사회적 공공선에 대한 책임감을 갖고 편협한 사적 이익을 초월하여 사회문제에 헌신하는 시민들과 제3섹터와 자원봉사의 역할이 중요함을 정책을 통해 강조하고 있다(WRR 2013).

미국: 국가정체성을 드러내는 결사체 역할

미국은 역사적으로 결사체 민주주의가 발전해왔고, 그에 따라 자원봉사의 역사 또한 오래되었다. 17~18세기 이민과 독립투쟁 시기에 미국인들의 생존은 상부상조와 협동 없이는 불가능한 것이었다. 결사체를 통해 공동의 문제를 해결하고 지역사회에 다양한 서비스를 제공했다. 19세기 후반에서 1930년대까지 남북전쟁과 대공황 등 혼돈의 시기를 겪으면서 자발적 비영리단체가 많이 생겨났으며 이를 통한 시민들의 봉사활동으로 사회적 위기를 어느 정도 극복할 수 있었다. 대공황과 제2차 세계대전을 거치며 다시금 국가의 역할이 커졌지만 비영리단체와 자원봉사활동에 부여된 역할은 바뀌지 않았다. 1960년대

---

7 Ministry of Health, Welfare and Sports (March 2009). "Core Functions: Local support Volunteering and Careers". 참여하는 비영리단체는 NOV and Mezzo(national association of caregivers and care-giving by volunteers)이다.

부터 공식적인 자원봉사 프로그램과 훈련된 자원봉사참여자들을 통한 활동의 확대가 이루어졌다(Ellis 1985). 기관과 단체를 통해 이루어진 이러한 조직화된 자원봉사활동은 지속적으로 성장을 이어나가 2013년 기준 16세 이상 인구 중 25.4%가 자원봉사에 참여하는 수준이 되었다. 그리하여 미국에서 자원봉사 연구가 하나의 학문영역으로 주목받기 시작했다. 공식적 자원봉사활동의 확산에 따라 자원봉사에 대한 보다 체계적인 이해가 요구되었기 때문이다. 1970년대 들어 자원봉사 연구주제가 다양화되기 시작하였고 1990년대와 2000년대 초에는 자원봉사의 효과성과 자원봉사 동기부여 그리고 자원봉사의 경제적 가치에 관한 연구가 상대적으로 활성화되었다(이봉주 2005).

미국은 1993년 설립된 연방정부 기관인 CNCS(The Corporation for National and Community Service)[8]를 통해 자원봉사를 활성화하고 있다. CNCS의 미션은 자원봉사를 통해 삶을 향상하고 지역사회를 강화하며 시민의 참여를 장려하는 것이다. 500만 명 이상의 미국인이 국가와 지역사회의 필요를 해결하고자 다양한 자원봉사활동에 참여하고 있다. CNCS는 기존의 자원봉사기관인 ACTION과 the Commission on National and Community Service를 통합한 것이며, 주요 봉사활동 영역은 재난서비스, 경제적 기회, 교육, 환경관리, 건강한 미래, 퇴역 및 현역 군인 가족지원 등이다. CNCS 사업 수행기관은 지역사회 내 공공기관, 민간비영리기관, 교육기관 등이다.

---

8 〈http://www.nationalservice.gov/〉.

미국 최대의 자원봉사 지원단체인 CNCS는 미국의 비영리영역을 강화하고 봉사를 통해 국가가 직면한 각종 도전에 대응하는 데 매우 중요한 역할을 하고 있다. CNCS는 모든 미국인으로 하여금 자율적 힘을 기르게 하고 봉사심을 진작하여 미국의 가장 강력한 자원인 '시민'의 에너지와 재능을 결집하여 문제 해결에 도움이 되도록 하고 있다. 미국에서 자원봉사의 힘은 시민성을 함양하고 사회를 결속하는 역할을 할 뿐 아니라 미국의 국가정체성을 보여주기도 했다. 미국이 9·11테러와 허리케인 카트리나 참사의 충격을 딛고 일어선 원동력이 바로 그 자원봉사자들과 비영리단체들이라는 평가도 받았다. 그러나 자원봉사가 중요한 역할을 하는 것은 사실이지만 그렇다고 모든 것을 해결해줄 수는 없다. 복지국가 축소로 인한 문제가 있고, 민간비영리부문의 선한 의지와 노력에도 불구하고 재난에서 필요로 하는 것을 충족시키는 데는 아무래도 한계가 있다. 예컨대 '카트리나 참사'는 정부뿐 아니라 민간자선의 한계를 드러낼 수밖에 없었고, 그 와중에서 생존자들의 장·단기적 필요와 요구를 해결하는 데는 정부와 NGO의 역할이 서로 보완적이기도 하지만 갈등하는 관계이기도 하다는 점을 보여주었다(Angel et al. 2014).

3.
한국 자원봉사 발전을 위한 전략

재난과 사회적 위험에 대한 예방과 대처는 당연한 국가의 임무이다. 그럼에도 자원봉사와 같은 사회적 차원의 참여와 지원 또한 중요하다.

앞서 언급했듯 한국의 자원봉사참여율은 국제적으로 비교할 때 매우 낮은 수준이어서 동유럽이나 남유럽 국가들과 비슷하다. 최근 일부 언론이나 지자체에서 자원봉사 행사를 기획하고 주최하면서 자원봉사에 대한 일반인의 관심과 참여가 커지고는 있으나 2009년 이후에는 오히려 정체 상태이다. 재난이 빈번하게 발생하고 자원봉사 수요처가 늘고 있음에도 자원봉사활동이 활발하지 못한 데는 개인적 요소 못지않게 사회적 요인이 작용했을 것이다. 그러나 한국 사회의 자원봉사는 발전의 도상에 서 있으므로 더 큰 발전을 위한 하나의 전략으로서 지역사회 중심 자원봉사의 중요성이 강조될 필요가 있다.

많은 연구자가 제안했듯이 사회적기업, 협동조합, 마을기업 등 지역사회의 제3섹터가 적지 않은 변화를 겪고 있다. 바로 이 시점에서 자원봉사는 보다 다양한 차원의 시민적 삶을 풍요롭게 할 방안을 모색해야 한다. 사회적경제에서 '지역'은 가족, 노동과 복지, 사회적경제 조직과 직접적으로 연계되고 상호의존 및 협력관계에 있다. 더욱이 자원봉사 선진국들의 공통된 특징 중 하나가 바로 지역서비스(community service)를 중시한다는 점이다.

한국 자원봉사활동의 특징

역사적으로 볼 때 한국 사회의 자원봉사에서는 종교계의 자원봉사활동이 유독 두드러진다. 개별 종교기관은 물론이고 종교계 차원의 단체도 많다. 대한불교조계종자원봉사단, 한국교회봉사단, 서울가톨릭사회복지회, 원불교봉공회 등이 그러한 예이다. 한편 최근에는 기업 내의 자원봉사활동도 활성화되고 있다. 그러나 자발적 시민들의 개별적 참여야말로 자원봉사활동의 미래를 생각할 때 그 무엇보다 중요한 요소이다. 이들의 자발적·이타적 참여가 사회관계를 만들고 이러한 사회관계 네트워크 속에서 신뢰와 호혜성, 연대와 협동의 문화가 성숙, 발전할 수 있기 때문이다.

한국의 자원봉사는 재난현장을 찾아가는 봉사활동이 많다는 차별성도 있다. 자연재난은 물론 세월호 참사, 최근의 의정부 화재 같은 재난까지 많은 사고를 경험하면서 한국의 재난구호 자원봉사활동은 일정 기간 지속적으로 활동하는 조직된 일상적 자원봉사보다도 더 발전하는 양상을 보여왔다. 재난구호 자원봉사활동은 재난 상황에서 대부분 일시적으로 이재민 또는 피해자를 돕고 지키는 일이다.

한국의 자원봉사에서만 발견되는 또 다른 특징으로는 '정부개입'을 들 수 있다. 대부분의 선진국에서는 자원봉사에 대한 국가적 전략을 마련하여 시행하거나 자원봉사 관련 법을 제정하지 않는다(지은정 외 2013). 그러나 한국 사회는 관련 법을 마련하여 후진적인 자원봉사 문화를 바꾸고자 하며 이러한 정부정책은 그 자체로는 순기능을 할 수 있을 것이다. 물론 현재는 한국의 자원봉사활동이 정부 부처의 정책에 따라 세분화되고 복잡화되면서 시민의 힘으로 사회문제를 해결하는 새로운 해법으로 자리매김하기보다는, 의도하지 않은 결과가 양산되는 경향도 보이는 것이 사실이다(이란희 2014). 정부정책이 민관의 협력정신에 기초하여 실행되고 자원봉사의 주체인 민간과 이를 지원하는 정부의 협력체계가 제대로 구축되어 시민의 자발적 참여의지와 개선 노력으로 이어지기를 기대한다. 관이 주도하는 자원봉사활동은 참여하는 시민이나 자원봉사자들이 수동적일 수밖에 없고 본질적인 문제 해결에 대한 접근보다는 실적 위주의 일시적 활동에 그칠 가능성이 높기 때문이다. 그러나 민간이 주도한다 하더라도 일부 언론사가 주최하는 행사성 자원봉사라든지 명망가가 나서는 자원봉사라면 그 역시 시민주도의 선진적 자원봉사와는 애초 성격이 다르다. 이런 현상은 한국의 시민사회나 비영리조직이 시민성과 공익성과 비영리성을 제대로 구현하지 못한 점과 연관될 터이다. 이에 따라 자원봉사 또한 기본가치에 충실하게 시행되기보다는 단발적이고 노력봉사 위주의 활동으로 '시민성 없는 자원봉사자 무리'로 평가되고 있다(이강현, 정진경 2006; 류기형 외 2013).

따라서 사회문제에 대응하고 지속가능한 발전과 더 나은 사회를 위해 자원봉사활동 자체가 변화하고 발전해야만 한다. 특히 현재 한국의 자원봉사활동은 봉사참여율이 정체 상태이고 봉사의 내용이 시민성을 결여하여 기본정신을 잃어버렸다는 문제 제기가 나온다. 자발성과 이타성, 지속성에 기초한 자원봉사활동은 좋은 사회제도를 만드는데 기여한다. 정부영역과 시민사회의 경계가 불명확하고 제3섹터 조직들이 다양해지면서 시민사회와 정부의 관계는 이원적 관계나 대체적 관계가 아니라 협력하거나 상호보완하는 관계로 변화하는 현재의 환경 속에서 자원봉사활동 역시 혁신이 필요하다. 실제로 많은 제3섹터 조직이 하이브리드 조직으로 발전하고 변화하면서 자원봉사활동에도 영향을 미치고 있다(Hustinx 2014). 그러한 방법의 하나로서 자원봉사단체는 다양한 프로그램을 개발하여 봉사자들의 동기를 유발하거나 시민운동과 연계할 필요가 있겠다. 적극적으로 사회를 변화시키려는 노력이 절실히 요구되는 시점이다.

지역을 기반으로 형성되는 새로운 이웃관계

선진국의 사례에서 확인했듯 지역사회서비스가 매우 중요하다. 지역사회에서 발생할 수 있는 문제에 미리 대처하고 다양한 자원봉사 수요에 제대로 대응하려면 봉사현장에서 제기된 문제점에 대한 해결방안을 제시하고 이것이 곧바로 제도 변화로 이어져야 한다. 한국에서도 지방자치의 개화와 함께 지역 차원의 자원봉사가 갈수록 중요해지고 있다. '자원봉사활동기본법'에 따라 전국적으로 모든 지자체가 자원봉사센터를 운영하고 있으며, 자원봉사센터는 '지역사회 자원봉사 진흥' 및 이와 관련된 '지역의 기관·단체들과의 협력체계 구축'을 주요 사업으로 하고 있다.[9] 그러나 지자체가 관할하는 자원봉사센터의 효과적 운영에 대해서는 논란이 많다.

따라서 자원봉사센터는 지역사회 발전과 자원봉사센터의 역할 강

---

9 '자원봉사활동기본법'에 의하면 국가기관 및 지방자치단체는 법인으로 운영하거나 비영리법인에 위탁 운영하는 방식으로 자원봉사센터를 설치할 수 있으며, 필요할 경우 국가기관 및 지방자치단체가 직접 운영할 수 있다. 그리고 국가는 자원봉사센터의 설치·운영이 활성화될 수 있도록 적극 노력하여야 하며, 지방자치단체는 자원봉사센터 운영에 필요한 경비를 지원할 수 있다.

화를 위해 지역의 민간단체와 원활한 네트워크를 유지해야 한다. 지역사회 차원에서는 다양한 목적을 가진 수많은 NGO, NPO 단체가 있으며 최근에는 사회적협동조합, 사회적기업, 마을기업 등 사회적 경제 조직이 많아지고 있다. 이들 조직은 서비스 제공 또는 애드보커시 역할을 하며 지역주민의 삶의 질 향상, 봉사참여를 통한 주체적 역량 강화를 추구한다. 그러나 자율성과 자발성을 가지고 지역을 중심으로 활동하는 단체들의 자원봉사 수요는 증가하나 자원봉사센터가 이에 충분히 부응하지는 못하는 것으로 평가된다(이선미 2014). 즉 한국의 사회문제가 가진 심각성에 비해 공공복지의 안전망 수준은 여전히 낮은 것이다. 공공복지의 증대와 함께 이를 보완할 수 있는, 자원봉사와 같은 시민활동이 요구되는 대목이다. 그러나 사회적으로 자원봉사활동의 수요는 증가하나, 자원봉사 정신에 충실하고 역량을 가진 봉사자를 지속적으로 확보하는 일은 어렵다. 따라서 지자체의 자원봉사센터는 지역 내의 민간단체와 협력하여 이런 문제에 대응해나가야 한다.

다행스럽게도 최근 들어서는 지자체들의 자원봉사 활성화 노력이 증대되고 있는데, 참여형 자원봉사를 통해 지역사회공동체를 조성하기 위한 목적에 따른 것이다. 예를 들어 충청남도는 자원봉사 활성화 방안으로 자원봉사센터 법인화 등 민간참여형 전환, 읍·면·동 자원봉사거점센터 운영, 자원봉사자 인센티브(충남형 타임뱅크제) 확대, 자원봉사 민·관 네트워크 활성화 추진 등의 실천계획을 제시했다(충남도 '자원봉사 활성화 포럼' 2014. 8. 26). 이는 바람직한 지방자치, 지역사회공동체 회복, 지역주민의 삶의 질 향상을 위해서는 지역주민의 관심과 적극적 참여가 필수적이라는 인식에 따른 것이다. 자원봉사센터가 지역사회의 봉사센터 허브로 발전해야 하고, 자원봉사 전문조직 육성, 풀뿌리 자원봉사단체 지원이 더욱 확대되어야 할 뿐 아니라, 지역사회 자원봉사 리더를 육성하고 지원해 자원봉사조직을 확대 재생산한다면 높은 성과를 기대할 수 있을 것이다. 지역 민간단체에 주민의 자원봉사는 필수불가결한 것으로, 지역을 기반으로 형성되는 새로운 시민관계, 즉 이웃관계 형성을 위해 자원봉사는 가장 현실적이고 효과적인 방법이다.

한국 사회는 1980년대 민주화 이후 권리를 주창하는 시민운동이 활발하였으나 책임과 의무를 요하는 자원봉사활동은 충분히 전개되지 못했다는 지적이 늘 있어왔다. 이와 더불어 시민운동 또한 자원봉사의 성격을 갖는다는 점이 문제로 지적되고 있다(김경동 2012). 1990년대 중반부터 활성화된 한국의 자원봉사는 이제 시민의 힘으로 사회문제를 해결하는 새로운 해법을 제시하면서 확고한 시민사회의 기초를 다져가고 있다고 하나(주성수 2005) 여전히 자원봉사참여율은 낮은 수준이며 정체되어 있다. 인력과 기관의 전문성 부족, 봉사자의 책임감 및 사명감 부족, 자원봉사기관과의 연계 부족 등 적지 않은 문제를 안고 있다. 그러나 2014년 세월호 참사 이후 시민 스스로, 시민의 힘으로 사회를 바꾸어야 한다는 각성과 의식이 높아지고 있고, 고학력 퇴직자가 크게 증가하는 등 여러 가지 변화와 맞물리면서 자원봉사활동도 향후에는 더욱 활성화될 것으로 기대한다.

4.
자원봉사활동이 직면한 도전과 과제

개인의 발전, 사회결속, 사회문제 해결에 기여하는 자원봉사활동에 대한 기대감이 어느 때보다 증폭되고 있다. 자원봉사는 이웃과 지역 사회의 사회관계와 연대를 만드는 데 결정적으로 중요하다. 특히 사회적 지원이 부족한 지역에서는 자원봉사자들과 자원봉사조직이 의미 있는 변화를 가져올 수 있다. 이를 위해서는 앞서 여러 번 강조했듯이 자원봉사활동의 방향이 보다 지역공동체 중심으로 바뀌어야 하며, 생활 중심의 자원봉사와 소통적·전문적 활동이 더 많아져야 한다. 또한 자원봉사 현장의 문제에 대해 대안을 제시하고 변화를 만들어낼 수 있어야 한다.

제3섹터의 구조 변화에 따른 자원봉사활동의 중요성

자원봉사활동은 타인과 공공의 이익을 위해 자발적으로 동참 (engagement)하거나 참여하는 것이다. 동참 또는 참여는 궁극적으로 시민참여이며 시민참여는 시민성에서 비롯된다. 자원봉사는 시민단체, 비영리조직, 사회적경제조직이 제대로 운영되고 그 역할을 다할 수 있게 만들어주는 요소이다. 자발적으로 조직되어 비영리성, 공익성, 공공성을 목적으로 하는 이들 조직은 자원봉사 없이는 그 목적을 달성하기 어렵기 때문에 제3섹터가 추구하는 공공성과 사회자본은 실현되지 못할 것이다. 규범적 가치뿐 아니라 사회적경제조직이 추구하는 공익적 재화와 서비스의 생산 및 소비 또한 한계를 맞을 수 있다.

최근 자원봉사의 조직적 환경 변화는 자원봉사의 성격과 사회적 기능에도 커다란 영향을 주고 있다. 이러한 제3섹터의 구조 변화와 역할 확대는 전통적인 비영리성, 공익성, 공공성의 가치를 변형시킬 수 있다. 이런 상황에서 사회참여와 연대를 통해 시민성을 키우는 자원봉사는 제3섹터의 규범적 가치를 제고하는 역할을 할 수 있다는 점에서 중요하다.

이미지 변화 시도하고 형식화의 위험을 우선적으로 해결해야

선진국은 물론 한국 또한 자원봉사활동이 각종 도전과 위험에 직면하고 있다. 지자체의 경우 예산 축소 또는 부족에 따라 자원봉사를 그저 도구화할 수 있으며, 자원봉사의 잠재력에 대한 정부의 비현실적 전망과 기대도 문제가 될 수 있다. 지자체와 복지서비스기관은 자원봉사자나 자원봉사기관에 높은 수준의 전문성을 요구하는 한편, 자원봉사자의 노동과 노력에 점점 더 많이 의존하고 있다. 자원봉사자를 존중하거나 자원봉사의 가치를 제대로 인정하지 않는 풍토에서 이런 요구만 하는 것은 자원봉사자에게 적지 않은 부담이 될 수 있고 이로 인해 전문가와 자원봉사자 사이에서 긴장이나 갈등 상황이 발생할 수도 있다. 자원봉사에 대한 개인적 동기요인이 강하더라도 사회적 동기요인이 부합하지 않으면 자원봉사를 할 수 없거나 하게 되더라도 힘든 일이 될 수 있으며, 따라서 그 성과 또는 미미할 것이다.

그러므로 자원봉사가 안고 있는 도전과 과제에 대해서도 포괄적 접근이 필요하다. 자원봉사의 이미지를 변화시켜야 할 필요가 있으며, 형식화의 위험과 독립성을 저해하는 문제를 우선적으로 해결해야 한다. 사회적기업 등 사회적경제조직의 경우 공익성이 협소하게 해석될 수 있으며 반면에 시민의 책임성이 강조되는 곳에서는 자발성이 곧 헌신성의 의미를 가질 수도 있다. 따라서 자발성과 무보수성, 공익성의 개념을 보다 적극적으로 해석해야 할 필요도 생겨날 수 있다.

• 김경동 (2012).《자발적 복지사회》. 서울: 아르케.

• 류기형 외 (2013).《자원봉사론》. 파주: 양서원.

• 박세경 외 (2010).《민간복지자원 확충을 위한 자원봉사 활성화 방안의 모색》. 한국보건사회연구원.

• 송호근 (2015).《나는 시민인가》. 파주: 문학동네.

• 이강현, 정진경 (2006). "자원봉사조직 및 자원봉사자의 자원봉사 인정·보상 시행 경험에 관한 연구".《한국비영리연구》, 5(1), pp. 101-135.

• 이란희 (2014). "자원봉사활동의 사회적 영향력 평가모델 개발". 제7회 전국자원봉사 컨퍼런스 발표 논문.

• 이병순, 김효정 외 (2014).《자원봉사 실천가가 풀어 쓴 자원봉사론》. 고양: 공동체.

• 이봉주 (2005). "자원봉사 연구의 동향 분석: 미국을 중심으로". 한국자원봉사학회 창립 기념 춘계 학술대회 발표 논문.

• 이선미 (2014). "시민사회와 자원봉사센터의 협력을 위한 과제". 〈지역사회 자원봉사 협력의 길: '자원봉사' 그리고 '시민사회'〉.

• 정진경 (2012). "자원봉사 개념의 재해석과 통합적 적용의 탐색".《한국사회복지행정학》, 14(3), 통권 제36호, pp. 31-52.

• _____ (2013). "복지국가 맥락에서 스웨덴, 미국, 한국의 자원봉사정책 비교연구".《한국행정학회보》, 47(2), 2013 여름, pp. 137-160. 한국행정학회.

• 주성수 (2005).《자원봉사: 이론, 제도, 정책》, p. 5. 서울: 아르케.

• _____ (2013).《자원봉사 문화와 제도》. 서울: 한양대학교출판부.

- 지은정 외 (2013).《시니어 사회공헌활동 지원체계 구축 방안 I》. 한국노인인력개발원.

- 통계청 (2014). "국내 나눔실태 2013". 통계개발원.

- 한국자원봉사학회 (2005). "자원봉사연구의 세계적 동향". 2005년 한국자원봉사학회 창립 기념 춘계 학술대회 발표 자료.

- Angel, Ronald J. et al. (2014). *Community Lost: The State, Civil Society, and Displaced Survivors of Hurricane Katrina*. Cambridge: Cambridge University Press.

- Clary, E. Gil et al. (1998). "Understanding and Assessing the Motivations of Volunteers: A Functional Approach". *Journal of Personality and Social Psychology,* Vol. 74, No. 6, pp. 1516–1530.

- Eliasoph, Nina (2013). *The Politics of Volunteering.* London: Polity.

- Ellis, Susan J. (1985). "Research on Volunteerism : What Needs to Be Done". *Journal of Voluntary Action Research,* Vol. 14, No. 2–3 (April-September), pp. 11–14.

- Glanville, Jennifer (2012). "Review of Making Volunteers: Civic Life after Welfare's End". *Political Science Quarterly,* 127, pp. 168–169.

- Hustinx, Lesley (2014). "Volunteering in a Hybrid Institutional and Organizational Environment: An Emerging Research Agenda". in Freise, Matthias & Hallmann, Thorsten (eds.). *Modernizing Democracy: Associations and Associating in the 21st Century.* New York and Heidelberg: Springer.

- Lee, Chang-Ho (2002). "Volunteerism in Korea". *Journal of Volunteer Administration,* Vol. 20, No. 3.

- Rochester, Colin et al. (2012). *Volunteering and Society in the 21st Century.* London: Palgrave.

- Smith, Davis J. (2000). "Volunteering and Social Development". *Voluntary Action,* 3(1), pp. 9–23.

- Wilson, John (2000). "Volunteering". *Annual Review of Sociology,* Vol. 26, pp. 215–240.

- _____ (2012). "Volunteerism Research: A Review Essay". *Nonprofit and Voluntary Sector Quarterly,* Vol. 41, No. 2, pp. 176–212.

- Wilson, John & Musick, Marc (1997). "Who Cares?: Toward an Integrated Theory of Volunteer work". *American Sociological Review,* Vol. 62, No. 5 (October), pp. 694–713.

- WRR (2013). "Confidence in Citizens".

제 7 장

기업사회공헌의 기원과
발전방안

황창순

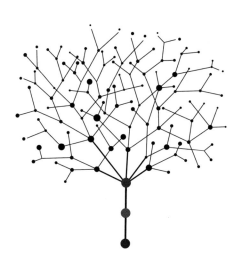

1.
기업사회공헌에 대한 관심 증가

최근 한국 사회에서도 기업사회공헌에 대한 관심이 증가하고 있다. 기업사회공헌활동은 기업의 성장과 발전을 위한 경영전략 차원에서 일차적 의의가 있지만, 비영리조직의 관점에서는 재정적 후원이나 사업수행의 파트너로서 차지하는 위상 때문에 중요시되고 있다. 이 장에서는 그런 점을 고려하여 기업의 경영적 관점에서 사회공헌에 대한 고찰은 최소화하고 비영리영역과의 관련성 측면에서 주로 논의하고자 한다. 일반국민이나 시민단체 그리고 외부의 재정적 지원에 의존하는 비영리조직 모두 기업사회공헌에 대한 기대가 크지만, 기업의 속성상 아무런 전략 없이 외부 압력이나 요구에 반응할 수는 없다.

기업의 사회적 기여를 표현하는 다양한 용어

우리가 흔히 약자로 CSR(Corporate Social Responsibility)라고 부르는 기업사회공헌은 가장 단순하게는 기업이 수행하는 사회공헌활동을 의미하지만 이 용어가 반드시 기업의 성장과 발전 전략의 관점에서만 사용되는 것은 아니다. CSR라는 용어는 학문적으로는 기업경영에 직접적 관계가 있는 경영학뿐만 아니라 정치학, 행정학, 사회학, 언론정보, 광고홍보를 넘어 NGO와 비영리영역 전반에서 광범위하게 사용된다. '기업사회공헌'이 기업의 사회적 기여를 나타내는 가장 일반적인 용어이기는 하지만 다른 용어도 많이 쓰인다. 대표적인 예로는 기업시민활동(corporate citizenship)이나 기업지역사회관계(corporate community relation)가 비슷한 의미로 쓰이고는 한다. 나아가 환경이나 경제발전의 부정적 결과를 강조하면서 지속가능성(sustainability)이나 지속가능 발전(sustainable development)도 상황과 맥락에 따라 기업사회공헌의 일종으로 사용되기도 한다. 기부와 자선으로 관심을 좁힌 경우에 사용되는 일반적인 용어로는 기업자선활동(corporate philanthropy)이 있고, 더 구체적이고 직접적으로는 기업기부(corporate giving)라는 용어를 쓰기도 한다.

기업사회공헌에 관한 용어가 이처럼 다양하고 그 뜻과 강조점이 약간씩 다른 것은 기업사회공헌활동의 시대적 특징, 이데올로기적 지향성, 기업의 책임과 의무에 대한 다양한 관점이 반영된 결과로 보인다. 기업사회공헌에 관한 논쟁을 가장 종합적으로 정리한 Cheney와 그의 동료들(2007)은 이처럼 여러 용어가 등장하는 이면에는 기업사회공헌에 관한 의미가 고정되거나 합의된 것이 아니라 용어끼리 서로 경쟁하면서 변화한다는 사실이 있다고 주장한다. 말하자면 어떤 용어나 용어의 정의는 고정적인 것이 아니라 역동적인 것이며, 기업의 역할 및 사회와 맺는 관계의 변화를 반영하는 거울이라는 것이다.

이 장에서는 기업사회공헌의 기원과 역사적 배경을 먼저 살펴본 다음, 기업사회공헌에 관한 주요 이론적 모델을 검토한다. 이어서 최근 20년 동안 한국 기업사회공헌의 실태와 현황을 살펴보고, 마지막으로 우리나라 기업사회공헌활동이 직면한 도전과 과제를 비영리조직과의 관련성 측면에서 제시하고자 한다.

2.
기업사회공헌의 기원과 배경

기업사회공헌은 산업화와 세계화의 산물이라고 할 수 있다. 이러한 사실은 기업사회공헌이 나타난 배경과 그 기원을 추적하면 어느 정도 알 수 있다. 서구 산업자본주의의 역사를 살펴보면 대략 1870년경에 '근대기업'이라고 부를 수 있는 조직이 나타났고 이들 기업의 활동은 점차 사회의 다른 영역에도 영향을 주었다. 특히 19세기 후반기에 석유와 철도를 포함한 여러 종류의 독점기업 성장과 더불어 거대기업 활동의 적절성에 대한 논쟁이 나타난다. 미국 정부는 이러한 논쟁에 대한 대응으로 1800년대에 주요 기업을 통제하려는 일련의 법률을 제정하였다. 나아가 경제적 세계화가 증대되면서 미국과 서유럽에서 통과된 법률은 주로 독점대기업, 아동노동, 그리고 산업현장의 안전문제를 다루었다.

1890~1920년 사이 급속한 자본주의 발달이 초래한 미국의 경제사회적 문제에 다양한 대응이 이루어진 시기인 진보주의 시대의 산업자본가들은 공장노동제도가 사회에 나쁜 영향을 끼치고 있다고 인식하여 이에 대한 대안으로 많은 대기업이 산업복지 프로그램을 개발했다. 그 목적은 산업화로 인해 지역사회와 가정생활에 미치는 부정적 영향을 희석하기 위한 것이었다. 이러한 산업복지 및 기업복지 프로그램은 기업도 사회의 한 구성원이며 사회와 깊이 연관되어 있음을 표현하는 하나의 방법이었다(Cheney et al. 2007).

기업에 부여된 '책임의 철칙'

기업사회공헌의 초기 개념은 하워드 보웬(Howard Bowen)에 의해 제2차 세계대전 직후에 정립되었다. 보웬에 따르면(Bowen 1953), 전후의 경제적 부흥은 기업에 대해 새로운 기대를 품게 만들었는데 그는 이를 기업의 사회적 책임으로 개념화하였다. 보웬은 노동자, 소비자, 일반대중에 대한 의무를 받아들이는 것이 자유기업 체계의 생존조건이라고 주장하였다. 경영학자인 키스 데이비스(Davis 1960)는 기업사회공헌의 개념을 더욱 확대해서 이해하였다. 그는 책임의 철칙(iron law of responsibility)을 제안하면서 기업가의 사회적 책임은 자신이 가진 사회적 권력과 비례할 필요가 있다는 의미라고 하였다. 데이비스는 사회적 책임이 부족한 기업은 사회적 힘이 점진적으로 퇴색할 것이라고 예언하였다. 미국에서 사회적 책임을 충족시키는 공통의 수단 가운데 하나가 바로 기업의 자선활동이었고 이러한 생각은 당시의 사회적 분위기에서 당연시되는 규범이었다. 사회적 변화와 이에 수반되는 경제 상황의 변화는 기업사회공헌에 관련된 이해당사자의 범위를 확대하였다. 종업원, 소비자, 공급자, 유통업자, 경쟁자, 그리고 지역사회까지 포함하며 나라마다 상황에 따라 변형된 형태를 보인다.

한국에서 기업사회공헌이 등장한 배경은 미국이나 유럽 국가와는 다소 다르다. 한국 기업은 경제개발 초기에는 사업보국의 철학으로 기업 자체를 존속시키고 성장시키는 것이 최선의 애국애족의 길이요 소위 사회에 기여하는 것으로 생각하였다. 하지만 1990년대 이후 외국 선진기업의 사회공헌 사례가 소개되고 몇몇 명문기업이 사회공헌 활동을 기업의 경영전략과 접목하면서 명성을 높이는 성과를 거두자 한국에서도 몇몇 대기업을 중심으로 기업재단 설립을 통한 간접적 지원이나 직접적 사업수행에 나섰다. 그 후 20년 동안 한국 기업의 사회공헌활동은 양적으로나 질적으로나 괄목할 만한 성장을 보였다.

한편 기업사회공헌은 가장 총체적이고 일반적인 의미를 가지는 데 비해 사회공헌의 강조점에 따라 진화를 거듭하면서 몇 가지 특징적 경향성과 패러다임이 나타났다. 그 가운데 가장 대표적인 3가지 패러다임인 '전략적 사회공헌활동', '지역사회관계', 그리고 최근에 소개되면서 CSR의 대안으로 급속히 부상하고 있는 CSV를 간략히 소개한다.

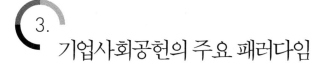

3. 기업사회공헌의 주요 패러다임

전략적 사회공헌활동

1990년대 후반 미국의 주요 기업을 중심으로 사회공헌활동에 대한 인식이 기존의 소극적이고 수동적인 태도에서 벗어나 적극적이고 능동적인 입장으로 전환되었는데, 이를 '전략적 사회공헌활동(corporate strategic philanthropy)'이라 부른다(Marx 1996 ; 1998). 이 전략을 채택한 기업은 다른 기업보다 한 걸음 앞서 사회공헌활동의 효과나 가치를 인식하고 이를 기업의 경영전략에 통합하였다. 이 전략에 의하면 민간비영리조직에 대한 지원이 아무런 이득도 없는 비경제적인 투자라는 생각에서 벗어나 자선적 기부를 일종의 적극적 투자로 간주한다.

전략적 사회공헌활동에 의하면 계몽된 사적 이익을 추구하는 기업은 사회공헌활동을 사회적·경제적 투자로 간주하며 사회공헌활동으로 인해 종업원의 사기가 고양되고 지역사회로부터 좋은 평판을 받을 뿐만 아니라 세금감면 등의 보상도 받을 수 있다는 점을 중시한다. 말하자면 지금까지의 소극적이고 잉여적인 태도에서 한 걸음 더 나아가 사회공헌활동을 통해 기업과 사회가 함께 이익을 도모하면서 기업의 장기 비전이나 전략적 목표와 연계할 수 있다는 점을 강조한다. 이는 경영환경이나 사회적 가치관 그리고 기업경영 방식의 변화에 따른 상호작용의 결과로 나타난 현상이다(Yankey 1996). 전략적 사회공헌활동을 채택하는 기업은 '비영리조직에 대한 지원이나 협력적 파트너십이 과연 필요한가'의 단계를 뛰어넘어 '사회공헌활동의 효과성을 어떻게 측정할 수 있을 것인가?', '기업의 사회공헌활동을 어떻게 최선의 상태로 조직화하고 구조화할 수 있는가?', 그리고 궁극적으로 '어떻게 하면 비영리영역과 상호이익이 되는 파트너십을 추구할 것인가?'의 문제들을 고민하게 되는 것이다.

기업과 지역사회관계

기업 사이의 경쟁이 치열해지고 기업에 대한 기대치 또한 날로 높아짐에 따라 기업과 지역사회의 관계가 주요 이슈로 떠오르고 있다. 기업에 지역사회관계가 얼마나 중요한가에 대해, 이 분야를 집중적으로 연구하고 지역사회관계 전략을 소개한 보스턴칼리지 기업지역사회관계센터(Center for corporate community relation)의 구긴스(Googins 1997)는 "어떤 회사가 지역사회에 대한 봉사와 헌신을 회사의 경영전략으로 삼을 때 그 회사는 양질의 인력을 확보할 수 있을 뿐 아니라 소비자들에게도 회사 이미지를 긍정적으로 보여줄 수 있으며, 더 나아가 시장에서 지위 개선도 가능하다"라고 주장한다. 이렇듯 이제 지역사회관계는 때늦은 생각이거나 체면치레가 아니라 대부분의 기업에 아주 중요한 경영전략의 하나이며 기업체의 건강성에 필수불가결한 요소라는 사실을 많은 최고경영자가 인정하고 있다.

일류를 지향하는 많은 기업이 치열한 글로벌 경쟁에서 성공하기 위해서는 주주에게만 매력 있는 기업이어서는 안 된다고 판단하고 있다. 기업이 고려해야 하는 수많은 이해당사자들은 기업경영에 새로운 관점을 요구하고 있으며, 특히 '투자자가 선택하는 기업'에서 나아가 '공급자가 선택'하고, '종업원이 선택'하며, 결국에는 '지역사회가 선택하는 기업'이 되어야 한다고 강조한다. 구긴스에 의하면(Googins 1997), 지역사회가 선택하는 기업전략(neighbor of choice)은 지역사회에서 회사의 명성을 관리하고 증진함으로써 사업을 계속 운영할 수 있는 면허를 유지하고 확대하는 것이다. 지역사회가 선택하는 기업이 되기 위해서는 각 기업들이 다음과 같은 방법을 통해 신뢰의 유산(legacy of trust)을 쌓아야 한다. 첫째, 지역사회의 주요 인물이나 단체 및 조직과 긍정적이고 지속적인 관계를 수립해야 한다. 둘째, 지역사회 주민의 삶의 질을 개선하고 기업의 장기적 전략과 목표에 도움을 줄 수 있는 지역사회 프로그램(자선사업, 자원봉사, 협력제휴, 현물지급 등)을 계획하며 실천한다. 결국 기업과 비영리영역 사이의 협조관계가 갖는 성격과 정당성을 전략적 사회공헌활동으로 이름 붙이든, 아니면 기업의 지역사회관계 전략이라고 말하든 핵심적 아이디어는 지역사회의 문제를 해결하는 데 적극 관여하고 비영리조직을 지원하는 것이 더는 기업체가 부수적으로 수행하는 소극적·수동적·잉여적 활동이 아니라 기업성장과 기업경영 전략의 핵심을 차지하는 영역이라는 것이다.

CSR와 CSV

기업사회공헌이란 기업이 생산 및 영업 활동을 하면서 환경경영, 윤리경영, 사회공헌활동 등 사회 전체의 이익을 동시에 추구하며 그에 따른 의사결정 및 활동을 하는 것을 의미하는 데, 최근에 이를 대체하면서 급속히 부상하는 개념으로서 CSV(Creating Shared Value)가 있다. CSV는 우리말로는 공유가치창출이라고 번역할 수 있는데 경제·사회적 조건을 개선시키면서 동시에 비즈니스의 핵심 경쟁력을 강화하는 일련의 기업정책 및 경영활동을 의미한다.

이 개념은 하버드 비즈니스 스쿨의 마이클 포터(Michael Porter)와 마크 크레이머(Mark Kramer)가 2006년 《하버드 비즈니스 리뷰》에 발표한 "전략과 사회: 경쟁우위와 CSR 간의 연결"이라는 논문에서 처음 등장했으며, 그 후속으로 2011년에 발표한 "공유가치를 창출하라: 자본주의를 재창조하는 방법과 혁신 및 성장의 흐름을 창출하는 방법"이라는 논문에서 확장하고 구체화한 개념이다. 이들 저자에 의하면 기업이 공유가치를 창출하려면 다음과 같은 3가지 조건을 충족해야 한다. 첫째, 제품과 시장에 대한 재구상이 있어야 한다. 기업은 시장에 더 나은 서비스를 제공하거나 새로운 시장을 창출하거나 혁신을 통해 비용을 낮춤으로써 사회적 요구를 충족시킬 수 있다. 둘째, 가치

사슬의 생산성을 재정의해야 한다. 기업은 필수 천연자원에 대한 감시인으로 활동하고, 경제와 사회 발전을 촉진하면서 자원 투입과 분배의 양과 질, 비용 및 신뢰 등을 개선할 수 있다. 마지막으로 지역 클러스터 구축이 필요하다. 기업은 사회와 동떨어져 혼자 영업활동을 하지 않는다. 기업이 경쟁력을 확보하고 사회와 함께 성장하기 위해 기업은 믿을 만한 지역 공급업체, 도로와 통신 같은 인프라, 재능 있는 인력, 효과적이고 예측 가능한 제도 등과 함께 클러스터를 구축해야 한다.

포터와 크레이머는 위의 논문에서 공정무역 사례를 통해 CSR와 CSV를 비교 설명한다. 가난한 농부가 재배한 농작물에 제값을 쳐주는 공정무역은 CSR 관점에서 빈곤을 해결하는 선행이라는 의미를 가지지만, 이는 현재의 파이를 재분배하는 데 그친다는 한계가 있다. 반면 CSV는 농법을 개선하고 농부를 위한 지역협력과 지원체계를 구축하는 방법으로 접근하여, 농부들이 더 효율적이고 지속가능한 방법으로 작물을 재배해 수확량과 품질을 개선하도록 도와 농가 소득을 높이는 데 기여한다.

기업사회공헌의 이론적 이해

기업사회공헌을 다각적으로 이해하기 위해서는 넓게는 기업과 사회의 관계, 좁게는 기업의 사회적 책임과 사회공헌활동에 대한 주요 이론적 모델을 살펴보는 것이 유용할 것이다. 기업과 사회의 관계를 논의한 고전적 이론에 의하면, "주주의 부를 극대화하는 것이 기업의 목적이다"라는 소위 주주 모델(stockholder model)과 "기업은 주주만이 아니라 기업이 소속된 사회 전체의 이익을 위해 경제행위를 해야 한다"라고 주장하는 이해당사자 모델(stakeholder model)이 가장 잘 알려져 있다(Freeman & Reed 1983; Buono & Nichols 1985). 기업의 사회참여활동을 동기의 관점에서 파악한 학자들은 기업사회공헌활동의 동기를 전략적 동기, 자선적 동기, 청지기적 동기로 구분하기도 하였다. 영과 벌링게임(Young & Burlingame 1996)은 기업사회공헌활동의 이론적 모델을 크게 4가지로 제시하고 있으며, 이를 신고전주의적/생산성 모델, 윤리적/이타주의적 모델, 정치적 모델, 이해당사자 모델로 부르고 있다. 4가지 모델을 간단히 설명하면 다음과 같다.

첫째, 신고전주의적/생산성 모델(neoclassical/corporate productivity model)에서 기업사회공헌활동의 기본 목적은 이윤을 남기는 것이다. 그래서 사회를 위한 공헌활동의 성공 여부는 기업의 생산성이 증가하고 재무구조가 개선되는 데 달려 있다. 하지만 기업사회공헌활동이 재정적 목적 달성, 즉 생산성과 이윤이 증가해 재무구조 개선에 기여하는 과정은 장기적이고 간접적이다. 말하자면 기업의 장기적 이윤을 고려하는, 소위 '계몽된 사적이익(enlightened self-interest)' 개념이 신고전주의적/생산성 모델과 연결된다고 할 수 있다. 신고전주의 모델의 핵심 주장은 결국 "기업의 사회공헌활동도 기업의 다른 활동과 마찬가지로 기업의 이윤과 생산성 향성에 기여해야 한다"라는 것이다.

둘째, 윤리적/이타주의적 모델(ethical/altruistic model)은 기업은 사회에 선한 일을 하기 위해 기업가가 건전하게 활용할 수 있는 경제적 · 재정적 이윤이나 잉여물을 창출한다는 가정에 기반을 두고 있다.

이는 기업에 부여된 다양한 자원을 사용할 권리로서의 사회적 책임과 윤리적 행동의 개념에 근거를 두고 있다. 이 관점은 기업도 하나의 시민(corporate citizenship)이고 기업가는 박애적 활동을 기업의 경영전략에 접목함으로써 책임경영과 이윤을 창출하는 사회적 지도자 역할을 수행한다고 주장한다. 이 모델의 핵심 주장은 "기업가가 사회의 전반적 가치나 윤리·도덕적 기준에 따라 기업의 잉여를 배당하는 것은 자유이다"라는 입장을 대변하는 것이다.

셋째, 정치적 모델(political model)에 의하면 기업의 사회공헌활동은 기업이 속한 사회에 존재하는 비영리조직을 포함한 다른 영역의 사회공헌활동 프로그램과의 연합이나 제휴를 통해 기업의 장기적 이해관계를 증진하기 위한 실천으로 이해될 수 있다. 정치적 모델이 제시하는 기업사회공헌활동의 기본적 동기는 정부의 권한이 지나치게 커지는 것에 대한 하나의 대안으로서 민간기업의 주도권을 확보하고 자유경제체제에 대한 정부의 간섭을 견제하고 제한함으로써 기업의 권력과 자율성을 보존하려는 것이다. 정치적 모델의 핵심 주장은 기업의 사회공헌활동은 이윤에 의해 동기화되거나 사회적 선함 그 자체에 의해 동기화되기보다는 기업이 활동하는 환경에서 스스로의 지위를 확고히 하려는 기업의 욕구에 의해 동기화된다는 것이다.

마지막으로, 이해당사자 모델(stakeholder model)이 있는데, 이 모델에 의하면 기업이란 여러 집단에 의해 영향을 받기도 하고 영향을 주기도 하는 복잡한 실체이다. 이들 여러 이해당사자는 기업과의 이해관계가 상이하며 기업에 대한 영향력도 제각각이기 때문에, 사실상 기업을 경영하는 것은 다양한 욕구와 이해관계를 가진 이해당사자를 경영하는 것에 다름 아니다. 이 모델은 한때 기업사회공헌활동을 청지기적 관점에서 바라보던 것과 유사하며, 기업이 사회로부터 자원 사용을 수탁받았다는 입장에서 기업의 의사결정과 행동에 의해 영향을 받는 집단의 이익을 고려하고자 하는 입장이다. 지금까지 언급한 기업사회공헌활동의 이론적 모델은 이윤 추구를 지향하는 기업의 행동양식에 기업사회공헌활동이 어떻게 자리 잡을 수 있는가를 논리적으로 보여준다.

그렇다면 해방 이후 한국 기업의 사회공헌활동을 앞에서 언급한 이론에 적용한다면 어떤 모델로 설명할 수 있는가? 이에 대한 간단하고 분명한 답을 내기는 쉽지 않지만 한 가지 분명한 것은 한국 기업들의 전반적 공익활동 및 사회공헌활동은 앞에서 언급한 특정한 이론적 모델의 입장을 대변하거나 그 이론적 주장과 일치한다고 보기 어렵다는 사실이다. 한국 기업들은 기업마다 사회공헌활동에 대한 인식과 실천 양식이 다르고 기업 설립이나 사회공헌활동의 역사도 다르기 때문에 앞서 언급한 이론적 모델 중 특정한 모델에 의한 공헌활동을 실시한다기보다는 여러 모델의 요소가 골고루 혼합된 것으로 이해하는 것이 바람직하다. 이는 각 기업이 사회공헌활동을 수행하는 방식이 약간씩 다를 뿐 아니라 개별 기업의 최고경영자, 기업의 역사, 생산품목, 이윤, 관습, 경쟁력, 법률과 규제제도, 세금(Clotfelter 1985) 등에 의해 상이한 모습을 띠기 때문이다.

최근 몇몇 대기업을 중심으로 시행되는 진일보한 사회공헌활동의 사례를 제외하면 한국 기업의 사회공헌활동 역사는 한국의 정치사회적 시대상과 밀접히 연관되어 있다. 해방 이후 한국의 기업들은 정부주도의 경제개발시대를 거치며 정경유착 등 다양한 정치적 요인이 복합적으로 작용해 준조세와도 같은 비자발적 기부활동을 요구받아왔다. 국가시책이라는 이름으로 또는 정부나 언론기관의 압력으로 금전적 기부를 유도한 측면이 강했기 때문에 기업의 사회공헌활동을 객관적이고 중립적으로 판단하기 어려웠다.

이와 같은 과거 한국 기업의 사회공헌활동은 한편으로는 가장 원초적 형태의 정치적 모델에 의한 사회공헌활동이라고 말할 수 있을 것이다. 하지만 1990년대에 민주화와 더불어 정경유착 관행과 준조세적 성격의 기부금제도가 줄어들면서 몇몇 선도적 기업을 중심으로 사회공헌활동을 기업경영 전략의 핵심적 부분으로 간주하는 경향이 점점 증가하였다(한정화 1997). 2000년 이후에는 전략적 사회공헌 패러다임을 접목해 이전과는 다른 진일보한 형태의 사회공헌활동을 보여주고 있다. 이런 점에서 볼 때 한국의 기업사회공헌활동은 과거의 정치적 모델에서 탈피하여 최근에는 이해당사자 모델의 입장을 반영하는 듯한 모습이다. 이어지는 절에서 한국의 기업사회공헌활동 현황을 주요 통계를 중심으로 살펴보고자 한다.

4.
한국 기업사회공헌활동의 현황과 규모

한국 기업사회공헌활동의 규모와 액수를 정확히 알기는 어렵다. 다만 기업들이 자체적으로 보고하는 사회공헌 규모를 서베이 조사의 방

법으로 추정해볼 수는 있다. 이 서베이 조사는 크게 2가지가 있다. 전
경련에서 매년 500대 기업을 포함한 회원사를 대상으로 수행하는 서
베이 조사의 결과가 첫째요, 아름다운재단에서 2002년 이래 2년마다
실시해온 기업사회공헌 현황에 대한 서베이 조사의 결과가 둘째이다.

전경련의 '사회공헌실태조사'

전경련의 사회공헌실태조사는 1996년부터 실시되어, 2004년까지는
2년마다 한 번씩 실시되었으나 2005년 이후에는 매년 실시하고 있
다. 구조화된 설문지를 통해 자료를 수집하며 조사대상은 매출액 상
위 500대 기업과 전경련 회원사를 포함해 약 600개 기업을 대상으로
실시하지만 2000년 이후 조사에 응답한 기업은 최소 193개사에서 최
대 234개사였다. 가장 최근의 조사결과인 2013년 234개사의 기업사
회공헌 총지출규모는 2조 8,114억 8,300만 원이며 1개사 지출규모
평균값은 120억 300만 원, 1개사 지출규모 중간값은 27억으로 나타
났다.

⟨표 7-1⟩은 2008년 이래 지난 6년간 사회공헌 지출규모 및 증가율
추이를 보여준다. ⟨표 7-1⟩에서 알 수 있는 것은 2008년 이후 2012년
까지 정도의 차이는 있지만 지출액 총액이나 평균지출액 모두 꾸준히
증가했다는 점이다. 다만 2013년에 처음으로 감소했음을 보여주는
데, 그 이유는 경영성과 부진에 있는 것으로 나타났다. 경영성과와 연
동될 수밖에 없는 기업사회공헌의 특성상 세전이익의 감소 등 경영실
적 악화로 사회공헌 규모가 감소한 것이다. 응답 기업 234개사의 세
전이익이 전년 대비 22.2% 감소하는 등 2013년은 전반적으로 기업

|||||||||||||||||||||||||||||||| 표 7-1 연도별 기업사회공헌 지출규모 및 증가율 추이 ||||||||||||||||||||||||||||||

(단위: 백만 원, %)

연도 (응답 기업 수)	2008 (209)	2009 (220)	2010 (220)	2011 (225)	2012 (234)	2013 (234)
총지출규모	2,160,141	2,651,756	2,873,505	3,088,382	3,253,478	2,811,483
전년 대비 증가율(%)	10.5	55.8	8.4	7.5	5.3	-13.6
평균지출액 규모	10,336	12,053	13,061	13,726	13,903	12,003
전년 대비 증가율(%)	9.9	16.6	8.4	5.1	1.3	-13.6

의 경영실적이 부진한 해였고 그로 인해 사회공헌 지출비도 대폭 감소하였다.

다음은 세전이익 대비 사회공헌 지출비율을 보여주는데 응답 기업의 세전이익 대비 사회공헌 지출은 2013년에 3.76%로 2012년의 3.37%에 비해 증가한 것으로 나타났다. 〈그림 7-1〉은 지난 10년간 연도별 세전이익 대비 사회공헌 지출비율을 보여준다. 2013년은 2010년 이래로 경영성과에 비해 사회공헌 지출비율이 가장 높은 것으로 나타났다. 한국 기업의 이러한 사회공헌 지출 수준은 일본 기업과 비교해도 높은 것으로 나타났는데, 2013년 기준 세전이익 대비 사회공헌 비율을 보면 한국 기업들은 3.76%인 데 반해 일본은 1.77%로 한국 기업이 일본 기업보다 2배가량 높은 것으로 나타났다.

일본에 비해 한국 기업의 세전이익 대비 사회공헌 비율이 2배가량

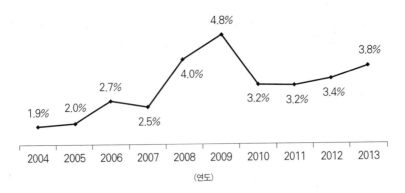

|||||||||||| **그림 7-1 연도별 세전이익(경상이익) 대비 사회공헌 지출비율** ||||||||||||

주1: 해당 항목 응답 기준: (2004년) 201개사, (2005년) 197개사, (2006년) 194개사, (2007년) 205개사, (2008년) 208개사, (2009년) 219개사, (2010년) 218개사, (2011년) 222개사, (2012년) 234개사, (2013년) 234개사.

주2: 세전이익은 별도 재무제표를 기준으로 함.

주3: 2004~2008년의 경우 경상이익 대비 사회공헌 지출비율이며, 2009년 이후부터는 세전이익 대비 사회공헌 지출비율임.

높은 것을 어떻게 설명할 수 있을까? 이 질문에 제대로 답하고 그 이유를 정확히 알려면 일본과 한국의 비교 가능한 자료를 분석해봐야만 할 것이다. 다만 1990년대 후반 이후로 기업사회공헌에 대한 관심이 커지고 사회복지공동모금회를 비롯해 법인세를 감면받을 수 있는 법정모금단체가 생기면서 기업들이 사회공헌 비중을 자연스럽게 늘린 것에서 그 이유를 추정할 수 있다.

다음은 한국 기업들이 어떤 사회공헌 분야에 지출하는가를 알아보자. 〈표 7-2〉는 분야별 사회공헌 지출비율을 보여주는데, 2013년도의 경우 취약계층 지원(33.9%), 교육 · 학교 · 학술(23.7%), 문화예술 및 체육(12.7%) 순으로 지출하는 것으로 나타났다. 여기서 특히 주목할 점은 교육 분야에 대한 지원이 2012년의 16.1%에서 2013년 23.7%로 크게 늘었다는 점인데 이는 한국의 기업들이 교육 분야가 빈곤의 대물림을 끊고 소외계층이 스스로 자립하는 데 기반이 될 수 있다고 인식한 덕분으로 보인다. 문화예술 및 체육에 대한 지원도 2012년 11.1%에서 2013년에는 12.7%로 소폭 상승했는데 이러한 경향은 문화예술을 통해 삶의 질을 향상하고 취약계층의 다양한 욕구를 충족시키기 위한 것으로 보인다.

한국 기업의 사회공헌활동에서 주목되는 또 다른 점은 많은 기업에서 임직원의 봉사활동 참여를 권장하면서 봉사 관련 제도를 도입한 것이다. 〈표 7-3〉은 전경련 조사에 응답한 기업의 임직원 봉사활동 참여율을 보여준다. 응답 기업 10곳 가운데 6곳가량에서 임직원의 평균

표 7-2 **분야별 사회공헌 지출비율 추이**

(단위: %)

분야\연도	2008	2009	2010	2011	2012	2013
취약계층 지원	43.2	50.3	43.8	38.3	31.7	33.9
교육 · 학교 · 학술	20.6	17.6	14.7	23.2	16.1	23.7
문화예술 및 체육	12.3	6.6	11.8	11.6	11.1	12.7
해외지원	3.2	1.5	6.9	3.8	2.9	6.5
환경보전	1.7	1.6	1.6	2.6	2.4	1.4
의료보건	4.3	3.2	5.1	3.4	5.7	0.8
기타	14.7	19.2	16.0	17.2	30.2	21.0

50% 이상이 봉사활동에 참여하고 있음을 보여준다. 많은 기업이 임직원의 봉사활동을 장려하고 촉진하는 제도를 도입하는 이유는 지역사회의 문제를 파악하고 해결하는 과정을 통해 지역사회와 긴밀한 유대관계를 형성하는 통로가 될 수 있고, 기업 내부적으로도 임직원 간 결속력 강화, 소속 기업에 대한 자긍심 배양 등 건전한 기업문화를 구축하는 데 긍정적 기여를 한다고 판단하기 때문으로 보인다.

기업사회공헌의 지출구성은 2012년의 조사자료에 자세히 나타나 있다. 2012년도 기업사회공헌 지출구성을 보면, 기부 형태 62.5%, 직접사업 형태 37.5%로 조사되었다. 기업기부 비중이 높다는 것은 기업이 비영리조직 등 외부 조직과 협업하는 경우가 많다는 의미이다. 이는 현장경험이 많고 전문성이 높은 외부 비영리조직이나 복지 단체와의 협업을 통해 사회공헌 효과를 높이기 위함이다.

2012년 기부 형태별 기부 내역을 살펴보면, 현금 형태의 기부가 96.4%로 대부분을 차지하는 것으로 나타났다. 비현금성 기부 형태로는 현물 기부와 시설 개방 등이 있는데 이러한 종류의 기부는 3.6%에 불과한 것으로 나타났다. 기부처별 기부금 지출 현황을 조사한 결과,

표 7-3　2013년 임직원 봉사현황

봉사활동 인원 참여비율	1~25%	26~50%	51~75%	76~100%
응답 기업 비율	20.2%	24%	23.1%	32.7%

자사 출연재단에 대한 기부가 41.0%, 주요 모금단체를 포함한 비영리단체에 대한 기부가 35.6%로 나타났다. 기부처별 기부참여율 현황을 보면, 응답 기업 10곳 중 7곳 이상이 비영리조직에 기부하고 있다고 응답하였다.

아름다운재단의 '한국의 기업기부지수' 조사

아름다운재단이 2년마다 조사하는 '한국의 기업기부지수'도 기업사회공헌의 규모를 추론해볼 수 있는 신뢰성 있는 조사이다. 이 조사는 전경련 회원사를 중심으로 하는 조사와는 다르게 매출액 2,000위 이내의 기업 가운데 400개를 표본으로 선정하여 조사한다. 2012년의 조사결과에 따르면 한국 기업의 평균 기부금액은 2억 8,000만 원이다. 이 조사자료에 의하면 대기업은 평균 68억 원을 기부하고 중소기업은 1억 원을 약간 상회하는 금액을 기부하여 대기업 기부금이 중소기업 기부금의 60배에 달한다. 상장기업의 평균 기부금은 14억 7,000만 원으로 비상장기업의 평균 기부금 1억 2,000만 원보다 훨씬 많음을 보여주었다. 아름다운재단의 조사에 나타난 한국 기업은 매출액 대비 평균 0.12%, 영업이익 대비 평균 0.27%를 기부하고 있다. 이러한 결과를 2010년의 결과와 비교해보면 매출액 대비 기부금 비율은 2010년과 유사하나 영업이익 대비 기부금 비율은 2010년에 비해 하락하였다. 그리고 한국 기업이 선호한 3대 기부 분야는 사회복지, 지역사회, 교육장학사업이었다. 이 세 분야를 제외하고 비중이 큰 분야는 없지만 문화진흥, 해외구호 및 국제 활동, 보건의료, 환경보호가 그 뒤를 따랐다.

두 조사에서 나타난 한국 기업사회공헌의 특징

그렇다면 전경련의 조사결과와 아름다운재단의 조사결과 사이에는 어떤 유사점과 차이점이 있는가? 조사대상 구성이 전경련의 경우 재벌기업 중심 대기업이 대부분이지만 아름다운재단의 경우 2,000개 기업 가운데 무작위로 뽑은 400개 기업을 대상으로 조사하기 때문에 중소기업이 다수 포함될 가능성이 높다. 다만 두 조사결과가 시사하는 바는 사회공헌활동도 대기업들이 양이나 질의 측면에서 주도적 역할을 하고 있다는 사실이다. 기업 사회공헌활동에 관한 전경련과 아름다운재단 조사결과의 시사점을 정리하면 다음과 같다.

첫째, 1990년대 이래로 주요 기업들의 사회공헌활동의 규모는 거시적 경제 상황, 기업의 이윤이나 매출액에 부분적으로 영향을 받기는 하였지만 꾸준히 증가해왔다. 이러한 경향은 경기가 어려워진 2013년을 제외하고 사회공헌활동 규모에 관한 통계치가 제시된 1996년 이래 단 한 번의 예외도 없이 사회공헌 지출규모가 증가한 것에서 잘 알 수 있다. 이러한 증가율 가운데 특히 돋보이는 것은 2000년과 2002년에 각각 112%와 54%의 증가율을 보였다는 점인데 2000년대 초 한국 기업의 사회공헌 지출규모가 폭발적으로 증가했고 최근 10년간 (2003~2013)은 10% 내외의 증가율을 기록해 안정화되었음을 알 수 있다. 이러한 지출규모의 안정적 성장은 세전이익 대비 사회공헌 지출규모에서 더욱 분명히 드러난다. 한국 기업의 사회공헌 규모가 2004년 1.9%를 기록한 이후 단 한 번의 예외도 없이 세전이익의 2% 이상을 기록했다는 사실은 기업들이 어려운 환경에서도 사회공헌활동에 얼마나 깊은 관심을 기울였는지 알려준다.

둘째, 기업사회공헌활동의 영역이나 프로그램에서 뚜렷한 특징과 패턴을 발견할 수 있다는 사실이다. 소위 광의의 사회복지 분야와 교육 분야가 사회공헌의 대상으로서 기업들이 가장 선호하는 분야이다. 취약계층 또는 소외계층에 대한 사회복지적 지원, 인재양성과 학술지원으로 대표되는 광의의 교육지원이 핵심적 사업영역을 이루는 것이다. 이러한 결과는 개인기부자들이 선호하는 기부와 자선의 영역과도 겹친다는 특징을 띤다. 아름다운재단이 실시한 개인기부자 조사에서 개인기부금이 가장 우선적으로 사용되기를 원하는 분야는 소년소녀가장 지원, 빈곤아동 지원, 장애아동·청소년 지원인데 이는 기업들이 선호하는 사회공헌 분야와도 겹치는 부분이다.

셋째, 자원봉사활동에 대한 높아진 관심이 한국 기업사회공헌의 또 다른 특징이다. 기업이 전통적으로 자선을 베풀고 사회에 기여하는 방식은 현금이나 현물을 지급하는 것이다. 하지만 최근에 나타난 한국 기업사회공헌은 지역사회문제에 깊이 관여해 사회봉사와 기부를 결합하는 특징을 보인다. 이러한 점은 단순한 현금 기부만으로 지역사회에서 인정받고 사랑받는 기업이 될 수 없음을 많은 기업이 잘 인식하고 있음을 뜻한다. 종업원의 자원봉사를 지원하는 제도나 기구가 회사 내에 존재하는 기업이 늘어나는 등 지역사회에 대한 자원봉사가 기업사회공헌에서 점차 중요한 위치를 차지하고 있다.

마지막으로, 기업이미지와 결합한 대표사회공헌사업(flagship program) 발굴과 사회공헌사업의 브랜드화 경향이 나타났다는 점이다. 이러한 경향은 미국 주요 기업의 사회공헌사업 전략의 영향을 받은 것으로 보인다. 예를 들어 미국의 빌 게이츠(Bill Gates)와 그가 설립한 재단은 아프리카 어린이를 위한 백신 개발을 대표적 사회공헌사업으로 삼고 있다. 최근 한국에서도 이러한 경향이 나타나고 있는데, 이를테면 SK가 사회공헌활동을 '행복나눔'으로 브랜드화한 것을 들수 있다. SK의 사회공헌을 한마디로 보여주는 키워드는 바로 '행복'이다. 행복경영에 뿌리를 둔 SK 사회공헌활동은 인간 중심의 경영철학을 바탕으로 삼고 있으며 기업이 속한 사회 전체의 행복 극대화를 목표로 진행되고 있다. 또 다른 예로는 삼성그룹을 들 수 있는데, 2011년부터 저소득계층 중학생과 대학생이 함께 참여하는 '드림클래스사업'을 대표사회공헌사업으로 삼아 브랜드화하고 있다. SK나 삼성뿐 아니라 다른 주요 기업들도 기업의 브랜드이미지와 업의 특성을 반영하는 대표사회공헌사업 개발에 집중하고 있다.

5. 기업사회공헌과 비영리조직의 관계

제3섹터 분석을 목적으로 하는 이 책에서 기업사회공헌을 언급하는 것은 기업사회공헌활동이 제3섹터를 구성하는 가장 중요한 부분인 NGO를 포함한 비영리조직과 밀접한 관계를 가지며 실제로 사업파트너이자 재정적 지원자인 경우가 많기 때문이다. 기업 입장에서 비영리조직은 사회공헌활동의 수행을 가능케 하고 사회문제를 함께 해결하는 파트너이다. 반면 비영리조직 입장에서 기업의 사회공헌활동은 개인기부나 자원봉사와 더불어 비영리조직이 직면한 자원 부족을 보충해주는 역할을 한다. 물론 비영리조직에 대한 기업사회공헌활동의 기능과 역할이 재정적 지원이나 펀딩에만 국한되는 것은 아니다. 기업과 비영리조직의 파트너십이 중요한 것은 그 상징성 때문이다.

기업과 비영리조직이 서로에게 비판적인 이유

이런 점을 고려할 때 기업과 비영리조직의 관계, 더 나아가 기업의 사회공헌활동과 비영리조직의 건설적이고 바람직한 관계는 전체 사회, 기업, 비영리조직 모두에게 매우 중요하다고 할 수 있다. 하지만 지난 20~30년 동안 한국 기업과 비영리조직의 관계는 그렇게 긍정적이지만은 않았다. 우선 기업의 입장에서는 NGO를 포함한 많은 비영리조직을 두고 전문성과 투명성이 부족하고 아마추어적이라고 비판한다. 나아가 많은 비영리조직이 조직 자체의 명분이나 목표만 중요시할 뿐 기업이 재정지원이나 파트너십에서 무엇을 기대하는지에 무관심하다고 주장한다.

비영리조직 역시 기업에 대해 비판적인 편이다. 비영리조직 실무자에 따르면, 기업의 사회공헌 담당자들의 태도가 고압적인 경우도 있고, 나아가 비영리조직의 자율성과 독립성을 침해하고 사업수행에 대한 간섭이 지나치다고 주장한다. 사실 기업도 개별 기업에 적합한 사회공헌사업을 수행하기 위해 최적의 비영리조직 파트너를 확보해야 한다. 하지만 많은 경우 비영리조직이 기업과의 파트너십 확보에 실패하는데 그 이유는 기업이 너무 바빠서도 아니요, 기업들이 비영리조직의 명분이나 사업 그리고 프로그램 자체에 흥미가 없어서도 아니다. 사실은 비영리조직이 기업에 흥미를 주거나 기업의 헌신을 이끌어낼 수 있는 방식으로 사업의 상을 제시하지 못하기 때문이다.

메인워링이 제안한 파트너십 7단계

미국의 유명한 기업-비영리조직 파트너십 컨설턴트인 시몬 메인워링 (Simon Mainwaring)은 2013년 동료의 블로그에 기고한 글에서 비영리조직 실무자나 간부가 기업파트너에게 접근할 때 중요하게 여겨야 할 것을 다음 7단계로 제시하고 있다.

첫째, 상대를 연구하라. 모든 기업은 그 나름의 독특한 목적, 핵심 가치, 자신들이 특별히 관심을 가지는 인구집단이 있다. 이러한 점을 고려해 사업을 제시하면 부담이 아니라 이익을 주는 파트너가 될 수 있다.

둘째, 비영리조직만의 독특한 관점을 가지고 있어야 한다. 사실 많은 기업이 사회적으로 영향력 있는 곳에 자원을 지원하기를 원한다. 비영리조직의 제안이나 프로그램이 구체성을 가진다면 기업들이 더 쉽게 지원을 결정하거나 헌신할 수 있을 것이다.

셋째, 고객을 개입시켜라. 기업을 비영리조직의 노력에 동참시키는 최선의 방법은 비영리조직과 함께 일하는 것이 기업의 제품을 구매하는 고객들의 지역사회 봉사를 증진하리라는 점을 보여주는 것이다.

넷째, 창의적 내용을 가지고 있어야 한다. 모든 기업은 다양한 사회적 매체를 위해 많은 콘텐츠를 만들어야 하는 부담이 있다. 기업의 지원을 원하는 비영리조직이 브랜드화가 가능한 콘텐츠를 만드는 일을 도울 수 있다는 사실을 설명한다면 기업의 명성을 증진하면서 콘텐츠 제작의 부담을 완화할 수 있는 방법으로서 기업과의 파트너십을 확보할 수 있을 것이다.

다섯째, 성공적인 이야기로 전하라. 대부분의 기업은 위험을 완화하고 고객의 선의를 얻기를 원하는데, 사회적으로 영향력 있는 사회공헌활동은 이러한 노력의 일종이다. 하지만 이러한 노력은 성공적인 이야기로 전해져야만 기업의 명성을 높이는 데 기여한다. 비영리조직은 사회적 영향력을 확대하여 고객의 충성과 선의를 얻고, 스토리텔링 방식으로 콘텐츠를 만들어야 확실한 파트너십을 확보할 수 있다.

여섯째, 성과 측정이 가능해야 한다. 기업들은 자신들이 수행하는 사회공헌사업의 사회적 영향력을 증대시키면서 동시에 지출된 비용에 대해 정당화할 수 있어야 한다. 이를 위해서는 사회적 영향력 측면이나 브랜드 가치 상승이라는 측면에서 성공이 측정되어야 한다. 그러한 책임성은 파트너십에 헌신해도 되겠다는 확신을 주어 이를 기업 내부적으로 설득하는 데 도움을 준다.

마지막으로, 지도자의 관여를 유도해야 한다. 모든 기업 CEO는 회사 브랜드의 얼굴이어야 한다는 책임감이 있다. 기업과의 파트너십을 구상할 때 리더십의 역할을 디자인하고 이를 종업원과 공유시킴으로써 비영리조직은 기업지도자의 지지를 확보할 수 있으며, 또한 종업원의 만족도나 생산성 향상과 같은 추가적 혜택을 제안할 수 있다.

이상에서 언급한 7가지 팁의 핵심은 비영리조직은 기업이 직면한 현재의 문제를 해결하는 방식으로 파트너십을 구상해야 한다는 것이다. 다른 모든 관계와 마찬가지로 한쪽 이해당사자에게 돌아오는 혜택이 확실하다면 그 당사자는 자신들의 시간, 전문성, 자원을 기꺼이 공유할 것이다. 비영리조직이 이런 방식의 접근을 하지 않는다면 아무리 의도가 선하고 가슴 찡한 헌신이 있다 해도 쇠귀에 경 읽기가 될 것이고, 기업과 비영리조직 양측 모두, 그리고 지역사회 또한 더 많은 어려움을 겪게 될 것이다.

더 나은 파트너십 형성을 위한 선결과제

기업과 비영리조직의 성공적인 파트너십 관계를 연구하고 조언한 많은 전문가가 비영리조직의 접근법이 달라져야 한다고 주장한다. 한 예로 이 분야의 전문가인 메리 디콘(Mary Deacon)은 2015년 미국 모금전문가협회(Association of Fundraising Professional)의 홈페이지에 기고한 글에서 기업과 비영리조직 파트너십의 성공은 "비영리조직이 기업 측의 욕구를 이해하고 존중하는 데 달려 있다"라고 단언한다. 일방적인 이야기로 들릴 수 있지만, 약간의 예외를 제외한다면 기업과 파트너십을 맺기 원하는 비영리조직이 비영리조직과 파트너십 맺기를 원하는 기업보다 훨씬 많고 다양하다는 현실 때문이다. 기업과 파트너가 되기를 원하는 비영리조직은 잘 조직화되고 전략적이어야 하며 의사소통에서 효율적이어야 한다. 나아가 기업이 기대하는 사업의 질과 양을 옹호할 줄 알아야 하며 기업의 대외적 욕구나 기대를 가치 있게 평가하고 투자할 의지가 있어야 한다. 비영리조직과 기업 사이의 공통 목적이 수립되고, 양측의 기대가 분명히 정의되고, 성과측정 계획이 수립되면 의미 있는 결과가 나타날 수 있다는 것이다.

메인워링과 디콘의 권고가 비록 미국의 경험에서 나온 것이기는 하지만 파트너십 형성 문제로 고민하는 한국의 비영리조직과 기업에도 시사하는 바가 적지 않다. 한국의 경우 현재 기업과 비영리영역 사이의 관계가 바람직한가에 대해서는 분명한 답을 내기가 쉽지 않다. 하지만 적어도 기업 입장에서는 분명하고 적극적인 패러다임의 부족, 사회공헌활동의 전문성 부족, 효과성에 대한 평가 부족의 문제가 지적되고 있다. 비영리영역 측에서는 기업이 파트너로서 자세가 부족하고 지나치게 종속적 관계를 맺는다는 것을 문제점으로 지적할 수 있다. 따라서 한국 사회에 적절하면서도 기업과 비영리영역 모두에게 바람직한 기업-비영리조직 관계를 정립하기 위해서는 다음과 같은 과제의 해결이 시급하다.

첫째, 기업 입장에서는 사회공헌활동에 대한 새로운 패러다임 정립이 필요하다. 특히 기업사회공헌을 경영외적 활동으로서 여유자금의 재량적 기부나 가진 자의 자선활동이라고 인식하는 데서 벗어나 전략적 사회공헌활동 패러다임으로 전환해야 한다. 이는 한편으로 기업과 비영리조직의 관계를 주는 자와 받는 자, 자선과 재량을 베푸는 기업과 수혜받는 비영리조직이라는 불평등 관계에서 벗어나 지역사회의 시급한 사회문제를 함께 해결하는 수평적 파트너십 관계를 정립하는 출발점이다. 말하자면 사회공헌활동을 기업경영외적·잉여적 활동 차원에서 기업전략 차원으로 끌어올릴 필요가 있다.

둘째, 직접공헌활동과 재단을 통한 간접공헌활동의 균형을 맞추는 것이 바람직하다. 기업의 직접공헌활동이 기업의 경영전략에 중요한 역할을 하는 것을 부인할 수 없다. 하지만 직접공헌활동은 최근 우리의 경험에서도 알 수 있듯이 기업의 존립 자체가 위협받는 경제적 불황기에는 사회공헌활동이나 지역의 사회관계 부서가 일차적으로 인력 및 기구, 예산삭감 대상이 되기 때문에 사회공헌활동의 전반적 위축이 불가피하다. 하지만 기업사회공헌활동의 주요 파트너인 비영리조직 입장에서는 기업사회공헌활동이 축소되는 바로 그때가, 사회문제 해결이나 사회복지서비스의 수요가 가장 증가하는 시기라는 데 문제의 심각성이 있다. 경제적 어려움 때문에 해결해야 할 사회문제나 복지수요가 오히려 증가하는 시점에 기업으로부터의 인적·재정적 지원이 축소되는 탓에 이중으로 고통받는 상황을 맞는 것이다. 결국 사회공헌활동의 재정적 원천을 기업의 매년 이윤으로부터 나오는 전입금에 의존하는 방식에서 대규모 기금 적립의 방향으로 전환할 필요가 있다.

셋째, 바람직한 사회공헌활동의 방향과 방법론을 모색하는 일이 시급하다. 사회공헌활동의 효과를 과학적으로 평가하고 측정해 기업의 관련 활동을 최선의 상태로 조직화하고 구조화해야 할 것이다. 이를 위해 사회공헌 담당부서의 인력과 조직을 정비하고 전문화해 자선적 투자의 반대급부를 기업경영 전략의 틀에서 인식하고 평가하는 작업이 긴요하다. 필요한 경우 사회공헌팀의 사후교육이나 연수를 통해 최신 프로그램 선정, 양질의 그랜트 메이킹(grant-making, 기부금 조성), 효과적인 파트너십 기반 확보 작업이 절실하다.

넷째, 비영리영역의 과제는 무엇보다도 조직경영의 투명성을 갖추는 일이다. 특히 사업과 재정의 책임성(accountability)을 높이고 주먹구구식 운영에서 탈피해야 한다. 한국의 경우 많은 기업이 비영리조직에 대한 자금지원보다는 사회공헌활동을 직접 수행하는 것을 선호하는데, 그간 비영리기관들이 지원금 운영에 대한 신뢰성을 보여주지 못했다는 점이 가장 큰 이유로 작용한다.

다섯째, 기업과 비영리영역이 공통으로 극복해야 하는 과제로는 자금지원(funding & grant-making)의 공정성 확보이다. 무엇보다도 인맥, 정실, 정치적 고려를 최대한 배제하고 공익성에 바탕을 둔 사업과제 심사 및 선정이 필요하다. 기업과 비영리영역은 단순히 그랜트 메이커(grant-maker)와 그랜트 시커(grant-seeker)의 관계를 넘어 공동체의 시급한 사회문제를 분업으로, 협동적으로, 평등하게, 그리고 상호이익이 되는 방식으로 해결하기 위해 함께 고민하고 노력해야 한다. 파트너십의 성패는 어느 한쪽의 책임이기보다는 양 당사자가 얼마나 함께 노력하느냐에 달린 문제이기 때문이다.

기업의 전략적 사회공헌활동은 공익사업을 수행하는 비영리조직과 기업의 상호이익이 될 것이며 양측이 함께 이기는 기회를 제공해 줄 수 있다. 이러한 기회를 살리기 위해 비영리조직 종사자들은 공익사업이 기업의 목적을 달성하는 데 미치는 긍정적 영향을 보여줄 수 있어야 한다. 기업사회공헌활동이 기업으로 하여금 지역사회관계를 개선하고 기업에 대한 대중적 이미지를 제고해 궁극적으로 기업의 매출액 증대와 이윤 창출에 기여한다는 사실을 보여주는 것은 기업가나 기업사회공헌 프로그램의 책임자가 최우선적으로 깨달아야 하는 문제이다. 그리고 비영리조직은 기업의 자선적 투자에 합당하고 적절한 공익적 명분을 제시해야 할 것이다.

6.
이제는 질적 도약이 필요하다

기업사회공헌활동은 표면적으로 기업경영활동의 한 측면이지만 실제로는 수많은 이해당사자와 관련되고 상호적 영향을 미친다고 할 수 있다. 일반시민이나 정부는 기업사회공헌활동에 대해 일면 '부의 사회환원'으로도 이해하고 있으며, 정부의 힘이 미치지 못하는 사회문제의 해결이나 완화에 기업이 어떤 역할을 해주기를 바란다. 이뿐 아니라 기업사회공헌은 대부분의 비영리조직에 재정적 지원의 원천이 되며 사업수행의 주요한 파트너가 되고 있다. 기업사회공헌이 단순히 기업 내부의 논리로만 결정될 수 없는 이유가 바로 여기에 있다. 한국 기업의 사회공헌활동에 대한 최근의 통계는 지난 10여 년 사이에 이 분야에 많은 변화가 있었음을 말해준다. 한국의 기업사회공헌이 양적으로 팽창한 만큼 이제 질적으로도 한 단계 도약할 시점이다. 이를 위해 극복해야 할 도전과 과제 그리고 앞으로의 발전방안을 몇 가지 제시하고자 한다.

기업사회공헌의 발전방안

첫째, 기업사회공헌의 가치를 더욱 분명하게 인식할 필요가 있다. 특정 기업의 사회공헌 내용이나 사업방식을 보면 그 기업이 지닌 사회공헌에 대한 인식 수준을 알 수 있다. 기업이 사회공헌의 가치에 대한 인식이 분명하지 않은 이유는 기업 입장에서 사회공헌활동이 정말 필요한가에 대한 확신이 없기 때문이다. 기업의 사회적 책임에 대한 오랜 논쟁의 잠재적 결론은 기업사회공헌활동이 기업의 이미지와 소비자의 브랜드 연상에 긍정적 기여를 할 뿐만 아니라 중장기적 관점에서는 재무적 성과에도 큰 효과가 있다는 것이다. 기업의 CEO를 비롯한 주요 의사결정자가 기업사회공헌의 가치를 정확히 인식하여 이를 바탕으로 사회공헌을 이끄는 것이 필요하다.

둘째, 사회공헌사업의 영역이나 프로그램 선정에 전문성을 가지는 것이 필요하다. 기업사회공헌 담당 임원이나 실무진이 직면하는 실제적 어려움은 도대체 어떤 프로그램을 개발하고 실행할 것인가에 있다. 이윤 창출과 상품 생산을 전문으로 하는 기업의 입장에서 사회문제를 발굴하고 기업이 기여할 수 있는 프로그램을 개발하는 것은 여간 어려운 작업이 아닐 것이다. 이를 해결하기 위한 첫걸음은 창의적인 사회공헌 프로그램을 발굴하는 것이 새로운 상품을 개발하는 것만큼이나 어렵다는 사실을 인정하는 일이다. 나아가 교육, 사회복지, 환경을 비롯한 사회공헌의 대상이 되는 다양한 분야의 전문가 도움을 받아 기업의 여건과 사회공헌 철학 그리고 사회적 요구에 부합하는 방식으로 프로그램을 개발할 필요가 있다. 다른 기업들이 흔히 수행하는 프로그램을 단순히 모방하기보다는 사회문제 발굴과 프로그램 개발에 전문성을 가진 전문가의 도움을 받는다면 기업과 지역사회가 함께 이익을 얻는 프로그램을 개발할 수 있을 것이다.

셋째, 사회공헌활동 영역이나 프로그램의 전문화 못지않게 중요한 과제가 사업영역의 다양화이다. 전경련과 아름다운재단의 서베이 조사결과와 주요 기업의 사회공헌백서에서 발견할 수 있는 가장 큰 특징은 사업영역이나 프로그램이 사회복지와 교육 분야에 지나치게 편중되어 있다는 점이다. 나라의 전반적인 경제수준이 올라가고 국민의 소득수준이 높아짐에 따라, 기업사회공헌만의 특장점을 살리는 사업을 발굴한다면 기업사회공헌의 위상이나 평가도 달라질 것이다. 특히 문화예술지원, 환경개선, 해외지원 등은 한국 기업사회공헌사업의 블루오션으로 삼을 만하다.

넷째, 기업과 비영리조직 사이의 파트너십 확보이다. 한국의 기업 사회공헌활동이 미국을 비롯한 사회공헌 선진국과 다른 점 가운데 하나는 미국의 경우 대부분의 사회공헌사업이 비영리단체에 대한 지원 사업이어서 사회공헌사업 자체가 최적의 사업파트너를 발굴하는 일에 다름 아니라는 것이다. 하지만 한국의 경우 기업이 직접 사회공헌 사업을 수행하는 경우가 많은 편이다. 기업 입장에서는 이미 명성과 신뢰를 쌓은 일부 비영리단체를 제외하고는 대개의 비영리조직이 사업수행도나 재무적 투명성이 낮아 파트너로 삼기에 어렵다는 의사를 표시하기도 한다. 하지만 비영리단체가 가진 네트워크와 풀뿌리 사회 문제 발굴의 노하우를 잘 활용한다면 기업과 비영리조직 모두에게 이익이 되는 결과를 도출할 수 있을 것이다. 이러한 사업을 가능하게 하는 하나의 방법은 비영리단체나 조직의 역량 강화를 위한 사업이나 프로그램을 개발하는 것이다. 기업사회공헌활동의 주요 파트너인 비영리조직이 전문적 역량 강화를 이루어내지 못한다면 기업사회공헌 자체도 한계에 부딪히고 말 것이다.

마지막으로, 기업사회공헌에 대한 자체평가시스템을 마련할 필요가 있다. 예산과 프로그램이 있는 곳에는 반드시 평가가 뒤따른다는 의식 없이는 효과적이고 책임성 있는 기업사회공헌사업이 될 수 없으며 긍정적 평가가 수반되지 않는 기업사회공헌활동은 지속가능성이 낮을 것이다. 기업이 상품에 대한 소비자만족도를 조사하고 평가해 새로운 사업아이템이나 상품생산에 반영하는 것과 유사한 방식으로 사회공헌사업을 평가해 피드백한다면 비영리단체는 물론 일반시민들도 만족하는 사회공헌이 될 것이다.

| 참고문헌 |

- 전국경제인연합회 (1994-2014). 《기업사회공헌백서》.

- 한정화 (1997). "IMF시대 기업의 사회공헌활동". pp. 26-35. 《삼성사회 공헌활동백서》.

- Bowen, H. R. (1953). *Social Responsibilities of the Businessman*. New York : Harper and Row.

- Buono, Anthony F. & Nichols, Larry (1985). *Corporate Policy, Values and Social Responsibility*. New York : Praeger Publishers.

- Cheney, George, May, Steve & Roper, Juliet (2007). "Overview". pp. 3-12. in *The Debate over Corporate Social Responsibility*. edited by May, Steve, Cheney, George & Roper, Juliet. New York ; Oxford University Press.

- Clotfelter, Charles T. (1985). *Federal Tax Policy and Charitable Giving*. Chicago : The University of Chicago Press.

- Davis, K. (1960). "Can Business to Ignore Social Responsibilities?". *California Management Review,* 2(spring), pp. 70-76.

- Deacon, Mary (2015). "Developing Effective Nonprofit – Corporate Relationships". 〈http://www.afpnet.org〉.

- Freeman, R. E. & Reed, D. L. (1983). "Stockholders and Stakeholders: A New Perspective on Corporate Government". *California Management Review,* Vol. 25.

- Googins, Bradley K. (1997). "Why Community Relations is a

Strategic Imperative". Issue 8, A Newsletter published by Center for Corporate Citizenship in Boston College.

- Mainwaring, Simon (2013). "7-Step Non-Profit Plan to Attract and Keep Corporate Partners". 〈http://www.bethkanter.org〉.

- Marx, Jerry D. (1996). "Strategic Philanthropy: An Opportunity for Partnership between Corporations and Health/Human Service Agencies". *Administration in Social Work*, 20, pp. 57-73.

- Marx, Jerry D. (1998). "Corporate Strategic Philanthropy: Implications for Social Work". *Social Work*, 43(1), pp. 34-41.

- Porter, Michael E. & Kramer, Mark R. (2006). "Strategy and Society: The Link Between Competitive advantage and Corporate Social Responsibility". *Harvard Business Review*.

- Porter, Michael E. & Kramer, Mark R. (2011). "Creating Shared Value: How to Reinvent Capitalism and Unleash a Wave of Innovation and Growth". *Harvard Business Review*, 89(1/2), pp. 62-77.

- Yankey, John A. (1996). "Corporate Support of Nonprofit Organizations". pp. 7-22. in *Corporate Philanthropy in the Crossroads*. Edited by Burlingame, Dwight F. & Young, Dennis R. Bloomington and Indianapolis: Indiana University Press.

- Young, Dennis R. & Burlingame, Dwight F. (1996). "Paradigm Lost: Research Toward a New Understanding of Corporate Philanthropy". pp. 158-176. in *Corporate Philanthropy in the Crossroads*. Edited by Young, Dennis R. & Burlingame, Dwight F. Bloomington and Indianapolis: Indiana University Press.

사회적경제 생태계 패러다임과
사회적기업

정구현 · 김성민

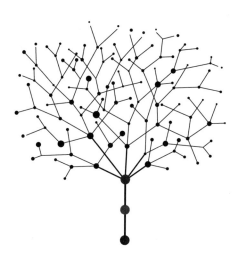

1.
조화와 통합을 추구하는
하이브리드 조직, '사회적기업'

사회적기업(social enterprise)의 정의는 나라마다 상이하다. 미국 사회적기업연합(Social Enterprise Alliance, SEA)에서는 "전통적으로 비영리조직에서 해왔던 다양한 사회서비스를 영업활동을 통하여 제공하는 조직 또는 벤처"로 정의하는 반면, 영국 상공부(Department of Trade and Industry)에서는 "사회적 목적을 우선으로 하는 사업체로서 기업의 잉여금이 주주와 소유자의 이윤을 극대화하기 위해 운용되기보다는 그 사업체 또는 지역사회를 위해 재투자되는 기업"으로 정의하고 있다.

OECD에서는 "사회적기업은 기업적 방식으로 조직되는 일반 활동 및 공익 활동을 아우르며, [기업 목적을] 이윤극대화에 두지 않고 특정한 경제적 및 사회적 목적으로 제품과 서비스를 제공하고 사회적 소외 및 실업문제 해결에 두는 조직이다"라고 정의한다(OECD 1998). 최근 EU는 "사회적기업은 사회적 편익을 주된 목적으로 하는 사회적 경제 내의 기업으로, 창업이나 혁신적 방법으로 시장에서 제품과 서비스를 제공함으로써 발생하는 수익을 주로 사회적 목적 달성을 위해 사용하는 조직이다"라고 정의하였다(EU & OECD 2013).

한편 한국에서 사회적기업이라 하면 정부로부터 인증받은 사회적기업을 뜻하는 경우가 일반적이다. 2007년에 제정된 '사회적기업 육성법'에 의하면 사회적기업이란 "취약계층에게 사회서비스 또는 일자리를 제공하여 지역주민의 삶의 질을 높이는 등의 사회적 목적을 추구하면서 재화 및 서비스의 생산, 판매 등 영업활동을 수행하는 기업"으로 정의하고 있다. 따라서 한국의 사회적기업은 좁게는 정부로부터 인증받은 기관이라고 하겠으며, 넓게는 사회적기업이 제도화되기 이전부터 존재했었던 소비자생활협동조합, 생산공동체, 자활기업 등 다양한 조직을 포함한다. 이처럼 국제적으로 사회적기업에 대한 명확하고 통일된 정의가 없는 것은 각 나라와 지역의 문화와 가치관, 사회적 필요성 등 제반 환경요인의 영향으로 서로 다른 성질의 사회적기업이 발달하였기 때문이다(Kerlin 2010).

'사회적기업'의 다양한 정의

사회적기업의 출현과 발달에는 복지체제의 변화와 고용구조의 급격한 변화가 중요한 요인으로 작용하였다. 미국과 유럽 각국에서 높은 실업률과 새로운 사회경제적 도전에 대한 전통적 공공정책의 실패로 인하여 사회적기업의 모태가 되는 제3섹터가 사회서비스의 대안적 공급자로서 그 역할이 계속 확대되어왔다. 그 결과 각국 정부와 시민단체들이 사회적기업에 관심을 보이게 되었다. 일찌감치 사회적기업이 등장한 영국에서는 19세기 중반부터 급격한 산업화에서 밀려난 노동자들이 자발적으로 추진한 협동조합운동이 근대 사회적기업의 뿌리가 되었다고 알려져 있다. 반면 미국에서는 전통적으로 많은 자선단체가 사회적 목적 달성에 필요한 재원을 마련하기 위하여 다양한 수익 창출 사업에 진출하면서("doing charity by doing trade") 사회적기업이 태동했다고 한다. 또한 미국에서는 1960년대 들어 지역의 사회운동가들이 주로 저소득층에게 일자리와 직업훈련을 제공하는 수단으로서 사회적기업을 설립하였다.

1980년대에는 유럽과 미국은 물론 제3세계에서까지 사회적기업의 설립 및 운영 필요성에 대한 공감대가 확산되었다. 1990년대 들어서는 정부와 학계 그리고 개인 및 단체 기부자 등을 중심으로 사회적기업이 더욱 주목을 받게 되었다. 미국에서는 1993년 하버드 경영대학에 사회적기업 이니셔티브(Social Enterprise Initiative)가 만들어졌고, 1991년 이탈리아에서 사회적협동조합(Social Co-operatives)을 입법화한 것을 계기로 다른 유럽 지역에서도 사회적기업의 법적 틀이 마련되었다. 특히 영국은 2002년 사회적기업 추진단(Social Enterprise Unit)을 발족하여 사회적기업 육성 전략을 공표하기에 이르렀다.

제3섹터는 국가공공성만이 아니라 사회공공성과 시장공공성을 포괄한다. 공공성의 개념과 내용은 시간과 공간에 따라 변화되는데, 시장자본주의와 시민자유주의에 기반을 둔 현대 민주사회에서는 공공성의 주체가 국가영역을 넘어 영리영역과 시민사회로까지 확대되었다. 이에 따라 제3섹터 개념에서도 사회경제적 기능과 재화 및 서비스를 생산하고 제공하는 기능이 강조되고 있으며, 사회적경제가 독립적 영역으로 존재하기보다는 정부영역과 시장영역에 걸쳐 있어 다양한 혼합형 조직이 참여하게 되었다. 특히 최근에는 민간기업들과 마찬가지로 적극적으로 영리를 추구하되 그 설립 목적과 운영에서는 사회적 목적 달성을 명시적으로 강조하는 새로운 형태의 사회적기업이 증가하고 있다. 전통적 사회적기업과 구분하여 이들을 영리사회적기업(for-profit social enterprise, for-benefit enterprise 또는 social business)

이라고 부른다(Sabeti 2011).

한국의 경우 상법상 회사의 조직형태로 존재하는 사회적기업들이 이에 해당한다고 볼 수 있다. 특히 유럽에 비해 사회복지정책이 덜 발달한 미국에서는 사회적기업가에 의한 자율적 시장참여를 강조하여 사회적기업과 사회적창업(social entrepreneurship)이 혼용되고 있다. 이들은 정부나 자선단체로부터 나오는 지원금에 대한 의존도를 줄이고 재정의 안정성과 사업의 지속성을 높이기 위해 민간기업과 마찬가지로 혁신적 영업활동을 통한 수익성을 강조한다.

사회적기업의 조직형태와 지위

세계적으로 증대된 관심과 맞물려 사회적기업의 범위는 지속적으로 확대되어왔는데, 미국 캘리포니아 주 등에서는 사회적 책무를 지속하기를 원하는 영리기업에도 Low-profit Limited Liability Corporation(L3C)이나 Benefit Corporation과 같이 새로운 법적 지위를 부여하여 사회적기업의 범위를 확대하는 경향을 보이고 있다. 영국에서도 Social Firm이나 Community Interest Company(CIC) 등 유사한 입법이 추진되었다. 실제로 각국에서 사회적기업의 조직형태는 비영리법인이나 단체, 조합, 상법상 회사 등 다양하지만, 시장에서 영업활동을 해서 얻은 수익을 기업 외부의 투자자에게 분배하지 않고(non-distributive restriction), 설립 취지에 따라 수익의 대부분을 사회적 목적 실현을 위한 사업이나 지역공동체에 재투자한다는 공통된 특징을 갖고 있다(Hansmann 1985). 즉 영리기업처럼 시장에서 영업활동으로 수익을 추구한다는 점에서 비영리자선단체나 정부의 사회복지조직과는 구분되며, 영업활동에서 거둔 수익을 대부분 사회적 목적을 위해 재투자한다는 점에서 일반 영리기업과도 구분되는 것이다.

종합하면 사회적기업이란 넓은 의미로는 "영리와 비영리라는 법적 형태에 구애받지 않고 사회적 목적 달성을 위해 영업활동을 하는 조직"으로 정의할 수 있다. 이 경우 전통적인 비영리조직도 포함된다. 좁은 의미로는 "사회적서비스를 제공하는 영리기업"으로 정의할 수 있는데 그렇게 되면 전통적인 비영리조직은 제외된다. 따라서 사회적기업의 핵심 개념은 사회적 목적 달성, 영업활동을 통한 수익 창출, 비배당 3가지이다. 최근에는 영업활동을 통한 수익 창출이라는 경제적 성과가 더욱 강조되면서 비배당 원칙은 완화되는 경향을 보이고 있다(Noya 2009). 이렇게 보면 사회적기업은 영리와 비영리의 혼합형 (hybrid) 조직이며, 사회적서비스 제공과 수익 창출이라는 일견 상충하는 목적을 동시에 추구하는 조직인 셈이다. 그런 의미에서 기존 비영리조직이 제3섹터인 데 비해 사회적기업은 '제4섹터'라고 정의하기보다는 '2.5섹터'라고 보는 것이 더 맞을지 모른다.

사회적기업의 성과 및 지속가능성은 사회적 목적의 실현과 경제적 자립이라는 두 가지 측면에서 평가되어야 한다(Speckbacher 2003). 하지만 사회적 목적을 강조하다 보면 경제적 자립이 어려워질 수 있으며, 반대로 경제적 자립을 위해 수익활동에 치중하다 보면 사회적 목적이 퇴색할 수 있다. 크게 보면 사회적기업의 수익활동은 사회적 목적 실현을 위한 수단이기 때문에 사회적 목적이 우선되어야 한다는 입장과, 수익활동 없이는 사회적 목적 실현이 어렵다는 측면에서 경제적 목적과 사회적 목적을 동등하게 봐야 한다는 입장이 존재한다. 이러한 관점 차이는 사회적기업의 생성과 발전에 따라 그 내용을 달리하는데 유럽에서는 주로 전자의 입장이, 미국에서는 후자의 입장이 강하다(Austin et al. 2006). 결국 사회적기업은 자본 중심의 경제적 가치와 사람 중심의 사회적 가치가 대립한다는 인식을 넘어 이 둘의 조화와 통합을 통해 보다 효과적이고 지속가능한 새로운 경제주체로서 자리 잡아야 하며 바로 그 점이 성패의 관건이다.

2. 사회적기업의 영역과 존재의의

현대사회의 사회경제적 제반 문제를 해결하는 데 있어 전통적인 접근방법인 정부나 비영리조직의 역할만으로는 충분하지 못하다는 데 많은 전문가가 의견을 같이한다. 이에 새로운 대안으로 주목을 받는 것이 시장에서의 영업활동으로 수익을 창출하는 사회적기업이다. 전통적으로 정부나 비영리조직이 담당해온 사회적 가치를 지향하면서 영리기업의 경제적 논리와 시장지향적 접근방법을 혼합한 것이 사회적기업이다. 이 같은 광의의 사회적기업 범주를 살펴보기 위해 조직유형을 크게 목적과 영업활동 측면에서 구분해보면 〈그림 8-1〉과 같다.

전통적으로 사회적 목적을 추구하면서 정부지원금이나 민간후원금에 기초함으로써 영업활동은 수행하지 않는 조직으로 사회복지조직이나 시민단체 등이 있다. 최대의 이윤 창출을 목적으로 제품 및 서비

그림 8-1 사회적기업의 목적과 조직유형

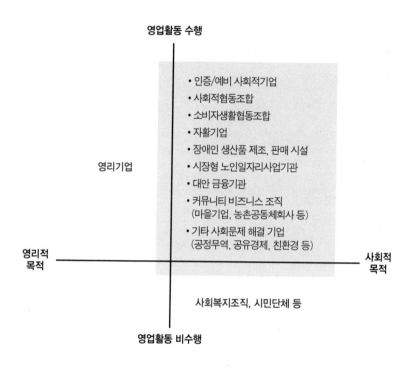

영업활동 수행

영리기업

- 인증/예비 사회적기업
- 사회적협동조합
- 소비자생활협동조합
- 자활기업
- 장애인 생산품 제조, 판매 시설
- 시장형 노인일자리사업기관
- 대안 금융기관
- 커뮤니티 비즈니스 조직
  (마을기업, 농촌공동체회사 등)
- 기타 사회문제 해결 기업
  (공정무역, 공유경제, 친환경 등)

영리적
목적

사회적
목적

사회복지조직, 시민단체 등

영업활동 비수행

스 판매를 통한 수익금으로 조직을 운영하는 조직에는 대부분의 영리기업이 해당된다. 반면 사회적기업은 이러한 전통적 조직들의 혼합적 영역에 해당하며, 사회적 목적을 추구하면서 동시에 영업활동을 수행하는 조직들이 포함된다. 한국의 사회적기업은 정부의 정책과 지원으로 형성되고 유지되어왔으며, 일자리 창출 등을 목적으로 한 비영리적 성격이 강했다. 그러나 최근에는 한국에서도 사회적 목적을 위해 영리를 추구하는 새로운 형태의 사회적기업이 등장하고 있다. 이 장에서는 전통적인 국가주도형 비영리사회적기업과 아울러 새로운 영리사회적기업의 특성과 과제에도 초점을 맞추어보고자 한다.

사회적기업의 경쟁력 확보를 위한 조건

사회적기업이 정당성을 인정받기 위해서는 사회적 가치의 실현이 존재목적임을 분명히 해야 하며, 동시에 시장에서의 경제활동을 통해 필요한 수익을 거두려면 경쟁력을 갖추어야 한다. 그렇다면 세제혜택이나 자원봉사, 기부 등 순수 비영리조직이 확보할 수 있는 여러 가지 장점을 상실하면서 보다 적극적으로 영리를 추구하는 사회적기업이 시장에서 경쟁력을 확보하기 위한 조건은 무엇인가? 예를 들어 저소득층 자녀의 기초교육 제공이라는 사회적 목적을 위하여 창업하고자 하는 사회적기업가의 관점에서 살펴보자면, 이는 곧 비영리조직과 영리사회적기업 중 어떤 조직형태를 취하는 것이 바람직한가를 결정하는 문제이다. 이들이 합리적·경영적 의사결정과정을 거쳐 사업에 필요한 자원을 확보하고 활용함으로써 제반 사회적 목적의 달성에 기여하자면 크게 필요조건과 충분조건을 충족시켜야 한다. 먼저 필요조건이라 함은 정부나 비영리조직과 차별화되는 사회적기업으로서 타당한 사업의 기회를 파악하는 것이고, 충분조건으로는 진출한 제품 또는 서비스 시장에서 다양한 형태의 영리기업과 비교하여 효율성 및 수익성의 관점에서 적합한 비즈니스 모델과 지배구조를 갖추는 것이다.

먼저 사회적 목적을 달성하고자 하는 창업자들은 과연 어떤 시장에 진출하여야 하는가? 구체적으로 어떤 제품 또는 서비스를 제공해야 그것이 영리기업, 정부, 비영리조직에 의해 제공되는 경우보다 바람직할까? 이에 대한 답변은 해당 제품 또는 서비스 시장에서 나타나는 시장실패(market failure)의 성격에 달렸다.

시장실패란 특정 시장에서 공급되는 제품이나 서비스의 물량이나 품질이 소비자의 수요를 충족시키지 못하는 경우를 말하는데, 일반적으로 거래비용이 높아 시장가격이 공급자의 비용을 충당하기에 충분하지 못하기 때문에 발생한다. 이러한 경우 영리기업은 수익 창출의 경제적 유인이 부족하므로 정부의 정책 지원 또는 비영리조직의 참여가 요구된다. 하지만 정부나 비영리조직의 활동은 종종 시장실패를 극복하기에 충분하지 않거나 시장기능에 비하여 비효율적인 경우가 많다. 예를 들어 신규 공항 건설, 중고 PC 보급, 학교 무상급식 정책에서 드러난 바와 같이 수요자와 공급자 간의 연결이 부적절하거나 공급 물량, 품질, 가격이 왜곡되거나 이익집단들 간에 사회적 갈등을 초래하여 사회적비용이 높아질 수 있다.

시장실패의 원인을 구체적으로 들자면 여러 가지가 있겠으나, 그중 사회적기업에 타당한 사업의 기회를 파악하려면 특히 공공재(public goods) · 신뢰재(trust goods) · 필수재(unaffordable necessity goods) 시장의 특성에 주목할 필요가 있다. 우선, 공공재의 경우에는 그 제품이나 서비스가 누구나 쉽게 접근 가능한 것이며 타인의 소비를 배제할 수 없어 무임승차자 문제가 생길 수 있다. 소방, 치안, 도로, 공원 등이 대표적 사례인데 의료, 교육, 지역개발 등의 경우에도 유사공공재 성격을 갖고 있어 정부와 아울러 민간이 영리 또는 비영리 형태로 시장에 참여하고 있다. 그러므로 사회적기업이 시장의 실제 수요를 반영한 비즈니스 모델(예를 들어 출퇴근카풀사업 등)을 통하여 공공재의 시장실패를 극복하고 정부기능을 보완하는 역할을 수행할 수 있다. 또한 공공재 제공이 사회적으로 바람직한 외부효과(예를 들어 탁아서비스를 통한 취약계층 여성의 일자리 창출)를 낳는 경우 사회적기업에 합당한 사업기회가 마련되는 것이다.

둘째, 신뢰재의 경우 시장실패의 주된 원인으로 경제주체들 간의 정보 비대칭성을 들 수 있다. 중고자동차의 시장거래에서는 판매자가 구매자에 비해 일방적으로 많은 정보를 갖고 있는데 바로 이런 경우가 해당된다. 또한 간병이나 보육 서비스와 같이 시장거래의 대상인 서비스의 품질을 일반 구매자가 직접 관찰하고 평가하기 어려운 경우, 적십자 등 신뢰받는 기관의 역할이 요구된다. 신뢰재 시장에서 비영리조직이나 사회적기업들이 일반 영리기업들에 비해 비교우위를 갖는 것은 이들이 사업으로부터 얻은 수익을 사회적 목적으로 제공하는 서비스 품질 향상을 위하여 재투자하기 때문이다. 특히 사회적기업의 취지에 대한 소비자 신뢰가 존재하면 경쟁 시장가격보다 저렴하게 서비스를 제공하는 경우에도 서비스 품질을 의심받지 않아 정보의 비대칭성으로 인한 신뢰재의 시장실패를 극복할 수 있다.

셋째, 사회적기업에 잠재적 사업의 기회를 제공하는 시장실패의 또 다른 경우는 서민들이 반드시 필요로 하는 제품과 서비스이지만 그것에 대해 값을 지불할 경제적 능력이 없는 경우이다. 크게 보면 최소한의 삶을 위해 꼭 필요한 주거, 생계, 의료, 교육 등 직접적 제공뿐 아니라 이와 관련된 최소한의 필수재, 즉 교육에 필요한 교재, 생계에 필요한 식품, 주거에 필요한 가구, 의료에 필요한 약품 등이 모두 고려될 수 있다. 필수재 시장에 진출하고자 하는 사회적기업들은 필수재 수요를 시장활동을 통해 충족시키는 자율적이고 시장지향적인 비즈니스 모델을 개발함으로써 정부나 비영리조직의 기능을 보완할 수 있다. 예를 들어 자원봉사 같은 자발적 지원이나 소비자 스스로의 영업활동 참여, 시장가치가 낮은 자원의 효율적 재활용 등을 통해 수익을 창출하는 노력이 요구된다.

이상의 필요조건에 관한 논의를 정리하자면, 사회적기업들은 순수 영리기업들의 시장참여가 부족하여 정부의 역할만으로는 취약계층의 수요를 충족시킬 만큼 공급이 충분하지 않은 공공재·신뢰재·필수재 시장에서 사회적 목적에 부합하는 사업기회를 발견할 수 있다. 특히 환경, 취업, 보건, 교육 등 사회적 외부효과가 큰 산업에서 사회적기업들은 시장지향적 접근방법으로 정부와 비영리조직을 보완하는 기능을 수행할 수 있다. 특히 새로운 영리사회적기업들은 전통적 영리기업들뿐 아니라, 기타 사회적기업들 그리고 정부 및 비영리조직들과 시장실패의 극복 및 사회적 목적 달성을 위한 대안적 조직으로서 이들과 협력하면서도 경쟁력을 유지해야 한다.

사회적 가치 실현에 타당한 혁신적 비즈니스 모델의 수립

사회적기업이 경쟁력을 갖기 위해서는 앞서 논의한 타당한 사업기회 발견을 전제로 하여 경제적 수익성과 사회적 목적 달성의 두 기준을 동시에 고려해 추가적 가치 창출이 이루어져야 한다. 경제적 성과(사업의 수익성, Y축)와 사회적 성과(목적 달성의 효과성, X축)를 기준으로 영리사회적기업의 경쟁력 과제를 표현하면 〈그림 8-2〉와 같다(Wilson & Post 2013).

A, B, C 등 전통적 접근방법과 비교할 때 새로운 사회적기업들이

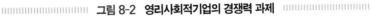

그림 8-2 영리사회적기업의 경쟁력 과제

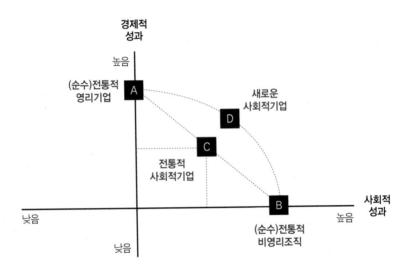

자료: Wilson & Post (2013)

경제적 성과와 사회적 성과의 두 측면에서 경쟁우위를 갖고 D와 같이 새로운 부가가치를 창출하는 것이 어떻게 가능한가? 혼합형 조직으로서 D의 위치는 경제적 성과만을 놓고 비교하면 A의 (순수)전통적 영리기업보다 취약하고 사회적 성과만을 고려하면 B의 (순수)전통적 비영리조직보다 부족하지만, A와 B의 단순한 복합형태인 C에 비해서는 비교우위에 있어야 한다. 이를 위해, 한편으로는 영리기업에서 축적된 경제적 논리와 시장지향적 활동의 효율성이 기존의 정부나 비영리조직들의 사회적 활동에 비해 증진되어야 한다. 다른 한편으로는 비영리기관들이 누리던 사회의 신뢰와 지원을 계속 유지함으로써 기존의 순수 영리기업들이 구조적으로 모방할 수 없는 정부–영리–비영리를 연결하는 협력적 비즈니스 모델과 자율적 지배구조 확립에 노력해야 한다.

사회적기업을 포함하여 시장에서 영업활동으로 수익을 창출하는 기업들은 주주의 부의 극대화를 비롯한 다양한 목적과 비스니스 모델 그리고 지배구조를 결정해야 한다. 조직의 성패를 좌우하는 이러한 주요 의사결정은 조직운영의 통제력을 갖는 핵심 경제주체에 의해 이루어진다. 영리를 추구하는 주식회사들의 경우 통상적으로 자본을 제공하고 투자에 따른 위험을 부담하는 주주들이 자신의 부의 극대화를 목적으로 잔여재산청구권자(residual claimant)로서 기업 운영상의 최종 의사결정권과 수익처분에 관한 궁극적 통제권을 갖는다. 물론 주주들이 부의 극대화 이외의 목적을 추구하는 데는 아무런 법적 제약이 없으나, 이들이 실제로 주요 의사결정권을 유보하는 경우는 흔하지 않다. 따라서 투자수익을 주된 목적으로 하는 투자자들로부터 자유로운 비영리조직이나 전통적 사회적기업은 지원하는 개인이나 단체의 동의와 참여하에 다양한 사회적 목적을 수립하고 추진할 수 있다. 반면, 보다 적극적으로 영리를 추구하는 새로운 사회적기업은 사업에 필요한 자본을 주식 발행으로 충당할 경우 어느 정도 통제력 상실이 불가피하다. 따라서 이들은 투자수익성 이외의 사회적 가치를 추구하는 다양한 투자자들이 동의하고 참여할 수 있는 사회적 목적을 수립하고 이에 합당한 사업에 진출해야 한다. 그럼으로써 자본을 투자한 주주들에게 어느 정도 수익을 배당하면서도 사회적기업의 존재의의인 사회적 목적 달성이 투자수익 극대화보다 우선시되도록 지배구조상 통제력을 유지해야 한다.

사회적 가치의 실현과 경제적 수익을 함께 추구하는 사회적기업은 사업운영에 있어 지배구조상의 통제력 유지와 아울러 시장에서 경쟁력 있는 비즈니스 모델을 확립하는 것이 관건이다. 성공적인 사업운영을 위한 비즈니스 모델의 핵심은 결국 사회적기업으로서 사회적 목적 달성에 합당한 시장에 진출하고 경제적 부가가치가 높은 제품과 서비스를 제공하여 수익을 창출하는 것이다. 이를 위해 사회적기업들은 먼저 사회서비스 제공에 필요한 자본, 기술, 지식, 인적자원을 비영리조직처럼 요소시장에서 보다 저렴하게 조달하고 영리기업처럼 보다 효율적으로 활용해야 한다. 기타 생산 및 판매 활동에 있어서도 사회적 가치 실현에 동의하는 소비자 등 다양한 이해관계자의 참여를 유도하여 시장의 진입장벽을 낮추고 경쟁력 있는 가격으로 신뢰받는 제품과 서비스를 제공해야 한다. 특히 정부나 기부자 또는 자선단체의 지원에 의존해온 비영리기관이나 전통적 사회적기업의 대안으로 등장한 영리사회적기업들이 결국 그 정당성을 인정받고 지속성을 확보하려면 단순히 선의에 의한 자원의 무상지원이나 시장의 경쟁가격보다 높은 가격의 구매에 의존해서는 안 된다. 보다 적극적으로 사회적 가치 실현에 타당한 혁신적 비즈니스 모델을 수립하여 경제적 수익성 및 효율성 측면에서도 기타 영리기업이나 사회적기업들보다 경쟁력이 우위에 있음을 스스로 입증해야 한다.

시장실패에 대응한 한국 사회적기업의 사례로 유사공공재이자 신뢰재에 해당하는 보육서비스를 제공하는 'YMCA 아가야'의 경우를 들 수 있다. 2006년부터 사회적일자리사업으로 시작하여 시간제 및 출장형 보육서비스를 제공하는 YMCA 아가야는, 서울을 비롯한 전국 7개 지역에서 인증사회적기업으로 자리 잡았다. YMCA의 지원과 지자체의 위탁사업을 기반으로 아가야 센터는 저소득층을 위해 저렴한 요금으로 소비자에게 신뢰받는 서비스를 제공하는 한편, 방송통신대학교와 협력하여 교육과정을 운영하고 이를 통해 경력 단절 여성 등 지역사회 실업 여성들에게 일자리를 제공하고 있다. 무상이 아닌 저렴한 가격으로 지역별 실제 수요자를 대상으로 함으로써 무임승차자 문제를 해결하고, 출산장려와 취약계층 일자리 창출이라는 외부효과로 사회적 목적에 기여하며, 출장형 가정육아교사사업으로 시장에서의 영업활동을 통해 보완적 경제수익을 창출하며, 부모들이 참여하는 좋은 부모학교 프로그램이나 중고 유아용품을 기부 및 판매하는 아가야 착한가게 운영으로 지역공동체의 참여와 협력을 증진하는 등 사회적기업의 다양한 기능을 수행하고 있다.

미국에서 특히 활발하게 성장하고 있는 영리사회적기업의 사례로는 저소득층이 감당하기 어려운 필수재인 교육도서 및 일반도서를 수집하고 판매하여 수익을 문맹퇴치활동에 기부하는 '베터 월드 북스(Better World Books)'를 꼽을 수 있다. 2002년 온라인서점으로 출발한 베터 월드 북스는 비영리민간인증기관인 B Lab이 영리기업을 대상으로 사회적 및 환경적 성과를 평가하여 인증한, 2015년 현재 41개국 1,381개의 B Corporation 중 하나이다. 사업에 필요한 중고서적은 주로 1,800개 이상의 협력대학과 3,400개 이상의 각종 도서관, 17개 주에 걸친 도서기부함을 통해 조달한다.

2013년 기준 340명의 직원으로 6,500만 달러의 매출을 달성하였고 매년 두 자릿수 이상의 성장을 유지하여 지난 10년간 약 1,400만 달러를 저개발국을 포함한 전 세계 문맹퇴치 프로그램에 기부하였다(Field 2013). 소위 사회적·환경적·경제적 목적이라는 3가지 원칙(tripple bottom line)하에 개인이나 대학 및 도서관에서 기부받거나 버려지는 중고도서들을 효율적으로 수집하고 체계적으로 분류하여 필요로 하는 저개발국에 기부하거나 온라인으로 판매하여 수익을 창출하는 비즈니스 모델을 갖추고 있다. 자본출자 및 지배구조에서도 굿캐피털(Good Capital) 같은 사회적벤처펀드 등 비영리 투자자의 주식지분을 별도로 할당하여 사회적 목적 달성이라는 취지를 효과적으로 유지하고 있다. 베터 월드 북스의 사례는 영리사회적기업이 도서의 한시적 소유보다 재활용, 다양한 이해관계자들의 자발적 기부 및 참여, 물리적 조달 네트워크 및 온라인 판매활동의 혁신, 서적사업 분야의 전문성 및 시장을 통한 수요자와 공급자의 연계, 사업영역 및 생태계에서 영리 및 비영리 조직이 협력하고 공존하는 네트워크 플랫폼 등을 활용하여 사회적 가치를 실현하는 데 기여할 수 있음을 보여준다.

3. 사회적경제 생태계와 사회적기업 정책

기업의 경쟁력과 지속성의 관점에서 기업생태계(business ecosystem)의 중요성이 이슈가 되고 있다. 기업생태계는 자연생태계의 공생적 관계를 사회과학적 관점에서 파악하고 이를 기업군이 이루는 경제적 공동체로 확장시킨 개념으로 상호작용하는 조직과 개인들로 구성되는 경제공동체이자 비즈니스 유기체로 정의된다(Moore 2006).

기업생태계 관점에서 사회적경제 생태계 관점으로

기존의 경영전략 패러다임이 개별 기업의 관점에서 수익의 극대화였던 것과 달리, 기업생태계 관점의 패러다임은 보다 공동체적이고 포괄적인(inclusive) 번영을 추구하는 공유가치적(creating shared value) 기업경영으로 변화하고 있다(Porter & Kramer 2011). 그리고 보다 혁신적이고 지속가능한 사회경제적 기반을 구축하기 위해서는 새로운 지식 창조, 신규 창업, 기술 및 경영의 혁신, 전문인력 양성 및 교육 등을 지원하는 기본적인 기구 및 제도(fundamental institutions)에 투자하고, 공공과 민간의 협력을 확산시키는 것이 중요하다는 인식이 점차 확산되고 있다(Kanter 2012). 더 나아가 기업생태계 자체가 일종의 공공재 성격을 갖고 있어(Moore 2006) 이에 참여하는 이해관계자 집단이 제3섹터인 비영리기관과 시민조직으로 확대되면서 사회적경제 생태계의 패러다임이 등장하였다. 특히 아직 경제적 기반이 취약한 저개발국에서 생태계적 접근방법이 적용된 사례들이 주목받고 있다(Prahalad 2006). 즉 공공과 다양한 사회적기관을 포함한 민간섹터의 상호보완적 협력관계는 저개발국에서 경제적 번영을 위해 필요하고 저소득층의 삶의 질 개선 등 사회적 목적 달성에 기여할 수 있음이 입증되고 있다.

기업생태계가 기업 간의 경쟁과 협력을 바탕으로 투자와 수익의 선순환적 공존 발전을 추구하는 네트워크라고 한다면, 사회적경제 생태계는 사회경제적으로 요구되는 혁신적 가치를 생산하고 사회경제적 문제를 해결하기 위하여 사회적기업이나 사회적협동조합 등 사회적 기관을 중심으로 다양한 이해관계자들이 공생과 공존의 선순환 관계를 형성하는 유기적 공동체로 정의할 수 있다. 따라서 사회적 가치의 실현과 지속가능성을 목적으로 하는 사회적경제 생태계는 경제적 목적의 경쟁적 시장과 사회적 목적의 협력적 공동체를 통합한다는 관점에서 이해하고 접근해야 한다. 이를 위해서는 사회적경제 생태계에 참여하는 개별 사회적기업들이 기업의 전략과 운영에서 경제적 효율성이라는 원칙을 준수하는 한편, 기업생태계의 경우와 마찬가지로 협력적 네트워크나 혁신적 비즈니스 모델을 통하여 제반 사회경제적 문제를 해결하고 사회적으로나 경제적으로나 가치 있는 제품과 서비스를 개발하여야 한다.

사회적경제 생태계의 혁신

사회적경제 생태계에서 이루어지는 사회적 혁신이란 개별 기업의 범주를 넘어 다양한 이해관계자들의 참여로 새로운 제품, 공정, 서비스 비즈니스 모델을 개발해 사회문제를 해결하는 활동이다. 새로운 백신기술, 환경친화적 상하수도 처리 시스템, 원격 건강진단 시스템, 인터넷 기반 교육 시스템, 재생에너지 개발 등이 기술집약적 사회적기업에 의한 사회적 혁신의 실례가 될 수 있다. 사회적경제 생태계의 관점에서 사회적기업의 과제는 개별 기업의 경제적 수익이나 사회적 가치 실현을 넘어서는 사회적 혁신이어야 하며, 이를 위해 공정무역(fair trade) 사례와 같이 정부나 개별 조직들이 전통적 해법으로 해결할 수 없었던 사회경제적 문제를 다양한 이해관계자들의 자발적 참여로 해결하는 개방적이고 협력적인 플랫폼과 공동체를 개발하고자 노력해야 한다.

하지만 사회적경제 생태계의 특성상 새로운 과제와 위험요인 역시 다음과 같은 형태로 존재한다. 즉 다양한 사회문제를 해결하는 데 꼭 필요하지만 흩어져 있는 혁신적 지식과 기술 요소들을 누가 어떻게 유기적으로 엮어 효율적으로 제공할 수 있는가? 사회적경제 생태계를 구성하는 다양한 이해관계자들이 지속적으로 참여하고 공헌하는 개방적 플랫폼은 무엇이며 어떤 지배구조를 갖추어야 하는가?

통상적 기업생태계의 등장과 성장이 주로 정보통신기술을 기반으로 한 첨단과학 분야에서 이루어진 반면, 사회적경제에서 필요한 생태계는 보다 다양한 산업 분야에서 요구된다. 따라서 사회적경제 생태계에서 요구되는 혁신의 개념이나 플랫폼의 역할은 기술적 관점을 넘어 참여한 이해관계자들이 추구하는 사회적·경제적 목적과 수단을 포괄적으로 이해하고 접근하는 것이어야 한다. 특히 생태계의 생성 및 유지에 관건이 되는 이해관계자들 간의 지배구조와 조직운영의 위험요인들을 인지하고 대처하는 노력이 요구된다. 전통적인 기업조직과는 달리 사회적경제 생태계의 중요한 의사결정들이 자본의 통제나 조직의 위계질서에 의해서만 이루어질 수는 없기 때문에 다양한 참여자들이 자율적으로 프로젝트에 참여하면서도 공동의 사회적 목적 달성을 위해 성과지향적 태도를 유지하도록 교육하고 통제하는 동의된 기준과 규범의 플랫폼을 마련해야 한다. 예를 들어 공정무역 생태계에는 공정무역 인증 및 거래 시스템이라는 국제적 플랫폼에 사회적기업을 포함한 다양한 영리 및 비영리 조직이 참여하고 있으며, 그

플랫폼은 동의된 기준 및 공동의 규범으로서 공정무역에 대한 국제적 비영리 네트워크인 FINE에 의해 유지되고 있다.

이상의 사회적경제 생태계의 특성과 과제를 고려할 때 추가로 고려해야 할 사회적기업 정책의 방향과 시사점은 무엇인가? 일반기업과 마찬가지로 사회적기업 역시 일련의 발전단계를 거치게 되는데 이에 맞추어 단계별 정책과제가 수립되어야 한다. 한국과 같이 사회적기업이 도입단계를 거쳐 성장단계로 진입하는 상황에서 요구되는 정책과제는 우선 시장경쟁에서 생존할 수 있도록 사회적기업 활동을 지원하는 전문적 지원조직 육성과 사회적기업 내부의 자율적 규율기제를 마련하는 것이다. 이와 아울러 사회적기업의 혁신성을 확보하기 위하여 생태계 내의 다양성을 조성하는 정책도 요구된다. 이제는 다양한 사회적기업가의 육성, 새로운 비즈니스 모델 실험을 통하여 혁신적 사회적기업을 발굴해야 하는 단계에 와 있기 때문이다. 특히 정부가 개별 사회적기업에 대해 직접적 지원을 해주던 과거의 초기단계와는 달리 정부와 민간 공동의 노력으로 사회적경제 정책 및 제도, 사회혁신형 시장의 개발, 사회적자본시장 육성 등 사회적경제의 인프라를 구축해야 할 때이다. 더 나아가 성공적인 사회적기업의 규모 확대와 비즈니스 모델 확산을 통해 사회적경제의 성장을 지원하는 생태계 관점의 접근이 요구된다.

사회적경제 생태계와 사회적금융

사회적기업을 중심으로 보면 사회적경제 생태계는 크게 사회적기업을 지원하는 다양한 자본인프라와 사회·경제·문화적 환경으로 구성된다. 자본인프라란 인적자본, 사회정치자본, 지식자본, 금융자본 등을 의미하는데 이 중에서 특히 금융자본은 사회적기업의 창업과 성장에 필수적이지만 사회적기업에 대한 투자에는 일반기업과는 달리 경제적 성과 외에 사회적 성과가 고려된다는 특성이 있다. 각국 정부가 사회적기업에 대한 다양한 보조금을 통상적으로 지원하고 있으나 사회적기업의 지속적 발전에는 역부족일 뿐 아니라 부정적 측면도 없지 않다. 즉 보조금을 받는 수혜 조직은 시장의 영업활동에서 적극적으로 수익을 창출할 의욕이 저하될 수 있고 보조금이 사회적 목적 이외의 용도로 사용되는 도덕적 해이를 초래할 수도 있다. 또한 보조금은 보통 특정한 프로젝트에 한정되기 때문에 사회적기업이 새로운 사업을 개발하여 사회적 목적을 달성하고자 하는 혁신적 활동보다는 보조금 제공자가 제시한 구체적 기준을 충족시키는 활동을 하는 방향으로 변질되는 경향도 있다. 더욱이 보조금 사용 규정에 여러 제한이 있어 미래의 추가 자본조달의 담보로 활용되기 어렵기 때문에 성장의 기반을 구축하는 데는 한계가 있다.

따라서 사회적기업이 설립되어 성장을 이어나가려면 결국 민간 차원에서 사회적금융이 개발될 필요가 있다. 사실 다양한 부류의 사회적투자자들이 존재함에도 불구하고 사회적금융의 수요와 공급이 불균형을 초래하는 이유는, 효율적 중개기관 부족, 과도하게 분산된 금융의 수요와 공급에 기인하는 높은 거래비용, 사회적기업이 추진하는 사업의 리스크에 대한 이해 부족 때문이다. 특히 사회적기업은 경제적 성과기준뿐 아니라 사회적 성과기준에 의해서도 평가되어야 하는데, 사회적 성과의 계량화나 표준화가 용이하지 않아 잠재적인 사회적투자자들로부터의 자금조달을 저해하는 요인으로 작용하고 있다 (GECES 2014).

이와 같은 사회적기업의 특성은 이에 상응하는 금융제도상의 변화를 필요로 하고 기존과는 다른 금융기제를 요구한다. 선진국 사례를 보면 먼저 영국에서는 사회적기업에 대한 금융지원을 촉진하기 위해 정부가 기금을 조성하여 민간에 위탁 관리하는 방식을 채택하고 있다. 또한 사회적기업에 대한 자금을 지원할 의사를 지닌 개인, 단체, 기업 등으로부터 다양한 종류의 사회적투자예금을 받아 대출을 수행하는 사회투자은행이 운영되고 있다. 캐나다에서 사회적기업이 발달한 퀘벡 주의 경우 낙후지역 개발을 위한 일자리 창출에 초점을 맞추고 개발자본(development capital)과 연대금융(solidarity finance)이 발전해왔다. 미국에서는 비영리조직의 사회적기업에 대한 금융지원을 위하여 영국이나 캐나다와 유사하게 지역개발금융기관이 설립되었고 기관투자자, 엔젤투자자, 기업으로부터 자금을 조달하여 운영하는 사회적벤처캐피털을 통하여 취약지역의 중소기업 및 사회적기업에 보조, 융자, 지분투자 등의 금융지원이 이루어지고 있다.

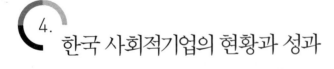

4. 한국 사회적기업의 현황과 성과

'사회적기업 육성법'을 통한 인증과 지원

한국의 사회적기업은 1997년 외환위기 이후 급속히 증가한 실업률과 심화된 경제적 양극화 문제, 그리고 고령화와 저출산 등의 문제를 해결하는 사회서비스에 대한 수요 증가로 2000년 초반부터 본격적으로 등장하였다. 하지만 그 원천은 1970년대에 빈민문제에 대처하려는 지역경제공동체 구축을 위한 자생적인 사회적 활동에서 찾을 수 있다. 지역빈민운동은 1990년대 외환위기를 계기로 실업극복운동 등으로 이어졌으며 2000년대에는 정부주도의 사회적일자리창출사업으로 발전하였다. 특히 1990년대 말 청년실업과 조기퇴직 등 실업문제가 커지고 고용불안이 확산되면서 산발적으로 이루어지던 일자리정책은 사회적일자리사업으로 체계화되었다고 볼 수 있다(류만희 2011). 정부의 사회적일자리사업은 2000년대 중반에 이르러 보다 광범위한 사회서비스 확충이라는 정책목표가 점차 주목받으면서 과거에는 정부의 몫이던 사회서비스 공급을 간접적으로 달성해줄 사회적기업 육성정책으로 발전하게 된다. 그 결과 2007년 '사회적기업 육성법'이 제정되었는데, 이 과정에서 노동부와 복지부 등 관련 정부 부처와 함께 다양한 민간단체들이 사회적기업 발전을 위한 시민단체연대회의에 참여하였다.

2007년에 제정된 '사회적기업 육성법'의 핵심은 사회적기업의 인증 및 지원에 관한 내용인데, 사회적기업이 출발 시부터 신뢰성 있는 조직으로 자리 잡아야 한다는 취지에서 다소 엄격한 인증요건이 마련되었다. '사회적기업 육성법'에서는 그 인증요건으로 먼저 민법상 법인이나 조합, 상법상 회사 또는 비영리단체 등 법령이 정하는 조직형태를 갖춰야 하고, 취약계층 고용 등 사회적 목적 실현과 유급근로자를 고용하여 영업활동을 수행할 것을 명시하고 있다. 이에 더하여 서비스 수혜자나 근로자 등 이해관계자가 참여하는 민주적 의사결정구조를 갖출 것을 요구하며, 영업활동을 통한 수입이 인건비의 30% 이상이 되도록 유지시켜야 하고, 특히 상법상 회사의 경우 이윤의 3분의 2 이상이 사회적 목적에 재투자되어야 한다. 사회적기업으로 인증되면 직접적으로는 시설비, 인건비, 사업개발비, 사업보험료 및 세제지원을 받을 수 있으며 성공적인 영업활동을 위한 경영컨설팅, 전문인력 채용, 공공기관 우선구매 등 다양한 지원을 받을 수 있다.

한국 사회적기업의 특성 및 문제점

2007년 '사회적기업 육성법'이 시행된 후 사회적기업에 대한 관심은 정부, 현장, 학계를 막론하고 꾸준히 증가하여 사회적기업은 이제 사회적경제의 한 축으로 자리 잡아가고 있다. 이 절에서는 한국 사회적기업의 현황 및 성과를 살펴보고자 고용노동부와 사회적기업진흥원이 발간한 〈사회적기업 실태조사 연구보고서〉(2012년)와 〈사회적기업 성과 분석 보고서〉(2013년)를 주요 참고자료로 활용하였다. 이들 연구보고서는 개별 사회적기업의 정규 사업보고서와 5년마다 한 번씩 설문 형태로 수행되는 사회적기업 전수조사 자료를 분석하였다.

2007년 처음으로 사회적기업 인증이 시작되어 첫해에 55개소가 인증되었으며, 연구보고서의 기준이 된 2012년 말까지 총 811개 업체가 사회적기업으로 인증되었다. 한국 사회적기업진흥원의 최신 자료에 따르면 한국의 사회적기업은 지속적으로 증가세를 보여 2015년 11월 현재 1,475개소가 활동 중이다. 한국 사회적기업의 조직적 기원을 파악하기 위하여 과거의 조직형태를 살펴보자면 정부의 지원사업에서 출발한 조직이 전체의 3분의 2를 넘는 것으로 나타났다. 인증유형별 사회적기업의 분포를 보면 일자리 제공형이 50% 이상의 높은 비중을 차지하면서 지난 3년간 그 비율이 꾸준히 증가해왔다. 반면 사회서비스 제공형과 혼합형은 점차 감소하였다. 조직형태별로 보면 민간비영리단체에 해당하는 기업 수는 줄어들고 상법상 회사는 높은 비중을 차지하며 지난 3년간 증가 추세를 보이고 있다. 영농조합법인은 비중은 낮지만 미미한 증가세를 나타내고 있는 반면 민법상 법인은 감소세를 보이고 있다.

사회적기업은 시장에서 영업활동을 수행하는 조직이므로 제품이나 서비스의 생산영역은 일반기업처럼 다양한 형태로 존재할 수 있다. 2012월 6월 기준으로 사회적기업의 사업 분야는 환경 17.2%, 문화 14.0%, 사회복지 13.8%, 간병 및 가사 8.4%, 교육 6.3%, 보육 3.2% 등의 순으로 분포되었으며, 전체에서 사회서비스 분야 사업체의 비중은 기타형을 제외하면 64.7%에 달한다. 이 중에서 환경 업종을 제외한 대인서비스 분야의 사회적기업이 47.5% 비중을 차지하고 있다. 기타형은 주로 제과, 제빵, 카트리지 제조 등 단순 제조업이다. 종합하면, 한국의 사회적기업은 주로 대인서비스 부문, 환경 관련 부문, 단순 제조업 부문 등에서 영업활동을 수행하고 있어 사업 분야가 단순한 셈이다.

다양한 이해관계자가 참여하는 민주적 의사결정구조는 사회적기업 지배구조의 특징이다. 어떤 의사결정기구가 주로 활용되었느냐로 조직의 의사결정구조를 알 수 있는데, 첫째, 사업보고서를 통해 나타난 의사결정기구를 비교해보면 이사회와 주주총회의 개최를 선호하는 것으로 나타났다. 매년 사회적기업의 절반 이상이 이사회를 개최했으며 사회적기업의 3분의 1 정도가 주주총회를 개최했다. 노사협의회 역시 증가하여 전반적으로 모든 종류의 의사결정기구를 활용하는 기업 수가 증가하는 추세이다. 둘째, 설문조사를 통해 가장 중요한 의사결정기구를 분석한 결과를 보면 역시 이사회가 28.4%로 가장 많았는데, 다른 형태의 조직과 다르게 두드러지는 특징으로는 많은 사회적기업이 공식적인 의결기구 이외에 운영위원회(24.5%) 또는 직원전체회의(11.0%)를 통해 조직의 민주적 운영을 도모하고 있다는 점이다. 이사회가 구성되어 있다고 응답한 81.4%의 경우 근로자의 이사회 참여율이 56.8%로서 역시 사회적기업의 특성을 보여준다.

사회적기업들이 시장에서 경쟁력이 있는지를 알아보기 위하여 우선 가격경쟁력 지표로서 현재의 가격이 원가 및 관리비와 비교할 때 어느 수준인지를 살펴보았다. 그 결과 투입원가와 일반관리비에 마진을 더해 값을 산정하는 비율은 29.5%에 불과하며 나머지 70% 이상이 마진 없는 상태에서 값을 산정하는 것으로 나타났다. 이는 사업보고서 분석에서 영업이익이 양(+)인 기업의 비율이 2012년 기준 13.0%에 불과한 것과 비교하면 일관된 결과이다. 가장 많은 사회적기업이 투입원가에 일반관리비를 더한 수준으로 값을 책정하는 것으로 나타났다(45.6%). 이렇게 책정된 가격은 평균 시장가격과 유사하거나 약간 저렴한 것으로 나타났다. 그리고 제품/서비스의 경쟁력 수준을 5점 척도로 환산하여 비교한 결과, 고객만족도가 3.98점으로 점수가 가장 높았고 이어서 제품/서비스 품질(3.85점), 기술경쟁력(3.52점) 등의 순으로 나타났다. 이와 반대로 재정적 기반(2.51점) 점수가 가장 낮았고, 영업활동 역량, 유통경로/판로 확보 지표도 각각 2.92점, 2.93점으로 보통을 하회하는 수준을 보였다. 이는 사회적기업들이 제품의 질이나 서비스에 대해서는 평균보다 낮지 않다고 생각하지만, 시장이나 판로확보 측면에서 애로를 겪고 있다고 느낀다는 점을 시사해준다. 이러한 경쟁력 수준 평가는 경쟁력 요인의 강점 및 약점에 대한 평가에도 그대로 반영된다. 경쟁력 요인의 강점에 대해 품질이라고 응답한 비율이 24.7%로 가장 높았고 이어서 사회적기업에 대한 사회적 신뢰(14.4%), 가격(12.3%) 등의 순으로 나타났다. 한편 경쟁력 요인의 약점에 대해서는 자본력이라고 응답한 비율이 20.2%로 가장 높았고, 그다음은 홍보/마케팅 능력(17.9%)으로 나타났다.

사회적기업은 사회적경제라는 더 큰 생태계의 구성원으로서 네트워크를 지향하는 조직이라는 성격을 갖는다. 사회적기업의 네트워킹 현황을 교류 분야와 조직 차원으로 분석한 결과, 홍보·판매·시장 분야의 네트워킹이 활발한 것으로 나타났다(65.4%). 다음이 인력·교육 분야로 52.9%의 사회적기업이 교류하는 조직이 있다고 응답하였고 제품개발 및 생산 분야와 재무·자금 분야의 교류협력은 30%대로 비교적 저조하였다. 조직유형별로는 사회적기업지역협의회(57.5%), 지자체 관련 부서(52.0%), 타 사회적기업(40.6%)과의 네트워킹이 상대적으로 활발한 것으로 나타났다. 그리고 희망하는 네트워킹 유형을 살펴보면 공동마케팅과 홍보(62.2%) 그리고 시장분석 및 판로개척(61.2%)에 대한 네트워킹 욕구가 두드러지게 높았고, 사회적자원 동원(32.4%), 종사자 교육훈련 및 인력양성(27.6%), 공동구매(23.1%) 등의 순으로 나타났다. 이는 현재 교류 현황에서 홍보·판매·시장 측면의 교류가 활발하다는 것과 일관된 결과로, 사회적기업이 경제적 자립을 위해 마케팅과 시장개척 등 판로 확보에 가장 우선순위를 두고 있음을 시사해준다.

　사회적기업이 참여하고 있는 시장 상황에 관한 설문조사 결과를 보면, 독점적 시장으로 경쟁기업이 거의 없다는 경우는 7.2%에 불과하고, 일반기업과 경쟁하는 기업이 거의 절반에 이르며(49.0%), 다른 사회적기업과 주로 경쟁하거나(2.5%), 다른 사회적기업 및 일반기업과 경쟁하는 경우가 41.2%에 이른다. 그리고 앞으로 1년 이내에 자금을 조달할 계획이 있는 기업이 약 37%로 나타났다. 자금조달 경로에 있어서는 사회적기업 정책자금 융자가 67.0%로 가장 높고, 민간의 마이크로크레디트(26.9%)가 두 번째를 차지하였다. 하지만 현재의 융자제도에 대한 만족도에서는 '보통'이라는 응답이 가장 많고 융자기회, 융자기간, 금리수준 모두에서 부정적 응답이 긍정적 응답을 훨씬 상회하였다. 따라서 융자제도에 대한 접근성 및 사회적기업의 자금조달 경로의 다양성을 더 높이기 위한 제도개선이 특히 필요한 것으로 판단된다.

한국 사회적기업의 사회적 성과

한국 사회적기업의 사회적 성과로서 사업보고서에서 구체적으로 확인되는 것은 취약계층 고용과 사회적 목적의 재투자이다. 먼저 2012년 말 기준으로 정규직, 기간제근로자, 파트타임근로자 등을 포함한 전체 취약계층 유급근로자는 1만 1,091명이고, 이는 사회적기업 전체 유급근로자 1만 8,297명의 61%를 차지한다. 취약계층 근로자 수는 2010년 이래 꾸준한 증가를 보여왔는데, 일반인 근로자 역시 같은 시기에 유사한 비율로 증가하였다. 하지만 전체 근로자 수의 증가와는 달리, 사회적기업당 취약계층 유급근로자 수는 꾸준히 감소하는 경향을 보여준다. 즉 2010년의 경우 사회적기업당 약 17명의 취약계층 유급근로자가 일했으나 2012년에는 2명 정도가 줄어든 약 15명의 근로자가 일했다. 결국 사회적기업에서 일하는 취약계층의 유급근로자 수는 해를 거듭할수록 꾸준히 증가한 것이 사실이지만 기업역량에 비해 과잉고용 상태에 있어 인증사회적기업 수가 증가(53%)한 만큼 취약계층 유급근로자 수가 함께 증가하지는 못했음(35%)을 확인할 수 있었다.

다음으로, 취약계층 근로자의 임금을 확인해보면 2012년 12월 취약계층 근로자 전체 임금총액(세전 총급여로 기본급, 각종수당, 상여금 등을 모두 포함)은 약 117억 원이고, 이를 평균임금으로 환산하면 취약계층 근로자 1인당 약 106만 원의 월 평균임금을 받고 있다. 이를 2010년과 비교해보면 2010년 이후 소비자물가지수 상승분(6.3%)에 비해 더 큰 폭의 임금상승이 이루어졌음을 확인할 수 있다(11.5%). 하지만 이러한 임금상승과는 반대로 평균 일반인 임금에 비해 평균 취약계층 임금은 지속적으로 감소하는 경향을 보인다. 즉 2010년에 일반인 1인 임금 평균 대비 취약계층 근로자는 약 75.3%의 평균임금을 받았던 반면, 2012년에는 이러한 비율이 68.8%로 감소했다. 취약계층 근로자의 근로시간 역시 확인할 수 있었는데, 2012년 12월 사회적기업의 취약계층 근로자 전체가 근무한 주당 총 근무시간은 약 40만 시간 정도이고, 이를 1인당 평균으로 환산하면 주당 36시간을 일한 셈이 된다. 이를 일반인 평균 근로시간과 비교해보면, 이들에 비해 취약계층 근로자가 약 1.3시간 정도 적은 시간을 일한 것이다.

'사회적기업 육성법'에 따르면 인증 사회적기업은 영업활동으로 창출한 이익을 사회적기업의 유지 및 확대에 재투자하는 노력을 해야 한다. 2012년 전체 사회적기업 중 사회적 목적의 재투자를 보고한 기업은 총 323개 기업으로 전체 사회적기업의 43%를 차지하며, 총 재투자 금액은 286억 원이다. 사업보고서의 구분에 따르면 사회적 목적의 재투자는 일자리 창출, 사회서비스 제공, 구성원 성과급, 지역사회 재투자, 그리고 기타 재투자로 나뉘는데 가장 많은 기업이 활용한 재투자 방식은 일자리 창출(172개)이며, 총액 또한 가장 높아 131억 원(46%)으로 나타났다.

한국 사회적기업의 경제적 성과

사회적기업의 경제적 성과와 관련해서는 사업보고서에 필수적으로 포함되는 항목인 매출액과 영업이익 그리고 노동생산성을 중심으로 살펴보았다. 먼저 2012년 사회적기업들의 매출액 분포를 살펴보면, 5억 원 이상 10억 원 미만의 매출액을 달성한 기업들이 전체의 19.4%인 145개로 가장 많은 분포를 나타냈고, 절반 이상 기업들이 5억 원 미만의 매출액을 달성한 것으로 나타났다. 2012년에 영업이익(영업손실)을 보고한 사회적기업들 중 83.3%의 기업이 영업손실을 나타내 16.7%의 기업만이 0원 이상의 영업이익을 거두었다. 인증유형별 분석결과를 보면, 일자리 제공형 사회적기업을 제외한 다른 모든 유형에 속하는 사회적기업들은 영업손실이 지속적 감소세인 것으로 나타났다. 조직형태별로 보면 사회복지법인에 속한 기업들은 2010년에서 2012년 기간에 평균 -3억 원가량의 영업손실을 기록하여 영업손실이 가장 컸던 것으로 나타났다. 반면 상법상 회사에 속한 기업들과 영농조합법인에 속한 기업들은 상대적으로 낮은 영업손실을 보였다.

이어서 2010년부터 2012년까지 연도별로 한국 사회적기업의 노동생산성에 대하여 살펴보면 근로자 1인당 매출액으로 측정한 사회적기업들의 노동생산성 평균값과 중위수 모두 2010년 수준을 기준으로 볼 때 지속적으로 향상되는 모습이다. 같은 기간 동안 사회적기업의 평균 노동생산성을 인증연도별로 비교한 결과를 보면, 특히 2007년에 인증받은 사회적기업들의 노동생산성 수준이 가장 높게 나타났으며 2010년에 인증받은 기업들에 비해 크게 늘었음을 알 수 있다. 이러한 결과는 2007년에 인증받은 기업의 경우 이미 5년간의 정부지원이 끝난 상황이고 그렇기 때문에 생산성 높은 기업만이 생존한 상황을 반영하는 것으로 보인다. 사회적기업의 노동생산성을 인증유형별그리고 조직형태별로 비교한 결과에서는 큰 차이가 없이 전체적으로거의 모든 인증유형이나 조직형태에서 최근 3년간 노동생산성이 점차 증가하는 추세를 나타냈다.

5

사회적기업에 주어진 기회와 과제

이제는 영리기업들도 사회문제와 환경문제를 해결하고, 비영리조직들은 지속가능하고 혁신적인 사업을 개발하며, 정부는 정부대로 사회서비스 제공에 있어 시장지향적 접근방법을 시도해야 하는 시대가 되었다. 이처럼 전통적인 섹터 간 경계가 허물어짐에 따라 사회적 목적을 추구하는 창업가들에 의해 새로운 혼합형 조직형태인 사회적기업이 등장하였다. 크게 보면 정부의 직접적 복지정책이나 비영리기관의 사회복지활동 그리고 자본 중심적 시장경제 모델을 보완하는 새로운 경제기제 및 조직형태에 대한 요구가 증가하면서 사회문제를 민간기업의 방식으로 해결하고자 하는 노력이라고 할 수 있다. 하지만 사회적기업을 주축으로 한 사회적경제가 경제적 효율성 및 국가경제와 고용에 기여하는 규모에는 한계가 있어 아직 틈새시장 역할에 그치고 있으며, 경제적 위기 상황에서도 지속가능하리라는 보장은 없다(EU & OECD 2013). 또한 협력적인 사회적경제가 기존의 경쟁적 시장경제와 충돌하여 막대한 사회적비용을 일으키지 않으면서 어떻게 조화롭게 공존할 것인지도 명확하지 않다.

혼합형 조직 '사회적기업'이 처한 현실

사회적경제라는 개념에 대해서는 다양한 정의가 존재하지만, 한국에서 사회적경제는 정부나 시장경제와는 다르게 공동체의 이익과 공익적 가치를 실현하기 위해 다양한 이해당사자들이 참여하는 사회적 목적의 경제라는 의미로 수렴되고 있다. 사회적경제에서 특히 사회적기업은 생산활동 부문을 담당하는 조직으로서 사회적 혁신에서 중요한 역할을 담당한다. 경제활동에서 생산조직의 파급효과가 크다는 점을 고려하면 사회적기업은 협동조합과 아울러 사회적경제의 발전에 기여할 수 있는 가장 핵심적인 부문이다. 2012년 '협동조합기본법' 시행 1년 만에 등록제하에서 이미 3,000개 이상의 협동조합이 설립되어 지난 7년간 인증된 사회적기업 수의 3배에 이른다. 하지만 협동조합은 그 조직원리상 경제적 이익 공동체이다. 따라서 사회적 가치 창출을 주목적으로 하는 사회적기업의 성장은 사회적경제 확대에 바람직한 것으로 보이며, 이는 또한 기타 사회적경제조직이 잠재적 사회적기업이라는 의미도 내포한다.

한국에서는 2007년 사회적기업 제도화 이후 사회적기업의 양적 성장이 이루어졌으며, 정부가 아닌 민간의 영역에서 사회적 목적을 추구하는 사회적기업과 사회적경제에 대한 일반국민과 기업의 인식을 넓히는 데 기여해왔다. 물론 '사회적기업 육성법'이 실행된 이후 인증된 사회적기업이 실질적으로 등장한 지 얼마 되지 않은 상황에서 섣불리 한국 사회적기업의 실체와 성과를 파악하고 전망하는 것은 시기상조일 수 있다. 특히 한국에서는 사회적기업의 미래가 정부주도로 결정되어 이들의 생존이 정부의 지원 여부에 달렸다는 지적도 있다. 그리고 정부정책이 사회적기업에 취약계층 고용부담을 지나치게 부과하여 개별 기업의 현재 역량을 넘어서는 과잉고용을 유도한다는 의견도 있다(김성기 2014). 결국 경기침체와 낮은 복지수준 속에서 취약계층을 위한 일자리 창출과 사회서비스 확장을 사회적기업에 대한 지

원을 통해 달성하려는 정부 계획의 타당성과 현실성에 대한 검토가
필요한 시점이다.

  한국 사회적기업의 정체성과 수익성이 아직 취약함을 감안하면 향
후 정부의 사회적기업 육성 정책은 전체 생태계의 관점에서 구상되어
야 하며, 사회적기업의 발전단계에 따라 차별화된 접근방법이 요구된
다. 특히 사회적 가치를 지향하는 지배구조 정립, 혁신적 사업을 위한
인적자본 육성, 사회적금융자본 육성 등을 고려해야 한다. 하지만 사
회적경제가 건강하게 성장하려면 결국 사회적경제의 기반인 지역시
민사회의 인식과 참여가 긴요하다. 따라서 다양한 개인 및 민간단체
의 자발적 참여를 유도하는 민관 협력방안이 모색되어야 한다. 먼저
정부나 비영리조직은 시장활동에서 효율성과 경제적 가치에 대한 인
식을 제고하여 영리사회적기업들의 자율적 시장진입과 혁신적 사업
개발을 유인하는 사회경제적 인프라를 구축해야만 한다. 한편 대기업
의 경우 사회적기업의 자생적 발전 및 확산을 위해, 대기업 자회사의
형태로 사회적기업을 직접 설립하기보다는 사업파트너와 공유가치
창출의 관점에서 구매지원이나 사회적기업을 위한 중간전문기관 설
립 운영 등 경제생태계를 지원하는 쪽으로 전환할 필요가 있다.

한국 사회적기업의 성장잠재력과 진화의 방향

한국 사회적기업은 정책적으로 고용 창출과 사회서비스 확대라는 사
명을 갖고 태동하였다. 아직까지 사회적기업의 실체적 규모는 미흡하
지만 성장잠재력도 결코 무시할 수 없다. 그렇다면 향후 한국 사회적
기업은 어떤 방향으로 진화할 것인가?

첫째, 사회적기업이 고용 창출 중심에서 사회통합의 가치를 실현하는 수단으로 그 위상이 격상될 가능성이 있다. 사회적기업은 아직 그 규모나 영향력은 제한적이지만 수익 창출을 통해 취약계층 근로자에게 일자리를 제공하고 새로운 사회서비스 수요를 개발하며 지역경제를 복원하는 등 다양한 사회적 · 경제적 가치를 창출하는 중이다. 이 과정에서 사회적기업 이외에 마을기업, 자활기업, 생활협동조합 같은 사회적 목적의 협동조합 등도 사회적경제의 주요 주체로 등장하고 있다. 특히 사회경제적 양극화에 대한 효과적 해법을 찾지 못하고 있는 상황에서 시장경제에 대한 새로운 대안으로 사회적기업이 사회적경제의 중심에서 더욱 주목받게 될 것이다.

둘째, 2012년 협동조합제도화와 인증사회적기업제도가 지닌 한계점이 드러나면서 사회적기업제도의 개편 역시 불가피할 전망이다. 특히 '사회적기업 육성법'은 '사회적협동조합기본법'과 새로운 '사회적경제기본법'으로 통합되거나, 협동조합과 사회적기업을 차별할 수밖에 없는 상황을 맞게 될 수도 있다. 또한 인증사회적기업제도 자체에 대한 개편도 요구받고 있다. 정부가 현재와 같은 방식으로 인증사회적기업을 양적으로 계속 확대한다면, 정부의 재정지원사업에 의존하는 사회적기업이 더욱 늘어날 가능성이 있기 때문이다. 따라서 사회적기업등록제를 도입하여 진입은 자유롭게 하되 간접적 지원으로 공공시장이나 자본조달 등에 있어 우선기회를 제공하는 등의 정책적 전환이 고려되어야 한다.

셋째, 사회적기업의 지속가능성을 위한 사회적경제 생태계 조성 요구가 확산될 것이다. 그리고 사회적경제 생태계를 조성하는 과정에서 향후 사회적기업의 정당성 및 성과 평가와 관련된 합리적 기준에 대한 논의가 커질 것이다. 특히 새로운 형태의 영리사회적기업의 법적 정체성 및 제도적 지원에 대한 정당성 논의가 이어질 것이다. 예를 들어 공공시장과 관련해 우선적 사업기회 제공에 대한 기존 영리기업들의 반발이 있을 수 있다. 따라서 정부가 사회적기업 당사자 및 이해관계자와 합의할 수 있는 수준의 사회적기업 평가 기준과 도구를 개발해야 하며, 이는 지원정책의 수립 및 추진에 선행되어야 할 과제이다. 이를 위한 충분한 사전연구 및 합의가 이루어져야 할 것이다.

결국 한국의 사회적기업이 지속가능한 경제조직으로 성장하려면 무엇보다도 사회적기업이 정부와 시장에 의해 충족되지 못하는 다양한 사회적 필요를 충족시키는 보완적 수단으로 정착되어야 한다. 사회적기업가 스스로는 보다 혁신적인 사업을 구상하여 시장에 진출함으로써 한국 사회에서 요구되는 경제적·사회적 성과를 균형 있게 달성할 수 있음을 지속적으로 증명해 보여야 한다. 특히 시장에서 영업활동을 하며 교환가격에 의해 작동하는 또 하나의 보이지 않는 손으로서 등장한 사회적기업이 정부기관이나 자선단체 등 보이는 손에 의해 계획되고 조정되고 있는 비영리영역에서 구체적으로 어떤 보완적 효과를 가져올 수 있는지를 입증해야 한다.

자본주의 시스템은 한국 사회에 삶의 질 향상과 경제적 번영을 가져왔지만 이에 따른 사회적·환경적 문제 또한 초래하였다. 이런 상황에서 사회적기업을 포함해 지속가능한 자본주의 시스템을 위해 시도되고 있는 다양한 사회경제적 조직은 기존의 정부, 민간영리, 민간비영리 등 3가지 섹터의 장점과 단점을 이해하고 이들의 장점을 효과적으로 결합하려는 노력이다. 물론 사회적기업과 사회적경제가 기존의 3가지 섹터가 하던 역할을 대체하는 것은 아니다. 하지만 경쟁이 극심하고 급변하는 21세기의 경제적·사회적 환경은 이들 모두의 차별화되면서도 상호보완적인 역할을 필요로 하고 있다. 그런 의미에서 혁신적인 사회적기업들의 출현과 이들을 지원하는 사회적경제 생태계 조성은 결국 미래의 지속가능한 자본주의 사회를 위한 중요한 시험대가 될 것이다.

- 김성기 (2014). "사회적경제의 제도화와 사회적기업 육성 정책의 이슈". 《The HRD Review》, 74(6), pp. 90-111.

- 류만희 (2011). "한국의 사회적기업 특성과 발전전략에 관한 연구". 《상황과 복지》, 31(2), pp. 161-191.

- 한국노동연구원 (2013). 《2012 사회적기업 성과 분석》. 한국사회적기업진흥원.

- 한신대학교 산학협력단 (2012). 《사회적기업 실태조사 연구보고서》. 한국사회적기업진흥원.

- Austin, J., Stevenson, H. & Wei-Skillern, J. (2006). "Social and Commercial Entrepreneurship: Same, Different or Both?". *Entrepreneurship Theory and Practice*, 30(1), pp. 1-22.

- EU & OECD (2013). *Policy Brief on Social Entrepreneurship: Entrepreneurial Activities in Europe*, p.3. Luxembourg: Publications Office of the European Union.

- Field, Anne(2013. 5. 4). "Secrets of a Successful Social Enterprise". *Forbes*, Entrepreneurs.

- GECES (2014). *Proposed Approaches to Social Impact Measurement in European Commission Legislation and in Practice*. European Commission.

- Hansmann, H. (1985). "The Effect of Tax Exemption and Other Factors on Competition between Nonprofit and For-profit

Enterprise" (No. 65). *Program on Non-Profit Organizations, Institution for Social and Policy Studies.* New Haven, CT: Yale University.

- Kanter, R. M. (2012). "Enriching the Ecosystem". *Harvard Business Review,* 90(3), pp. 140–147.

- Kerlin, J. A. (2010). "A Comparative Analysis of The Global Emergence of Social Enterprise". *Voluntas,* 21(2), pp. 162–179.

- Moore, J. F. (2006). "Business Ecosystems and The View from The Firm". *The Antitrust Bulletin,* 51(1), pp. 31–75.

- Noya, A. (ed.) (2009). *The Changing Boundaries of Social Enterprises, Local Economic and Employment Development (LEED).* Paris: OECD Publishing.

- OECD (1998). *Social Enterprises in OECD Countries,* p. 19. Paris: OECD Publishing.

- Porter, M. E. & Kramer, M. R. (2011). "Creating Shared Value". *Harvard Business Review,* 89(1/2), pp. 62–77.

- Prahalad, C. K. (2006). *The Fortune at the Bottom of The Pyramid.* Upper Saddle River, NJ: Pearson Prentice Hall.

- Sabeti, H. (2011). "The For-benefit Enterprise". *Harvard Business Review,* 89(11), pp. 98–104.

- Speckbacher, G. (2003). "The Economics of Performance Management in Nonprofit Organizations". *Nonprofit Management and Leadership,* 13(3), pp. 267–281.

- Wilson, F. & Post, J. E. (2013). "Business Models for People, Planet (& Profits): Exploring the Phenomena of Social Business, a

Market-based Approach to Social Value Creation". *Small Business Economics,* 40(3), pp. 715 – 737.

제
9
장

제3섹터의 지배구조, 어떻게 혁신할 것인가

정구현

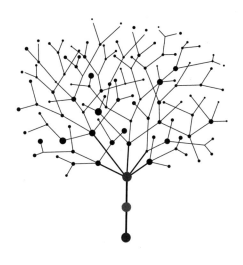

1.
한국 경제제도의 특징과 비영리부문

비영리조직(NPO)은 영리조직(for-Profit Organization, PO)의 대칭적 개념이자 제도이다. 영리조직의 지배구조가 경제제도의 영향을 받아 형성된다면 NPO도 경제제도의 영향을 받을 것이라는 가설을 세울 수 있다. 따라서 한 나라의 경제제도가 가진 특징을 이해하면 그 나라의 영리조직과 비영리조직의 성격을 이해하는 데 도움이 될 것이다.

지구상에 존재하는 4가지 경제제도

경제제도를 분류하는 방법은 여러 가지이겠지만 이 장에서는 편의상 지구상에 4가지 경제제도가 있다고 설정한다.[1] 이 4가지는 자유시장경제, 조정시장경제, 가족시장경제, 국가시장경제이다. 이 네 제도는 모두 시장경제(market economy)라는 점에서 공통점이 있다. 1990년 이전의 냉전시대에는 국가가 자원배분을 하는 중앙계획경제(centrally planned economy)가 있었지만, 냉전이 종식되고 공산 진영이 와해된 후 구소련식 중앙계획경제는 지구상에서 거의 사라졌고 모든 나라가 일단은 시장경제제도를 받아들이고 있다. 다만 시장경제 테두리 내에서 나라마다 자본시장과 노동시장의 작동원리가 다르고, 그 결과 기

---

1 시장경제를 둘로 나누어 설명한 책은 Hall, P. A. & Soskice, D. (2001). *Varieties of Capitalism: The Institutional Foundations of Comparative Advantage*이며, 여기에 아시아 시장경제를 추가해 소개한 논문은 Michael Carney, et al. (2009). "Varieties of Asian Capitalism: Toward an Institutional Theory of Asian Enterprise"임.

업의 지배구조와 경제운용 방식이 다른 것이 이 4가지 시장경제 간의 차이이다.

현재 선진국의 경제제도는 대체로 그중 2가지 형태로 수렴된다. 우선 첫 번째는 영미식 자본주의로 대표되는 '자유시장경제(Liberal Market Economy, LME)'이며, 두 번째는 독일과 북유럽의 자본주의로 대표되는 '조정시장경제(Coordinated Market Economy, CME)'이다. 두 경제제도의 차이는 노동시장의 유연성 여부와 주식시장의 역할이다. LME는 노동시장이 유연하고 기업에 대한 감시와 규율을 주식시장이 담당한다. 반면 CME에서는 노동시장이 다소 경직되어 있으며(해고가 어렵고 노동계의 목소리가 큰 편), 기업 규율에 있어 주식시장과 더불어 주거래 은행의 역할이 크다.

선진경제 또는 성숙경제(mature economy)가 대체로 LME와 CME로 대별되는 데 비해 신흥경제(emerging economy)는 이러한 유형에 포함시키기 어려운 2가지 특징을 보인다. 하나는 기업의 지배구조에서 가족의 역할이며, 또 하나는 경제의 운용과 기업지배구조에서 국가의 역할이다. 이런 특징을 가진 경제를 가족시장경제(family market economy)와 국가시장경제(state market economy)라고 부르기로 한다. 성숙경제의 대표적 예인 대기업에서는 소유와 경영이 분리된 데 비해, 많은 신흥경제에서는 상당한 규모의 대기업이라고 하더라도 창업자의 가족이 직접 경영에 참여한다. 따라서 CEO의 선출과 감시, 규율 면에서 큰 차이를 보이며, 자본시장이 그룹내부화되는 모습을 보인다. 또한 과거 사회주의 국가에서 시장경제로 이행한 중국이나 베트남 같은 경제에서는 여전히 국가가 경제운용에 깊이 간여하고 있다.

특히 중국 경제에서는 국가가 국유기업(State-Owned Enterprise, SOE)을 통해 주요 산업을 직접 지배하고 있고, 기업지배구조에서도 공산당의 역할이 매우 크다. 가족시장경제나 국가시장경제에서 노동시장은 대체로 경직성을 보인다. 가족기업은 가부장적 문화가 있어 근로자에게 온정적 정책을 쓰지만 근로자의 상대적 위상은 약한 편이다. 국유기업도 고용유지라는 사회적 목표를 달성해야 하기 때문에 근로자를 보호하고 해고를 자제하는 모습을 보인다.

한국 경제제도의 '가업'적 특징

한국의 경제제도는 가족시장경제와 국가시장경제가 혼합된 형태인데, 여기에 1997년의 외환위기 이후 자본시장의 역할이 강화되어 일부 자유시장경제적 특징도 가미되었다. 다시 말하면 한국의 경제제도는 성숙경제에 비해 가족과 국가의 역할이 매우 크다는 특징을 가지는데, 여기에 대해서는 현상을 먼저 분석해보고 그 원인을 규명할 필요가 있다.

먼저 한국경제에서 가족주의 현상은 대기업집단에서 두드러진다. 한국 대기업의 역사가 이제 평균 60년 가까이 되었고, 일부 대기업은 1930년대에 창업을 했기 때문에 90년 역사를 지닌 기업도 있다. 이들 대기업집단의 공통적 특징은 창업자의 자식세대나 손자세대가 여전히 경영에 참여하고 있다는 점이다. 한국에서는 사업을 가업(家業)으로 보는 경향이 두드러지며, 개인과 가족과 기업의 구분도 때로는 분명하지 않다.[2] 이에 비해 예외가 있기는 하지만 미국 기업의 경우 창업자는 당대에 기업경영에서 물러나며, 창업자의 재산이나 유산으로는 공익재단을 세우는 경우가 일반적이다. 예를 들어 당대 최고의 부자인 마이크로소프트의 빌 게이츠는 50대에 경영 일선에서 물러났을 뿐만 아니라 자기 재산으로 공익재단(Gates Foundation)을 세워 지금은 이 공익재단 운영에만 전념한다.[3]

미국 기업의 사례에서 창업자가 당대에만 경영하고 자식들에게 사업을 물려주지 않는 것은 어떻게 설명할 수 있는가? 일반적인 설명은 우선 상장(IPO) 후 주식이 널리 분산되어 있기 때문에 창업자가 지배주주가 아닐 수 있으며, 또한 지배주주라고 하더라도 상속세율이 높기 때문에 주식가치의 절반 이상을 세금으로 내야 해서 현실적으로 기업을 상속하기가 어렵다는 점이다. 이 설명은 모두 사실이지만 좀 더 근본적인 차이를 간과하고 있다. 미국에서는 상장기업을 가업으로 보는 게 아니라 일종의 '공공적 기업(public enterprise)'으로 보는 문화가 배경에 있다는 점이다. 미국에서는 기업이 상장을 할 때 "go public"이라는 표현을 쓴다. 즉 상장기업은 이미 개인이나 가족의 기업이 아니라는 의식이 깔려 있다.[4] 창업자가 탁월한 기업가임이 틀림

---

2 한국에서는 지금도 특정 기업을 지칭할 때 기업 이름을 이야기하지 않고 그 창업자나 가족의 이름으로 지칭하는 경우가 있다.

3 빌 게이츠는 1955년생으로 58세인 2008년에 마이크로소프트 사의 경영 일선에서 물러나 현재는 이사회 일원으로서만 회사에 영향을 미친다. 게이츠의 재산은 2014년 9월 현재 813억 달러로 추정되는데, 재단에 출연한 재산은 280억 달러로 알려져 있다. 빌 게이츠는 자제가 셋인데 이들은 마이크로소프트 사의 경영에 관여하지 않고 있다. 마이크로소프트 사는 2014년 2월, 설립 후 세 번째 CEO로 사티아 나델라(Satya Nadella)를 선임했는데, 그는 인도 태생으로 선임 당시 나이는 46세였다. 한편 워런 버핏(Warren Buffet)은 버크셔 해서웨이(Berkshire Hathaway) 주식을 게이츠 재단에 계속 기부하고 있어서 2013년 현재 이 재단의 재산은 383억 달러로 추정된다.

4 미국에서 공기업(public company)이란 상장기업을 가리키는 반면, 한국에서 공기업이란 국영기업을 가리킨다. '공기업'이라는 같은 말이 그 내용은 전혀 다른 셈이다.

없으나 그 후계자가 과연 능력과 의욕이 있는지는 분명하지 않기 때문에 창업자의 후계자는 일반적으로 가족 중에서가 아니라 경영능력이 뛰어난 인물을 가족 밖에서 찾는다.

한국의 경우는 이와 대조적이다. 기업을 가업으로 보며, 상장 후에도 계속해서 가족이 기업을 직접 경영할 뿐 아니라 자식과 손자에게까지 가업은 상속된다. 앞에서 말한 미국의 상속에 관한 객관적 설명은 모두 한국 기업에도 적용된다. 상장된 대기업은 주식이 널리 분산되어 있으며, 동시에 상속세율이 매우 높아 상속 시 주식가치의 절반 이상을 상속세로 내야 한다. 그럼에도 불구하고 상장 대기업의 경영이 2세, 3세까지 이어지기를 바라는 것이 현재 한국 기업의 상황이다. 심지어 순환출자를 빼고 가족이 직접 소유한 주식이 전체 주식의 1% 미만을 가지고 있는 경우에도 가족경영은 유지되고 있다.

한국 경제의 가업 전통은 사회문화적 이유에서 비롯되었는가, 아니면 제도적 이유에서 비롯된 것인가? 우선 그 첫 번째 이유는 사회적 신뢰의 부족에서 찾을 수 있다. 시장경제가 잘 작동하려면 계약이 준수되어야 하고 약속이 지켜져야 한다. 사회적 신뢰가 부족한 경우에는 이 부족함을 메우기 위해 신뢰할 수 있는 가족이나 친족에게 의존하게 된다. 이런 점에서 한국 사회는 '제한된 신뢰(bounded trust)' 사회라고 할 수 있겠다. 즉 신뢰할 수 있는 대상이 가족이나 친지로 국한되며 기본적으로는 타인을 신뢰하지 않는 사회라는 뜻이다. 반면에 가업을 제도적으로 접근하면 법제도와 자본시장의 미발달에서 그 원인을 찾을 수도 있다. 이 주장에 따르면, 전문경영자에게 넘겨주어도 법과 제도가 잘 발달된 사회라면 그것이 기업의 발전과 유지를 가능케 하기 때문에 구태여 자식에게 상속하지 않아도 된다. 그러나 사회적 신뢰 부족과 법과 제도의 미비가 가업승계의 전통과 서로 어떻게 인과관계를 맺는지는 사실 분명하지 않다. 중요한 것은 한국에서는 기업을 기본적으로 '가족의 것'으로 본다는 점이며, 이 현상은 사학재단 등 일부 비영리조직에도 그대로 적용된다.

국가의 역할이 큰 부분을 차지하는 한국 경제

한국 경제의 두 번째 특징은 경제운용에 있어 국가의 역할이 크다는 점이다. 동아시아의 여러 나라가 이런 특징을 보이기는 하는데, 일부 정치경제학자들은 이런 나라를 '발전국가(developmental state)'라고 명명하였다.[5] 한국의 경제발전도 대체로 발전국가 모형으로 설명이 가능하다. 1960~1970년대는 강력한 정치지도자에 의해 국가의 자원이 일부 산업에 집중적으로 투입되었고, 또한 신중상주의적 경제정책에 의해 국내산업은 보호받고 수출산업은 여러 가지로 지원을 받았다. 국가의 강력한 산업정책에 의해 중화학공업이 육성되었고, 그 과정에서 '재벌'이라는 대기업집단이 형성되었다. 그러나 이 시기 한국의 국가통치 시스템은 정치권력을 정점으로 관료와 기업이 수직적으로 연결된 구조였다. 1987년 민주화 이후와 특히 1997년 외환위기 이

---

5 이 용어는 찰머스 존슨(Chalmers Johnson)이라는 학자가 일본의 전후 경제시스템을 설명하면서 만들어낸 말로, 경제운용에서 관료들의 역할이 크며 특히 관료·정치권·기업계의 협력이 원활히 이루어지는 국가통치 시스템을 가리킨다. Chalmers Johnson (1982). *MITI and the Japanese Miracle: The Growth of Industrial Policy, 1925-1975.* 그리고 Mark Beeson (2009). "Developmental States in East Asia: A Comparison of the Japanese and Chinese Experiences" 참조.

후 한국의 시장경제가 많이 바뀌기는 했으나, 정부에 의한 자원배분과 경제운용이라는 전통은 아직까지도 한국경제에 상당히 뿌리 깊게 자리 잡고 있다.

몇 가지 예를 들어보자. 한국인의 의식 속에는 모든 사회문제는 근본적으로 국가의 책임이라는 생각이 깔려 있다. 한국에서 대형 사고가 발생하면 시민들은 일단은 정부에 그 책임이 있다고 생각한다. 이런 의식은 아마도 전제군주시대의 유물인 듯하다. 조선시대에는 흉년이 들면 왕이 덕이 없기 때문이라고 생각했다는데, 이는 나라의 모든 것을 왕이 관리한다는 생각에서 유래한 것일지 모르겠다. 사회의 모든 잘못된 일에 대해 국가가 무한책임을 져야 한다면 국민의 생활에도 깊이 개입할 수밖에 없다. 사고가 발생하면 이런 일의 재발을 막기 위해 법과 제도를 바꾸거나 새로 만들어야 하는데, 이는 결국 국민생활과 경제에 대한 정부의 규제와 간섭의 증가로 귀결된다. 이렇게 보면 한국 정부의 민간부문 규제의 뿌리는 매우 깊고, 거의 문화적 유산에 가깝다고 생각된다.

한국에서 국가의 역할이 크다는 사실을 보여주는 또 하나의 예는 정부의 허가주의 내지는 등록주의이다. 예를 들어 2000년 전후 벤처가 크게 유행하던 시기에 벤처로 대접을 받으려면 정부기관에 등록을 해야 했다. 이는 정부의 지원을 받으려는 것이 일차적 목적이었겠지만, 또 한편으로는 정부의 승인을 받아야만 사회에서 인정받는다는 전통도 작용한 것이며, 이런 예는 무수히 많다. 외국에서 성공했던 소액대출제도(micro-finance)도 그런 예에 해당한다. 원래 마이크로 파이낸스는 방글라데시나 필리핀 같은 나라에서 순수 민간인의 이니셔티브로 시작한 것이었으며, 정부가 관여할 여지는 별로 없는 사업이다. 그러나 한국에서는 똑같은 사업이 정부와 대기업의 적극 참여로 '미소금융'이라는 형태로 이루어지고 있다. 근래 한국 사회에서 유행하고 있는 사회적기업도 이와 유사한 다른 예이다. 한마디로 말해, 민간이 여러 형태로 다양하게 수행하면 되는데도 한국에서는 반드시 법제화해야 하고 정부와 대기업이 나서서 지원을 해주어야만 새로운 사업이 돌아가는 구조이다. 그러니까 민간에서 자연발생적으로 이루어진 사회적 혁신은 사실 별로 없고 외국에서 어떤 혁신이 성공하면 정부가 나서서 이를 제도화함으로써 한국에 도입되는 구조인 것이다. 이런 점에서 시민사회의 자율성을 확보하기가 상대적으로 어려운 것이 한국의 현실이다. 한국인의 의식구조 속에서 사회혁신이나 공공성이라는 개념은 상당히 생소하다.

정부주도의 경제·사회 전통은 동아시아의 공통적 현상으로 볼 수 있다. 일본은 봉건주의의 전통을 가졌지만 1868년 명치유신 이후의 산업화와 근대화는 엘리트 중심의 톱다운(top-down) 방식이었고, 특히 20세기 들어서는 국가주의와 사회주의가 합쳐지면서 강력한 중앙집권적 통치구조를 가지게 되었다. 중국도 1912년 손문의 중화민국 개국 시대부터 중앙집권적 통치를 시도하였고, 1949년 인민공화국이 집권하면서 강력한 국가주도의 체제가 강화되었다. 대한민국도 전제 군주시대에서 곧바로 식민시대로 넘어간 탓에 시민사회나 자율적 민간부문의 전통이 별로 없었다. 정부주도의 산업화 이후 1980년대에 중산층이 형성된 다음에야 처음으로 시민사회가 활성화되었기 때문에 그 역사는 일천하다.

이와 같은 제도적이고 문화적인 동아시아 전통의 한계로 시민사회나 제3섹터의 뿌리가 그리 깊지 않으며 서양과 상당한 차이를 보일 수밖에 없다. 서유럽에서는 '국가'라는 구조가 생기기 이전에 도시국가나 지방자치의 전통이 있었고, 국가의 등장보다 시민사회가 앞서서 형성되고 발전했다는 주장도 있다. 이런 주장을 사실로 받아들인다면 제3섹터나 시민사회를 논의할 때 역시 서양과 동아시아의 제도적이고 문화적인 차이를 항상 염두에 두어야 할 것이다.

지금까지 살펴보았듯 한국의 경제제도는 국가시장경제와 가족시장경제의 혼합형으로 요약할 수 있다. 기업은 가업의 성격이 강하며, 시장에 대한 정부의 개입도가 높다. 또한 시민들의 평등 기대감이 높기 때문에 정부가 시장에서 중소기업이나 경제적 약자를 보호하는 조치를 취하는 데 대해 국민의 지지도가 높은 편이다. 그런 점에서 자유시장경제와는 상당히 거리가 있다. 그렇다고 해서 북유럽의 조합주의(corporatism) 전통을 띤 것도 아니고 복지국가의 특징을 가지고 있지도 않다. 일부 대기업이나 금융기업에서 노동조합의 영향력이 크기는 하지만, 노동조합이 노사정(勞使政) 같은 국가적인 협의체에 적극 참여하거나 협력하는 모습을 보이지 않는다는 점에서 유럽식 조정시장경제와도 사뭇 다르다. 이렇듯 복잡한 특징을 보이는 경제제도하에서 한국의 비영리조직은 또 어떤 특징을 지녔을까?

2

영리기업과 비영리조직의 지배구조

지배구조란 한 조직 내의 권력관계를 지칭하는 용어로, 기업지배구조(corporate governance)란 곧 기업 내의 권력구조를 말한다. 권력(power)이란 영향력, 즉 남의 행동과 사고에 영향을 미치고 지배하는 힘이다. 기업 내에서 권력은 돈과 인사권을 행사하는 힘이다. 여기서 돈이란 자원배분을 의미하며, 기업은 전략적 의사결정을 통해 여러 사업과 기능에 자원을 배분한다. 인사권은 승진과 자리 배치, 그리고 평가와 보상 시스템을 포함한다. 기업에서 자원배분과 인사권을 가진 사람은 최고경영자(CEO)이며, CEO는 한 사람일 수도 있고 집단일 수도 있다. 따라서 기업지배구조란 최고경영진을 어떻게 뽑고 또한 그(들)를 감시하며 규율하는 시스템이 어떠한가를 가리키는 표현이다. 요약하면 조직의 지배구조란 '최고경영자의 선임, 감시 및 규율 시스템'이라고 간단히 정의할 수 있다.

영리기업의 지배구조

기업조직에서 혁신은 주식회사제도였다. 17세기 초 대항해시대에 네덜란드와 영국에서 시작된 것으로 알려진 이 제도의 핵심은 유한책임제도이다. 대규모의 자본을 동원하기 위해 여러 투자자를 모아야 했는데 당시의 항해는 매우 위험성 높은 사업이었으므로 회사가 망해도 투자자들은 자기 투자액 범위 내에서만 손해를 보면 되는 제도였다. 초기의 주식회사는 사모(私募)였으나, 나중에 공개모집이 일반화되면서 주식시장이 발달하였다. 그러면서 주식이 분산되고 소유와 경영이 분리되면서 오늘날의 대기업이 탄생하였다. 그 후 사업이 수직적으로 통합된 대기업은 19세기 중반 미국의 철도산업에서 나타났으며, 제조업에서는 석유가 발견된 후 자동차가 대량생산된 20세기 초에 나타났다. 대기업에서 소유와 경영이 본격적으로 분리되기 시작한 것은 1920년대 미국에서였다.

소유와 경영이 분리된 영리법인에서 지배구조의 핵심이슈는 '대리인 비용' 또는 '대리인 문제'이다. 회사의 주인은 주주인데, 주주가 아닌 전문경영인이 회사를 운영하므로 주인(주주)과 대리인(경영자) 간에 이해가 달라진다. 즉 대리인이 주주의 이익에 반하는 자원배분이나 행동을 할 가능성이 항상 존재하는 것이며, 이런 사례는 무수히 많다. 따라서 기업의 지배구조는 이런 대리인 비용을 최소화하기 위한 제도와 인센티브 시스템으로 구성된다. 이사회제도와 감사제도, 경영자가 주식을 갖게 하는 장치(stock option과 stock grant)와 장기적 성과에 따른 인센티브, 아주 높은 급여 제공 등을 통해 경영자의 이해와 주주의 이해를 일치시키는 동시에 경영자가 장기적 안목을 가지고 의사결정을 하도록 유도한다. 그리고 영미식 자본주의에서는 경영자의 성과가 좋지 않으면 주가가 하락하고 기업인수 압력이 커지면서 추가적인 자본시장 규율이 작동하게 된다.

영리법인의 이러한 지배구조는 지금까지는 어느 정도 잘 작동해왔으며, 자본주의제도를 채택하는 많은 나라가 현재 번영을 누리고 있다. 대규모 영리법인이 효율적으로 운영되어온 이유는 경쟁과 자본가/자본시장의 규율 덕택이었다고 볼 수 있다. 그렇다면 비영리법인(NPO)은 왜 필요하고, 또 NPO의 효율을 유지시키는 기제(mechanism)는 무엇인가? NPO의 가장 큰 특징은 이윤(또는 잉여금)을 배분하지 않는 것으로, 이는 주주가 없다는 의미이다. 만일 NPO에 재산을 출연한 누군가가 있다 하더라도, 이는 공익을 목적으로 사회에 기부한 것이므로 그들은 주주가 아니다. NPO는 주주가 없으므로 자본가나 자본시장의 규율이 없는 조직이다. 그렇다면 NPO의 효율성은 어떻게 담보하며 또 NPO의 경영자가 조직의 이익이 아니라 자기 개인의 이익을 위해 행동하는 것을 어떻게 감시하고 규율할 수 있는가? NPO에서 대리인 비용을 줄이는 기제는 무엇인가?

비영리조직의 지배구조

NPO도 이사회 조직이 있어서 이 조직이 경영자를 선출하고 경영자의 성과를 감시하며 규율한다. 그러나 NPO의 이사회나 이사들은 대개 자원봉사자일 뿐 아니라 이사회의 올바른 작동을 요구하는, 주주와 같은 다른 이해당사자도 존재하지 않는다. 따라서 NPO는 영리조직에 비해 규율이 약한 조직이라고 하지 않을 수 없다. 자본의 압력이 존재하지 않기 때문에 NPO는 경영자나 직원(근로자)들이 자기 이익을 위해 운영할 가능성도 높아 도덕적 해이, 배임, 횡령의 위험성도 큰 편이다.

그러면 이처럼 지배구조가 취약한 NPO가 왜 필요한 것인가? 재산이 있고 사업목적을 가진 조직을 애당초 비영리로 만드는 이유는 그 사업이 공익 목적이거나 단기간에 수익성을 갖추기가 어렵기 때문이다. 교육·의료·종교 단체 같은 조직은 제공하는 서비스가 공공성이 강하고 이익을 내기가 어렵거나 바람직하지 않다고 판단해 비영리의 법인격을 부여하고, 그에 따라 정부는 조세감면 등 여러 혜택을 주고 있다.[6] 우선 도서관이나 공원, 특히 요즈음 인기 있는 산책로와 자전 거길 등의 공공재는 여러 사람이 이용해도 추가 비용이 발생하지 않 기 때문에 민간이 영리를 목적으로 이용료를 받기보다는 가능하면 정 부가 제공하거나 비영리조직을 만들어 공익을 위해 시민들에게 무료 로 개방하는 것이 바람직하다. 또한 학교나 의료와 같이 서비스의 공 급자와 수요자 간에 정보의 비대칭성이 존재하는 경우에는 정부가 직 접 할 수도 있으나 예산의 제약이나 정부의 비효율 때문에 민간비영 리조직이 사업의 주체가 되는 것이 적절하다. 수요자 입장에서 의사 나 변호사의 실력과 성과에 대한 정보가 부족해 적합한 선택을 하기 어려운 상황에서 이런 서비스가 만일 비영리조직을 통해 공급된다면 잘못된 선택을 해도 결과적으로는 큰 피해를 보지 않을 수 있기 때문 이다.

영리를 추구하는 사회적기업이라 할지라도 지배구조는 여전히 취 약하다. 사회적기업은 공익과 영리를 동시에 추구하기 때문에 오히 려 그 목표가 애매하며 목표 간 상충이 있을 수 있다. 영리기업에서 경영자는 수익달성이라는 하나의 목표(single bottom line)를 위해 매 진하나, 사회적기업은 수익목표와 공익목표라는 두 가지 목표(double bottom line)의 조화를 추구해야 한다. 또한 사회적기업은 배당을 아예

---

6 여기서 '공공재(public goods)'와 '정보 비대칭(information asymmetry)' 개념이 유용할 수 있다.

하지 않거나 부분적으로만 하기 때문에 자본의 규율이 약하며, 따라서 대리인 비용이 커질 가능성이 높다. 한국의 기업이나 조직에서는 여전히 법인이나 조직보다는 개인에 대한 충성이 우선시되는 경향이 있기 때문에 조직을 위해서가 아니라 경영자나 사원을 위해 조직을 수탈할(tunneling) 위험 또한 상존한다고 봐야겠다. 따라서 사회적기업은 대규모 자본이 필요한 사업에서는 성공 가능성이 매우 희박하다.

3. 한국 NPO의 현실

앞 절에서 논의한 한국의 경제제도가 지닌 고유한 특징과 NPO의 취약한 지배구조를 합쳐보면 한국의 NPO섹터는 "국가와 가족 사이의 좁은 공간에서 취약한 지배구조를 가진 조직"으로서 상당히 어려운 여건에 처했다는 가설을 세울 수 있을 것이다. 이런 가설 아래 한국에서 NPO가 현실적으로 어떻게 작동하고 있는지를 대표적 비영리조직을 중심으로 분석해본다.

사학재단

'사학재단'이라는 말을 검색창에 치면 가장 많이 따라 나오는 단어가 '사학비리'이다. 2014년만 해도 여전히 사학재단이나 사립대학 이사장과 관련된 횡령, 교비 유용, 리베이트 같은 기사가 상당히 많이 나왔다.[7] 대표적인 NPO인 사립대학의 지배구조에 문제가 있음을 보여주는 것이다. 한 연구논문은 사립대학을 '위장된 비영리조직(disguised NPO)'이라고까지 부르고 있다(이주호, 박정수 2000). 대학교육은 국가의 인적자원 확보에서 가장 중요한 역할을 하기 때문에 한국의 경제발전에서 사립대학이 기여한 바는 지대하다.[8] 한국이 일부 서유럽 국가처럼 대학교육을 거의 국가가 전담하고, 또한 사립대학이 없는 국립대학 모델로 갔더라면 국가적으로 많은 자원을 대학에 투입해야 했을 것이다. 사학비리 문제가 계속 불거지기는 해도 전체적으로 볼 때 사학재단과 사립대학은 국가발전에 크게 공헌한 것이 사실이다. 그리고 한국에서 대학교육을 외국의 선교단체를 포함해 민간부문이 담당한 것은 이미 19세기 말로, 한국 사회의 전통이라고도 볼 수 있다.

사립대학의 재단비리가 계속해서 사회문제가 되는 것은 '비영리법인'에 재산을 출연하면 그때부터 그 재산은 개인이나 가족의 것이 아니라는 인식이 부족하기 때문이다. 전형적인 사립대학 문제를 가상의 예를 가지고 살펴보자.

○○대학은 1960년대 중반 다른 사업을 해서 재산을 축적한 L씨의 기부로 설립되었다. 대학 교육에 대한 수요가 꾸준히 증가했기 때문에

---

7 교육인적자원부가 1999~2005년 기간에 전체 318개 사립대 가운데 51개교에 감사를 실시한 결과, 5곳 중 1곳이 횡령 또는 불법운영을 했다고 한다. 또한 2006년에 실시한 감사에서도 조사 대상 사학 124개교 중 90개교에서 횡령과 조세포탈 등 불법행위가 적발되었다고 한다(양승일 2007). 당시 교육부의 감사는 시대적 상황을 반영한 것으로 2005~2006년 기간은 참여정부에서 사학 감시가 강화되고 사립학교법을 개정하려는 움직임이 매우 강했던 시기였다.
8 사학의 비중은 학생수 기준으로 2003년 말 현재 고등학교는 55%, 전문대는 96%, 대학교는 75%에 달했다(양승일 2007).

○○대학은 입학정원을 늘려가며 꾸준히 성장했고, 1980년대에 대학 정원이 크게 증가하면서 이 대학도 시설을 확장하고 급팽창하였다. 그러나 1990년대 들어 설립자 L씨가 사망하고, 자식들이 대학의 이사회에 참여하면서 문제가 발생했다. 우선은 L씨의 두 아들 간에 대학 지배권을 둘러싼 분쟁이 일어났고, 급기야는 동생이 형인 이사장을 비리 혐의로 경찰에 고발하는 사태로 발전했다. 이로 인해 대학 내의 교수와 직원이 두 갈래로 분열되어 교내가 시끄러워진다. 마침 총장의 임기가 만료되고 새 총장을 뽑는 과정에서 이사회가 완전히 분열되면서 제 기능을 하지 못한다. ○○대학의 지배구조가 마비되면서 교육부 감사를 거쳐 기존의 이사회는 그 기능이 정지되고 교육부가 선임한 이사회가 들어서게 된다. 이 과정에는 사립학교법이 개정되고, 사학재단에 대한 정부의 감시와 규율이 강화된 것도 한몫을 하였다. 그 후 정부가 바뀌고 사학재단에 대한 감시와 규율이 느슨해지면서 ○○대학은 2011년 설립자의 둘째 아들이 이사장으로 취임하였다.

이것은 그저 하나의 가상 사례일 뿐이지만, 대체로 이런 유형의 갈등과 분쟁을 거친 사립대학이 상당히 많은 것은 사실이다. 사립대학의 지배구조 문제는 근원적으로 '비영리법인'에 대한 인식 부족에서 기인한다. 가장 중요한 것은 대학도 가업으로 인식하는 문화적 전통이다. 마치 기업이 상장되었어도 여전히 가업으로 인식되는 것과 꼭 같다. 비영리법인에 재산을 증여하면 그때부터 그 재산은 개인이나 가족의 것이 아니라는 인식이 없기 때문에 당연히 잉여금을 배분하지 않는다는 '비분배조건'이 충족되지 않는 문제가 있다. 가족들이 이

사회나 학교의 경영에 참여해 월급을 받고 비용을 처리하는 것으로도 부족해 학교의 자금을 다른 데로 빼돌리거나 학교의 시설공사에서 뒷돈을 받는 등 비리가 터진다. 비영리조직인 대학을 거래하거나 심지어 설립자나 가족에게 돈을 주고 뒷거래를 하는 현상까지 나타나고 있다.

그렇다면 '주인이 없는' 사립대학은 어떻게 운영되는가? 한국의 대표적인 주인 없는 사학들은 20세기 초에 외국 선교사들이 세운 학교들이다. 선교사들이 물러난 후 말하자면 전문경영인들이 학교를 운영하고 있다. 이들 전문경영 사학들이 주인 있는 사학보다 평균적으로 더 잘 운영되는지는 추가 분석이 필요할 것이다. 그러나 Y대학교나 K대학교와 같이 한국의 대표적 대학으로 발전한 사립대학들이 주인이 없다는 것은 한국에서도 전문경영이 이루어지는 대학이 자리 잡을 수 있음을 보여준다. 여전히 "기업이나 대학이나 주인이 경영해야 잘된다"라는 통설이 남아 있기는 하지만, 지배구조를 잘 정립하면 주인 없는 사학도 잘 운영될 수 있다.

사학 지배구조의 핵심은 이사회이다. 이사들이 책임감을 가지고 대학을 운영하고자 노력한다면 설립자나 가족의 비리나 부정을 피하면서 비교적 건전하고 효율적으로 경영할 수 있을 것이다. 물론 이사회가 교직원, 학생과 동창 등 여러 이해당사자의 의견을 잘 조율하면서 'CEO(총장)의 선출, 감시와 규율'이라는 본분을 잘해나가기가 결코 쉽지는 않다. 주식회사의 경우처럼 명확한 주주의 존재와 이들의 부의 최대화라는 일관된 목적과 달리 NPO들은 존재목적이 다양하고 또 상호보완적 자원을 제공하는 여러 이해당사자가 존재하기 때문이다.

한국의 가족기업 전통을 감안할 때 사학재단을 설립자 가족이 지배하려 드는 것은 어찌 보면 당연한 일이다. 그리고 설립자나 가족은 학교 재산의 유지·발전에 더 큰 가치를 두고 경영을 한다고 볼 수도 있기 때문에 대리인 비용을 축소하는 긍정적 효과도 있다. 또한 사학재단 이해당사자들도 설립자가 이사장을 하면서 재단을 직접 관리하는 것을 당연시한다. 그렇다 하더라도 재단의 자원을 개인의 목적으로 사용하는 것은 엄연히 '불법'이다. 그리고 재단을 설립한 지 30년이 넘어 자리를 잡아가면 가족이 참여하지 않더라도 재단이 제대로 작동하도록 지배구조를 탄탄히 확립하는 노력을 해야 한다.

비영리의료법인

한국의 의료서비스제도는 그동안 적지 않은 성과를 거두었다. 비용을 일정 수준 이하로 억제하면서 국민들의 의료서비스 접근을 용이하게 했고 전체적으로 평균수명이 크게 연장되었기 때문이다. 한편 의료서비스를 제공하는 병원과 의원은 대부분 민간부문, 특히 민간비영리부문이 담당하였다. 전체 의료 공급 중에서 국가 소유의 기관이 차지한 비중은 6.5%로서 의료 시설이나 서비스의 93.5%를 민간부문이 담당하고 있는 것이다. 이는 OECD 국가들에서 국공립 시설의 비중이 대개 60~90%인 데 비하면 매우 낮은 수준이며, 미국의 23.1%보다도 낮다(이애리나 2009).

이처럼 한국의 여러 비영리부문 중 의료서비스가 차지하는 비중은 매우 크다. 전국의 병원 약 2,000여 개소 중 숫자로는 실질적 영리의료기관인 개인병원이 57.5%이고 비영리의료기관인 의료법인과 학교법인이 31.3%를 차지하고 있으나, 침상 수나 의료인력 등 실질적 비중을 따져보면 비영리법인의 비중이 월등히 높다. 예를 들어 2009년 기준 병원 근무 인력의 59%인 12만 1,000여명이 약 300개의 종합병원에서 일하고 있다(KB금융지주 경영연구소 2010). 이처럼 한국의 의료 시스템은 시설과 서비스의 90% 이상을 민간부문이 담당하면서도, 비용부담은 국민건강보험에서 담당하는 구조로서 지금까지는 상대적 저비용으로 전 국민에게 의료서비스를 제공해왔다.

한편 산업으로서 의료서비스는 성장잠재력이 매우 크며 고용 창출 효과는 제조업의 2배가 넘는다. 이 산업은 앞으로 GDP에서 10% 이상의 비중을 차지하리라 예상될 정도로 중요한 산업이다. 그럼에도 불구하고 이 산업은 인력과 자본의 진입을 제한하고 혁신을 저해하는 각종 규제를 받고 있다. 의료서비스 산업의 진입을 막는 규제 중 하나는 영리의료법인을 규제하는 제도인데, 이 규제를 둘러싸고 찬성론자와 반대론자의 주장이 첨예하게 대립하고 있다. 영리법인과 비영리법인의 가장 큰 차이는 일반자본의 의료산업 진입인데, 현재는 원칙적으로 의사의 자본이 아니면 의료서비스 산업에 진입할 수 없다.

그러나 국내 대부분의 민간비영리법인병원은 실질적으로 영리병원과 비슷하게 운영되고 있다. 이는 우리나라의 비영리법인병원은 의사 개인에 의해 설립된 병·의원이 성장해 설립된 경우가 많으며 이들 조직은 명색이 비영리조직이라 해도 가족기업의 성격을 갖는다. 한국의 의료서비스는 비영리병원이 중추적 역할을 하고 있음이 틀림없으나 제한된 수의 대규모 메디컬센터를 제외하면 대부분의 비영리병원은 병원장의 개인 소유 기업처럼 운영되고 있다. 그런 점에서 한국의 비영리의료법인은 유사(類似) 비영리조직(pseudo-NPO)이라 할 수 있다. 종교단체나 지역사회가 설립하여 순수하게 비영리를 목적으로 운영하는 미국이나 유럽 등의 비영리법인병원과는 성격이 매우 다르다.

요양기관을 제외한 병원급 의료기관 중 숫자 기준으로 개인병원은 57.5%이며 의료법인은 25.5%이다. 따라서 국내에는 실제로는 영리의료기관이 이미 있는 상황이며, 법인격의 영리기관을 허용한다고 해서 새로운 제도가 도입되는 것도 아니다. 사학재단의 경우는 배당할 수 없다는 원칙이 겉으로나마 지켜지고 있는 데 비해 실제로 가족이 운영하는 비영리병원의 경우에는 이런 비배당 원칙이 무슨 의미가 있는지 의문시된다. 그런 점에서 영리병원 허가는 실질적으로 의미 있는 정책이 아니다. 이렇게 보면 현재의 비영리의료법인제도는 의사자본만이 의료서비스 산업에 진입할 수 있게 하는, 산업에 대한 인위적 진입장벽이라 할 수 있다.

현재 한국의 의료서비스시스템은 외형적으로는 비용, 품질과 기술수준, 접근성 면에서 상당히 우수해 보이나 다음과 같은 약점을 안고 있다. 인력과 자본이 제대로 유입되지 못해 산업의 성장잠재력에 비해 현저하게 규모가 작고, 고용도 잠재적 고용수준의 40%가 되지 못한다. 국가 전체의 의료비가 OECD 국가들에 비해 현저히 낮은 것은 정부가 통제하는 낮은 의료수가와 의료기관들의 건강보험 요양기관으로의 당연지정제도가 원인이다. 낮은 비용은 장점인 동시에 혁신과 새로운 연구개발투자를 저해하는 요인으로 작용한다. 앞으로 의료서비스 산업에서 대대적 규제완화를 하지 않으면 이 산업이 가진 성장과 고용의 잠재력은 제대로 발휘되기 어려울 것이다.

어떤 산업이 발전하려면 우수한 인력과 많은 자본이 투입되면서 동시에 창업과 퇴출이 자유로워야 하는데 현재의 의료서비스는 그렇지 못하다. 현행 영리병원 제한 규정은 다양한 성격의 병원 간 경쟁 활성화를 가로막는다. 많은 병원에서 아직 전문경영인 활용이 미흡하고 최신 경영기법 도입 역시 느린 편이다. 또한 이윤의 내부유보와 부채가 중요한 자기자본조달방법인 상당수 비영리법인병원들은 대규모 투자가 필요한 첨단 의료기술 개발투자에 자유롭게 나서지 못하고 있다. 자본투자가 가능한 기업 등과 연계가 있는 일부 병원 역시 투자수익 회수가 금지된 현 상황에서 기업 등으로부터 충분한 투자를 이끌어내기는 쉽지 않다. 따라서 전반적으로 상당히 높은 국내의 의료기술 수준에도 불구하고, 변화하는 다양한 의료수요에 적절히 대응하지 못해 해외 의료소비가 늘어나고 있고, 상대적으로 높은 기술경쟁력을 가진 분야에서도 해외 의료소비자의 국내 유치가 활발하지 못한 실정이다. 바람직한 정책 방향은 단계적으로 차별화된 민간의료보험 및 영리의료시스템을 도입하는 일일 것이다. 연구 및 혁신을 중심으로 하는 병원과 일반치료를 중심으로 하는 병원을 다르게 규제하고, 1·2차 진료기관에 상응하는 선택적 민간의료보험과 시장경쟁을 도입하여 다양한 의료서비스기관이 경쟁하도록 유도해야 한다.

재단법인

공익재단(foundation)은 자본주의의 열매와 같다. 시장경제에서 큰 성공을 거둔 기업가들은 상당한 부(富)를 축적하게 된다. 이 재산은 때로 한 개인이나 가족이 차지하기에는 그 규모가 너무 크다. 그래서 이

재산으로 공익법인을 만들게 된다. 거액의 부를 축적한 자산가가 자기 재산을 공익재단에 기부하면 정부는 상속세를 면제해주지만 그 재단은 공익재단이 되어 개인의 소유를 벗어나게 된다. 그리고 그 재단의 운용은 장기적으로는 독립된 이사회에 의해 이루어지고, 후손도 그 재단의 경영에서 물러나는 것이 일반적이다. 이러한 공익재단은 오래전부터 미국에서 많은 활동을 벌여왔으며 공익 목적의 사업도 많이 했다. 물론 이러한 재단이 미국에만 있는 것은 아니며, 세계 여러 나라에서 발견된다. 스웨덴의 발렌베리(Wallenberg) 가문은 재단을 설립하고 이 재단이 차등의결권주를 가지고 있어서 아직도 지배주주의 역할을 하고 있다. 인도 최대의 재벌이면서 국민의 존경을 받는 것으로 알려진 타타(Tata) 가문도 지주회사와 더불어 2개의 재단(trust)을 통해 산하 기업을 지배한다.

한국의 경우는 성공한 기업가가 자기 재산을 거의 전부 기부해 공익법인을 만드는 일이 드물다. 대기업이나 기업가가 재단을 만들기는 하지만 그 규모는 상당히 제한적이다. 또한 정부는 재단을 통해 계열사를 지배하지 못하도록 특정 재단이 특정 회사의 지분을 일정 수준(대개 5%) 이상 가지지 못하도록 하고 있다. 그러다 보니 한국의 공익법인은 그 규모도 작고 본래 기능도 제대로 수행하지 못한다. 더욱이 이제는 저금리시대로 접어들면서 기본재산이 상당히 큰 재단이라 해도 정기예금 금리를 가지고는 제대로 목적사업을 수행하기가 어려운 실정이다.

또한 공익재단이라 해도 여전히 가족지배의 틀을 벗어나지 못하는 경우가 많다. 공익재단 이사의 수에서 가족(소위 특수관계인)의 수를 제한하고 있지만, 이사 자리를 가족이 아닌 친구나 지인들로 채우면 설립자나 그 가족이 재단을 실질적으로 지배할 수 있다. 그러나 공익재단의 경우에는 별다른 수입이 거의 없이 매년 발생하는 수익을 가지고 목적사업을 영위해야 하기 때문에 비배분 원칙이 잘 지켜지고 비리나 부정이 행해지지 않는 편이다. 이런 정황으로, 현재 많은 재단법인이 유명무실해지고 있어 변화가 요구된다.

이런 사회적 배경 위에서 공익재단 활성화라는 목적과 더불어 기업의 상속 문제를 동시에 해결하기 위해서는 2가지 변화를 한국 사회가 논의하기 시작해야 한다. 하나는 차등의결권주의 발행이다. 미국을 위시한 많은 나라에서 차등의결권주의 발행이 허용된다. 예를 들어 A주와 B주 2가지 주식을 발행하되 A주는 B주에 비해 10배의 의결권을 갖도록 하는 것이다. 그렇게 함으로써 주식이 분산되더라도 지주회사나 재단의 기업지배권은 보장해주는 것이다. 이 경우 영리 목적의 지주회사와 상속세를 면제해주는 공익재단의 경우 지배권을 차등화해야 할 것이다. 또 다른 하나는 재단이 특정 기업 주식을 보유할 수 있는 한도를 상향조정하거나 철폐하는 것이다. 그럼으로써 공익재단을 통한 기업지배가 가능하도록 하고, 이들 공익재단이 사회에 필요한 여러 사업을 하게 하는 것이다. 한국의 현실에서는 아직도 전문경영 체제가 자리 잡지 못하고 있는데, 이러한 조치를 취한다면 지금의 과도기를 넘기는 데 도움이 될 것이다. 그러니까 대기업의 설립자 가족이 대주주로서 재단이나 지주회사를 지배하게 하고, 실제 경영은 전문경영인이 하는 방식으로 전환할 필요가 있다.

한국의 자본주의는 이제 성숙기로 접어들고 있다. 지금까지는 기업을 기업으로 보고 이를 자식과 손자에게 물려주는 것이 관행이었으나 주식이 많이 분산된 대기업집단에서는 이러한 가업 승계가 매우 어려워질 것이다. 한국 사회 전체가 과연 기업의 소유 및 지배구조에 어떤 대응을 해야 할지 진지하게 검토할 시점이 되었다. 이 과정에서 공익재단 같은 비영리조직의 역할이 재정립되도록 획기적인 사고의 전환이 필요하다.

4. 새로운 패러다임 아래 재편되는 제3섹터

앞에서 분석한 3가지 비영리부문을 보면, 한국 사회에서 '비영리' 개념이 얼마나 왜곡되었는지 알 수 있다. 일부 사학재단은 설립자가 재단을 사유화해 실질적으로 개인기업처럼 운영하고 있는 실정이다. 다수의 의료법인 역시, 실제로는 개인사업체나 가족기업처럼 운영되고 있으면서, 자신들의 이익을 옹호하기 위해 공익성을 내세운다. 공익재단도 개인이나 가족소유처럼 운영되며, 이를 규제하기 위해 정부가 여러 가지로 세세하게 감독하고 있다.

한국의 NPO가 제대로 작동하지 못하는 이유

한국의 NPO가 제대로 작동하지 못하는 이유는 시민들의 의식구조 속에 아직도 NPO 또는 제3섹터의 존재에 대한 인식이 부족한 탓은 아닐까? 앞에서 이러한 의식구조는 한국의 경제제도가 국가자본주의

이자 가족자본주의이기 때문이라는 가설을 세운 바 있다. 즉 국가의 규제 내에서 사인(私人)들은 최대한 자기 이익을 추구하면 된다는 의식이 강한 편이다. 국가와 가족 사이에 '공익'이라는 공간은 매우 좁다.

여기서 제3섹터를 "민간에 의한 공익추구와 공공재 제공"이라고 간단히 정의한다면 우리는 한국 사회에서 이런 의식이 상대적으로 약하다는 것을 여러 지점에서 발견할 수 있다. 앞에서 미국의 경우 민간기업이 상장을 하면 공공기업이 된다는 점을 지적한 바 있는데, 한국의 일반시민이나 임직원들은 상장기업에 대해서도 여전히 설립자 가족이 소유하고 지배하는 기업으로 인식한다. 그 결과 이들 상장기업의 지배구조의 핵심인 이사회는 사실상 유명무실하다. "주인이 없는" 한국의 주요 은행들이 이 취약한 지배구조를 그대로 보여준다. 이들 주요 은행은 자본의 압력이 별로 없는 상황에서 실제로 노동조합이 강한 영향력을 가지고 있다. 노조가 영향력이 있더라도 이들 노조가 은행의 장기적 경쟁력이나 효율성을 목표로 경영에 영향력을 행사하기보다는 자신들의 고용안정과 보상을 우선시하며, 그 결과 한국의 시중은행은 한국 경제에서 가장 경쟁력 없는 부문이 되고 말았다. 방송국도 마찬가지이다. 국영이 아닌 모 민영방송의 경우를 보면 대주주나 소유주가 없는 가운데 실제로 노조가 경영하는 형국이지만, 항상 내세우는 논리는 상장을 하거나 자본이 유입되면 방송의 공익성이 훼손된다는 것이다. 이렇게 볼 때 한국에서 "오너 없는" 민간조직이 독립적이고 유효한 지배구조를 가지고 조직을 잘 운영하는 예는 그리 흔하지 않다. "민간에 의한 공익 추구"라는 목적을 가진 제3섹터 또한 취약하지 않을 수 없다.

공공성의 주체는 국가가 아니라 '시민'

그러면 서구 사회에서는 어떻게 해서 공공성 개념이 자리 잡게 되었는가? 공공성이라는 말은 '레스 푸블리카(respublica)'라는 라틴어에서 유래한 것이라고 하며, 이는 '공적인 것' 또는 '시민의 것'이라는 의미이다. 근대 시민사회가 형성되면서 왕정이나 봉건영주에 맞서 시민 스스로 공공성의 주체임을 인식하게 되었다는 것이다. 그래서 공화정(共和政, republic)이라는 제도가 나오게 되었고, 이는 바로 군주제나 왕정이 아닌, 시민이 중심이 되는 정치체제를 가리킨다. 그런데 공화정을 주도한 부르주아는 공공영역에 간여하면서도 동시에 사적인 영역은 보호받기를 원했는데, 이것이 공(公)과 사(私)의 구분의 시작이다. 결국 공공성이란 일반시민이나 민간이 국가조직과는 별도로 사회에 대한 의사결정을 하고 공공재를 제공한다는 의미가 되었다.

한국의 역사에서 시민은 사회나 국가 문제에 대해 의사결정의 주체가 된 적이 별로 없었다. 전제군주시대에는 왕과 신하(관료)가 모든 공적 의사결정을 했으며 식민시대에도 당연히 시민의 공공영역은 별로 없었다. 해방 이후 시민의 정치참여가 증가했으나 권위주의적인 정부는 이를 억제하였다. 한국에서 시민들이 본격적으로 사회문제에 대해 발언하고 공익성을 논의하게 된 것은 1987년 민주화 이후이다. 현대사회에서 시민이 사회문제에 대해 발언하고 의사결정에 참여하는 것은 보통 NGO를 통해서인데, 한국 사회에서 NGO는 1987년 이후 활성화되었다. 그런 점에서 한국 사회에서 '민간부문에 의한 공익 추구'의 역사는 비교적 짧은 편이다.

'시민이 공공성의 주체'라는 생각보다는 공익성의 주체는 정부라는 인식이 훨씬 강하며, 따라서 공(公)은 관(官)의 전유물이라는 것이 한국인의 주된 의식이다. 공은 관의 전유물이며 사(私)는 사익(私益)만을 추구하는 것이라는 인식이 강하기 때문에 "민간이 공익을 추구하는" NPO나 제3섹터의 공간이 좁다. 특히 공과 사의 구분이 모호한 중간 영역 조직(민영방송이나 민간으로 구성되는 정부의 각종 위원회 등)은 공(조직의 존재목적)과 사(개인의 사익 추구)의 이익이 충돌할 뿐 아니라 공익을 무시한 채 상이한 개인이나 이익집단의 기회주의적 사익 추구의 대상이 되는 경향을 보인다. 실제로 시민들이 단체행동을 하는 경우를 보면 상당수가 집단이기주의 성격이 강하다. 화장터나 쓰레기장, 고압선 시설 같은 기피 시설은 물론이고, 심지어 군부대나 군항 같은 공공시설에 대한 지역시민의 격렬한 반대가 흔한 것이 그러한 사례이다.

민간에 의한 공익 창출의 확대

이러한 전통에도 불구하고 한국 사회에서 앞으로 NPO나 제3섹터의 영역은 확대될 가능성이 큰데, 이는 정부와 가족기업이 지닌 한계 때문이다. 우선 정부의 역할과 효과에 대해서는 전망이 엇갈리고 있다. 정부와 관료들이 정부부문 말고도 사회의 전 영역에 걸쳐 지배권을 행사하려는 현상에 대해 시민들이 눈을 뜨기 시작했으며, "정부가 하는 일이 모두 정당하고 공정하지만은 않다"라는 회의적 시각도 확대되고 있는 것 같다. 그러나 사회복지 욕구가 커지면서 정부의 예산이 확대되고 더 큰 정부를 지향하게 될 가능성도 있다. 그러나 '복지국가'가 재원이나 조직의 한계로 인해 '복지사회' 쪽으로 전향하려면, 민간의 사회복지 분야 참여가 증가하지 않을 수 없다.

교육수준이 높아지고 인터넷 등 각종 매체를 통해 시민들이 더 많은 정보와 지식을 갖게 되면서 정부나 기업에 대한 감시도 훨씬 강화될 것이다. 그러면서 정부나 기업을 감시하고 규율하는 민간단체활동도 더 활발해질 것이다. 한편 정부나 기업을 감시하는 시민사회의 감시기능과 채널은 늘어나는 데 반해 그들을 감시하는 소위 '감시자 감시 기능'이 누구에게 있는지가 계속 문제가 될 것이며, 이로 인해 사회적 비용이 증가할 수 있다.

또 한 가지 큰 변화는 자본주의 성격의 변화이다. 최근 제러미 리프킨(Jeremy Lifkin)이라는 미래학자는 공유경제의 부상으로 자본주의 시스템이 근본적으로 변할 것이라 예견하고 있다(제러미 리프킨 2014). 자본주의의 근간이었던 대량생산과 자본의 지배가 약화되면서 새로운 경제 패러다임이 등장한다는 주장이다. 인터넷과 최근의 ICT혁명은 많은 정보와 지식이 무료로 제공되는 환경을 만들고 있다. 이미 전 세계적으로 통신비는 제로에 가깝고 많은 전통산업에서도 자동화와 효율화가 극에 달하면서 한계생산비가 영(0)에 접근하고 있다. 또한 앞으로 신재생에너지가 보급되고 사물인터넷이 확산되며, 나아가 3D 프린팅이 보급되면서 전통적인 대량생산과 자본의 논리는 약화되리라는 주장이다. 이런 환경에서는 기업이 초과이윤을 달성하기가 어려워지고 더는 경쟁을 통해 시장을 장악할 수 없어 오히려 공생과 협력이 기업의 새로운 행태로 부각될 것이라는 이야기이다. 또한 소비자도 자동차나 자전거의 공동활용과 같이 소유보다는 사용의 관점에서 소비를 하게 된다는 것이다. 이미 에어비앤비(AirBnB)나 우버(Uber) 서비스에서 보듯이 기존의 주거공간이나 자동차를 빌리거나 나누어

314

쓰는 방식의 사업모델이 상당히 확산되고 있다. 즉 사유재산, 경쟁, 배타적 지배, 자본의 지배, 효율성 최우선주의 같은 자본주의의 기본 원칙이 완화되면서 새로운 경제 패러다임이 나타난다는 것이다.[9] 그리고 협동조합이나 사회적기업, 협력적 네트워크가 확산되면서 민간이 주도하는 공공재 공급과 공익의 창출이 더욱 중요해지고, 제3섹터는 지금까지와는 다른 양상으로 발전하고 확대될 가능성이 크다.

5. 자본주의적 모순의 대안으로서의 '제3섹터'

지금까지 자본주의제도가 달성한 높은 성과는 시장경쟁과 효율적 회사제도에 기반을 두어 가능했다. 영리법인인 회사제도는 경영자에게 수익성 추구라는 단일 목표를 주고, 경영자가 이를 달성하면 여러 가지 인센티브를 주는 방식으로 효율성을 유지해왔다. 경영대학에서는 기업의 목표가 '주주 부의 극대화(shareholder wealth maximization)'라고 가르쳐왔고, 기업은 항상 수익성(소위 'single bottom line') 추구를 가장 중요한 목표로 삼아왔다. 이런 과정을 거쳐 자본주의는 대단히

---

9 학술적으로는 이미 1990년대부터 이 이론에 상당한 진전이 있었다. 이는 소비와 생산에 있어 어떤 재화에서 배타적 소유가 효용을 창출하고 또 다른 어떤 재화에서 실제 활용이 더 높은 효용을 창출하는가에 소비자와 생산자 모두가 주목하게 된 것이라 하겠다. 물론 소유자의 재산권과 이에 대한 적절한 보상이 보장되지 않는 사회경제 시스템에서 공유가치 창출이 확산되기는 어려울 것이다.

성공했고 지금의 세계경제는 이들 성공한 대기업이 주도하고 있다.

자본주의제도의 성과와 한계

그러나 자본주의제도에는 내재적 모순이 존재한다. 하나는 효율성과 고용 창출의 문제이다. 기업이 경기 및 기술 변화에 잘 적응하려면 노동시장이 유연해야 하는데, 이렇게 되면 근로자의 고용은 불안정해진다. 또한 기업이 효율을 극대화하면 할수록 총고용은 감소한다. 그 결과 사회는 만성적 실업 문제에 봉착한다. 이는 기술을 포함한 자본투자의 효율성이 노동투자의 효율성을 훨씬 상회하기 때문에 기업의 의사결정에서 이들 간 괴리가 점차 커지는 상황이라 하겠다.

성공적인 자본주의가 지닌 또 하나의 모순은 빈부격차 확대이다. 근로자에 비해 주주가 우위를 누리는 자유시장경제에서 자본가에 비해 근로자는 재산을 축적할 기회가 많지 않다.[10] 노동의 공급이 늘어나고 특히 중국 등 신흥시장의 값싼 노동력과 경쟁하다 보면 임금이 상승하기는 어렵다. 빈부격차의 확대 내지는 부를 창출할 기회가 축소되는 현상은 성숙한 시장경제에서 이제 일상화되었다. 그 결과로 양산되는 저소득층과 기초생활보호 대상자, 그리고 장애자나 결손가정 아동 등 사회적 취약계층에 대한 보호와 지원이 요구되면서 정부의 사회복지 프로그램이 증가하고 기업에도 사회적 책임을 다하라는

---

10 특히 자본투자에 따르는 위험을 감소시키기 위한 각종 기법은 지속적으로 발전되어온 반면, 지식이 아닌 단순 노동생산성을 향상시키는 테일러식 기법에는 한계가 있다. 앞으로 노동력이 요구되는 직종(청소, 간호 등)에서는 노동의 전문화와 자본장비율을 높여 일단 생산성을 높이고 이에 합당한 임금을 책정하는 것이 빈부격차를 줄여나가는 바람직한 방향이라 하겠다.

압력이 증가하고 있다.

이 같은 자본주의제도의 모순을 해결하기 위해 전통적인 수익성 위주의 영리기업에 대한 대안적 조직이 등장하고 있는 것이다. 비영리조직 이외에 영리사회적기업도 등장했고, 협동조합이나 공동체적 조직도 등장하고 있다. 영리기업과 비영리조직 간의 엄격한 구분도 이제는 큰 의미가 없으며, 다양한 중간적 내지는 혼합형 조직이 등장하는 추세이다. 동시에 정부와 기업 그리고 민간부문의 협력이 증가하고 있다.

그러나 조직의 목표와 형태가 다양해지더라도 조직이 갖는 2가지 문제는 여전히 존재하는데, 하나는 효율성이고 또 하나는 공익성이다. 효율성이란 조직이 투입하는 것보다 더 많은 산출물을 만들어 자체적으로 생존하는 것을 말한다. 영리조직에서는 이것이 수익성으로 표시되며, 비영리조직에서는 잉여금으로 나타난다. 수익이건 잉여이건 간에 투입 대비 산출이 많아야 조직이 생존할 수 있다는 점에서는 비슷하다. 게다가 이제 모든 조직은 어느 정도 사회적 기여를 해야 한다. 상품의 생산과 고용 창출 같은 근본적 책임부터, 지속가능경영, 사회문제 해결 같은 다양한 공익 목적을 달성해야 한다. 기업은 수익성이라는 단일 목표가 아니라 수익성과 사회적 가치 창출이라는 2가지 목표를 가지게 된 셈이다.

비영리부문에 요구되는 혁신과 제도보완

한국은 전통적으로는 비영리조직이나 제3섹터의 기반이 취약한 문화적·제도적 유산을 가지고 있으나 이제 민간부문의 공익성 추구라는 제3섹터의 존재이유가 새롭게 인식되는 시기를 맞이할 것으로 예상된다. 비영리부문이 앞으로 주어진 역할을 잘 수행해내려면 몇 가지 혁신과 제도보완이 필요하다.

첫째, NPO의 존재이유와 작동원칙에 대한 올바른 인식이 필요하다. 비영리조직에 재산을 출연하면 그 재산은 이제 개인이나 가족의 것이 아니며, 잉여금을 배분하거나 출연자에게 금전적 이익을 줄 수 없다는 당연한 원칙이 제대로 지켜져야 한다. 둘째, 재단이나 사회적 기업 등 제3섹터의 민간비영리조직 설립에 대한 허가 또는 인증 등의 정부 간섭이 축소되어야 한다. 민간부문을 조직화해서 퇴직한 공무원을 위한 일자리를 만들고 또 정부의 영향권 아래 두려는 시도도 중단되어야 한다. 셋째, 제도적 유연성이 필요하다. 영리와 비영리의 구분이 애매하고 다양한 혼합형 조직이 나오는 상황에서 지나치게 경직적인 법 운용은 민간부문의 혁신을 저해할 것이다. 민간부문에서 다양한 실험과 혁신이 가능하도록 법과 제도가 유연하게 운영되어야 한다.

효과적인 지배구조 구축은 한국의 영리조직과 비영리조직 모두에 공통된 과제이지만, 특히 NPO는 원래 '주인 없는 조직'이므로 지배구조가 더더욱 중요하다. 유능한 CEO를 어떻게 선발할 것인가가 우선 중요하고, 다음으로 CEO를 감시하고 규율하는 이사회가 제대로 작동해야 한다. 유능한 CEO가 선발되려면 비영리 CEO의 시장이 형성되어야 한다. CEO의 업적 평가가 제대로 이루어져야 하며, CEO에 대한 적절한 보상 시스템이 있어야 한다.

다음으로 이사회가 독립성을 가져야 하며, 특히 이사들이 자원봉사자로서 소명의식이 있어야 한다. 비영리조직의 성과와 운영에 대해 이사회 역시 책임감을 가지고 업무를 수행하겠다는 인식과 자세가 필요하다.

| 참고문헌 |

- 양승일 (2007). "사학정책의 형성과정 분석: ACPS 모형의 적용을 중심으로". 한국정책과학학회 2007년 춘계 학술대회 발표 논문.
- 이애리나 (2009). "의료민영화정책과 국가건강보험에 대한 논의". 《사회과학논총》, 28(2), pp. 129-157.
- 이주호, 박정수 (2000). "사립대학 지배구조의 개혁의제". 《한국행정학보》, 34(4), pp. 139-154.
- 제러미 리프킨 (2014). 《한계비용 제로사회》. 안진환 옮김. 서울: 민음사.
- KB금융지주 경영연구소 (2010). "국내 병원산업 현황 및 재정운용 분석".

- Chalmers Johnson (1982). *MITI and the Japanese Miracle: The Growth of Industrial Policy, 1925-1975*. Stanford, Calif.: Stanford University Press.
- Hall, P. A. & Soskice, D. (2001). *Varieties of Capitalism: The Institutional Foundations of Comparative Advantage*. New York: Oxford University Press.
- Mark Beeson (2009). "Developmental States in East Asia: A Comparison of the Japanese and Chinese Experiences". *Asian Perspective*, 33-2, pp. 5-39.
- Michael Carney, et al. (2009). "Varieties of Asian Capitalism: Toward an Institutional Theory of Asian Enterprise". *Asia Pacific Journal of Management*, 26, pp. 361-380.

한국 제3섹터의
내일을 위한
5가지 과제

박태규 · 황창순

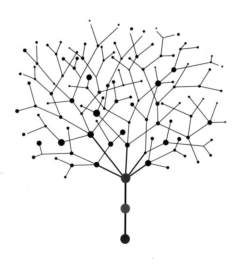

1.
정체성 획득이 필요하다

지난 30년간 한국의 제3섹터는 정치적 민주화와 경제성장의 와중에 양적으로나 질적으로나 비약적 성장을 거두었다. 하지만 이러한 성장의 이면에서는 제3섹터이기 때문에 직면할 수밖에 없는 한계와 문제점도 노출하였다. 이 장에서는 한국의 제3섹터가 발전하기 위해 극복해야 할 도전과 해결해야 할 과제를 검토하고자 한다.

한국의 제3섹터가 한국 사회에서 존재이유를 확보하고 사회발전에 긍정적으로 기여하려면 무엇보다도 제3섹터의 정체성이 분명해야 한다. 한국의 제3섹터는 대부분 법률적 설립근거를 가지고 있으며, 등록단체의 경우 주요 목적사업에 가장 일치하는 허가 및 등록 관청이 있기 때문에 겉보기에는 아무런 문제가 없어 보인다. 하지만 이사회 운영을 통한 의사결정방식과 지배구조, 책임성을 포함한 거버넌스에서 여러 문제점과 비판이 제기되는데, 이는 제3섹터의 존재이유, 역할과 기능을 포함하는 섹터의 정체성 부족에서 기인한다.

한국 사회에서 이렇듯 정체성 문제가 제기되는 데도 또한 까닭이 있다. 그동안 한국에서 사회복지조직, 시민사회단체, 사립학교, 의료법인, 그리고 다양한 종류의 문화예술단체나 지역사회단체는 공통점에 대한 의식 없이 각 조직이나 단체 고유의 성격을 유지하며 독립적으로 존재해왔다. 이들 조직은 사회에서 기능적으로 수행하는 역할도 다를 뿐 아니라 설립근거가 되는 법률도 제각각이었다. 그러다가 1990년대 이후 비정부조직(NGO), 비영리조직(NPO), 제3섹터 같은 여러 조직을 포괄하는 우산(umbrella) 조직 개념이 한국에 도입되고 소개되면서 이러한 다양한 조직들이 비정부성이라는 공통점으로 묶이기도 하고, 때로는 비영리성으로 묶이기도 했다. 나아가 국가를 제1섹터, 시장과 기업을 제2섹터, 그리고 국가도 시장도 아닌 조직에 대해서는 유럽적 전통을 따라 제3섹터로 분류하기도 하였다. 그런데 '공익성'에 대한 관심의 정도도 하위 조직마다 다르고 정부의 간섭으로부터 독립적인 정도도 다양한 현실에서 이런 조직들을 제3섹터로 묶고 보니 이질성이 적지 않아 필연적으로 정체성 문제가 제기될 수밖에 없는 것이다.

이러한 정체성 혼란은 제3섹터 조직들의 미션과 존재이유에 의문을 품게 만들기도 하고 때로는 공익조직으로서 이들 조직이 누리는 세제혜택을 포함한 다양한 혜택의 정당성에 대한 도전으로 이어지기도 한다. 이런 문제를 극복하기가 쉽지는 않지만 공익성과 비영리성을 기본적인 조직 성격으로 삼으면서도 이들 조직을 하나로 묶어줄 수 있는 이론적 근거와 제도적 뒷받침이 필요한 것으로 보인다.

1990년대 말에 국회를 통과한 '비영리민간단체지원법'은 한국에서 기능적으로 다양한 공익적 역할을 수행하는 소위 제3섹터에 속하는 조직이나 단체에 대해 정부 차원에서 통합적 지원을 해주는 계기가 되었다. 이 법을 근거로 비영리민간단체로 등록된 단체는 국가의 지원을 받아 공익적 활동을 수행할 수 있게 되었다. 최근 20년 동안 이와 같이 공익적 역할을 수행하는 조직을 비정부조직, 비영리조직, 나아가 제3섹터라고 부르는 것에 점차 익숙해지고 있지만 그렇다고 이런 종류의 조직을 하나로 묶을 만한 정체성이 확립된 것은 아니다.

한국의 제3섹터가 정체성 문제를 극복하려면 국가나 기업과 다르면서도 사회가 요구하는 제3섹터만의 역할을 수행해야 하는 것이다. 제3섹터가 수행하는 역할이 많지만 그중 가장 중요한 역할은 공익에 부합하는 서비스를 제공하고 공공성을 가지는 애드보커시 역할이다.

2. 재정 불안을 극복해야 한다

조세권이 있는 국가나 이윤으로 운영되는 기업과 달리 제3섹터는 주도적인 재정적 원천이 없는 것이나 마찬가지이다. 전체 재정의 거의 80~90%를 국가보조금으로 충당하는 사회복지기관부터 국가의 경상보조금이 별로 없는 시민단체나 의료법인에 이르기까지, 제3섹터가 처한 재정적 형편은 경우에 따라 다르지만, 재정적 취약함과 독립성 문제는 국내외적으로 대부분의 비영리조직이 공통적으로 직면하는 문제이다.

그런데 제3섹터를 구성하는 다양한 하위조직이나 분야별로 재정적 취약함의 정도가 다 같은 것은 아니다. 우선 의료법인의 경우 의료업 특성상 공익성은 폭넓게 인정되지만 어느 정도 수익을 창출하지 못하면 법인 운영 자체가 어렵기 때문에 차라리 영리법인이나 개인사업자와 더 비슷하다고 할 수 있다. 반면 사립학교법인은 대부분의 재정이 학생들의 등록금으로 충당되고 있어 개별 법인별로 차이가 있다 하더라도 재정적 어려움이 그리 심각한 상황은 아니다. 의료법인과 학교법인은 진료비나 수업료 형식으로 서비스 이용료가 주요 재정적 원천이 되기 때문에 재정 상황이 제3섹터의 다양한 부문 가운데서도 가장 안정된 편에 속한다. 또한 사회복지법인이나 사회복지시설의 경우에도 재정의 대부분이 국가에서 경상보조금 형태로 지원되기 때문에 의료법인이나 학교법인과는 다른 이유로 재정 상황이 그리 불안하다고는 볼 수 없다. 이는 한국의 사회복지서비스 제공 모델이 비영리조직이 국가 복지 대행자 모델을 따르는 형태이기 때문이다(이혜경 1998).

그렇다면 한국 사회에서 재정적으로 불안정한 제3섹터의 하위영역은 무엇인가? 가장 대표적인 분야는 주로 시민의 기부금과 자원봉사에 의존하는 시민단체와 지역사회단체라고 할 수 있다. 이들 조직은 서비스 제공이 주요 존재목적이 아니기 때문에 서비스 비용으로 재정을 충당할 수도 없고, 또 사회복지법인이나 시설처럼 정부의 보조금을 기대할 수도 없다. 서비스 비용이나 정부지원이 충분하지 않은 제3섹터가 재정을 충당하는 유일한 방법은 민간기부의 활성화이다. 그러나 한국의 민간기부금은 대부분 종교적 목적으로 종교기관(교회, 성당, 사찰 등)에 기부되거나 정부가 운영하다시피 하는 사회복지공동모금회 등 대규모 법인에 집중되어 있다. 이런 이유로 정작 민간기부금이 가장 필요한 시민단체나 지역사회단체는 재정적 불안을 숙명처럼 떠안아야 하는 실정이다.

3.
경영 선진화가 이뤄져야 한다

한국의 제3섹터는 정체성 문제와 재정적 어려움 속에서도 지난 30년 간 사회문제 해결과 공적서비스 제공에 커다란 공헌을 하였으며 경영이나 프로그램 수행 측면에서도 전문성이 높아지고 있다. 특히 의료법인이나 학교법인으로 대표되는 병원이나 대학은 전문성이 상당한 수준으로 강화되었고 사회복지법인도 전문성을 갖춘 인력을 적재적소에 배치하고 전문적인 교육과 훈련을 제공한 덕분에, 조직경영과 프로그램 운영에서 전문성이 확립되었다고 할 수 있다. 역사와 전통이 있는 의료·학교·사회복지 영역도 치열한 경쟁에서 살아남기 위해 기업의 경영기법을 도입하고 기업경영자형 CEO를 채용하여 영리조직 못지않게 효율성을 중시하는 추세이다. 하지만 시민단체나 공익재단 그리고 지역사회단체는 아직도 아마추어적 성향이 강하며 조직운영이나 행정이 선진화되었다고 말하기에는 부족함이 많다.

시민의 기부나 비영리조직 모금의 역사가 오래된 나라에서 비영리조직 경영의 핵심은 성공적인 모금 수행이다. 특히 기부문화가 활성화된 미국의 경우 성공적인 모금 노하우에 관한 정보와 지식이 풍부하며 기부전략과 기부금 모금에 대한 연구·교육·훈련이 전문적인 수준에 올라 있다. 반면에 한국은 기부금 시장 자체가 별로 크지 않고 기부문화의 전통도 일천한 데다 기부금 모금의 전문성이 부족한 실정이다.

한국의 제3섹터가 시민의 자발적 기부금이나 자원봉사를 더 많이 유치하려면 우선 개인과 기업, 재단이나 정부기관이 기부를 하고 싶게 만들 만한 매력적인 프로그램을 발굴해야 한다. 기부자의 헌신이 왜 필요한지 명분을 주거나 그 명분을 실천할 구체적인 프로그램을 제시하지 못하면 자선적 지원의 정당성을 확보할 수 없고 기부자를 설득할 수도 없다.

그렇다면 기부금을 유치할 수 있는 프로그램이란 어떤 것을 말하는가? 무엇보다도 기부자에게 흥미와 정보를 제공할 뿐만 아니라 프로그램이나 프로젝트의 의미와 중요성, 지원의 시급성을 보여주어야 한다. 나아가 기부를 요청하는 조직은 제시된 프로젝트를 통해 목적을 달성할 수 있다는 능력과 헌신을 갖추어야 한다. 기부자의 지원으로 달성할 수 있는 목표와 결과를 강력한 비전으로 보여줌으로써 잠재적 기부자의 마음을 움직여 기부를 행동으로 옮기도록 만들어야 하는 것이다.

이런 점에서 기부활성화 방안은 부분적으로 기부금이 필요한 공익단체나 비영리조직의 역량 강화에 있다고 할 수 있다. 결국 한국의 제3섹터도 비영리조직 경영의 전문가(CEO와 매니저 등) 시장이 형성되어 유능하고 혁신적인 사고를 갖춘 지도자가 성장해야 한다. 그래야만 현재 비영리조직이 직면한 현안문제와 위기를 극복할 수 있으리라 보인다.

4.
세제혜택 차등 적용을 개선해야 한다

한국의 비영리조직이 해결해야 할 도전과 과제 가운데 또 다른 이슈는 제3섹터 구성요소 간에 발생하는 세제혜택의 차등 문제이다. 대표적으로 의료서비스 분야에서 이러한 경향이 가장 뚜렷이 나타난다. 한국은 개인병원을 제외하고는 비영리공익법인만이 의료업을 운영할 수 있는데, 의료기관별로 설립주체에 따라 조세제도 적용에 차이가 있다.

의료기관 가운데 사회복지법인, 학교법인, 공공의료법인 등은 전액 비용으로 인정되어 사실상 법인세가 전액 비과세가 될 수 있다. 하지만 사단, 재단법인, 의료법인 등은 수익사업소득의 50%만이 고유목적사업준비금으로 손금산입 되고 있다. 병원 관련 세제에 의하면 병원의 공익적 기능에도 불구하고 다른 공익법인들이 누리는 세제혜택을 누리지 못하는 실정인 것이다. 국세의 경우 의료기관별로 차별되는 항목이 특별부가세인데 부동산을 매매한 경우 양도차익에 대해 사단법인, 재단법인, 의료법인은 특별부가세를 납부해야 한다. 그러나 유사한 비영리법인이라 해도 학교법인, 사회복지법인, 공공의료법인은 특별부가세를 면제받는다. 한편 지방세의 경우도 사단법인이나 재단법인 등은 재산세, 종합토지세, 면허세, 취득세, 등록세 등을 납부하지만 의료법인, 학교법인, 사회복지법인, 공공의료법인 등은 면세된다. 사업소세의 경우에는 의료법인 및 사회복지법인 등도 납부하고 있다. 병원이 가진 공공성과 비영리성에 비추어 아직도 한국의 의료법인은 세제상 혜택을 별로 받지 못하는 셈이다. 물론 세법상 의료법인을 국공립병원과 동일하게 취급할 수는 없다 해도 다른 유형의 공익법인병원과의 형평성을 고려하여 세법을 점진적으로 개정해야 할 것이다(황창순 2001).

5. 공익재단 운영의 투명성을 확보해야 한다

한국의 제3섹터 조직에 필요한 마지막 과제는 공익재단 운영의 투명성을 확보하는 일이다. 공익재단에 대한 현행의 규제환경은 주로 공익재단의 투명성에 대한 의구심에서 비롯된다. 따라서 한국 사회에서 공익재단이 새롭게 발전하는 계기를 마련하려면 공익재단 스스로 운영의 투명성을 사회에 보여주어야 한다. 물론 이를 위해 정부가 나서서 규제 성격의 정책을 제시하고 있기는 하지만 공익재단이 정부의 정책에 수동적으로 부응하기보다는 능동적이고 자발적으로 투명성 확보에 노력을 기울여야 할 것이다.

이를 위해서는 우선 공익재단의 책임경영제도 정착이 필요하다. 미국의 예에서 확인할 수 있듯이 공익재단이 사회의 비판적 시각을 극복하고 발전할 수 있었던 계기는 공익재단의 운영을 책임지는 경영제도 정착이다. 한국의 공익재단 역시, 공익재단에 대한 사회 일각의 의구심과 비판적 시각을 불식하는 것이야말로 재단의 운영 차원에서 매우 중요한 과제가 아닐 수 없다.

한국의 제3섹터는 미약한 전통과 제도적 허점에도 불구하고 지난 50년간 제도적으로나 실질적으로나 눈부신 발전을 거듭하였다. 하지만 국가도 아니면서 개인의 사적 소유나 가족과도 다른 매우 독특한 실체이자 제도인 것이 또한 우리가 비영리조직이나 제3섹터라고 부르는 것의 실체다. 공익재단부터 사회복지법인을 거쳐 시민사회단체에 이르기까지 제3섹터는 한국 사회의 정치적 발전과 공동체의 생존에 독특하고 특별한 방식으로 기여하며 제 역할을 수행해왔다.

현재 한국의 비영리조직은 정체성 위기와 더불어 그 존재이유라고 할 수 있는 공공성과 책임성 그리고 자율성의 측면에서 심각한 도전에 직면해 있다. 문화적 유산이 일천하다는 점과 제도 미비나 불완전성도 해결해야 할 과제이지만, 우리가 소위 '지배구조'라고 표현하는 거버넌스 왜곡이 좀 더 근본적인 문제가 아닌가 한다. 물론 이것이 하루아침에 해결될 문제는 아니지만 국가조직이나 시장조직이 거버넌스를 어떤 방식으로 확립하는지 참조해 비영리조직 역시 공공성과 책임성을 높일 수 있는 거버넌스제도를 구축해야 할 것이다.

- 이혜경 (1998). "민간사회복지부문의 역사와 구조적 특성".《동서연구》, 10(2), pp. 41-75. 연세대학교 동서문제연구원.
- 황창순 (2001). "한국의 의료법인: 비영리조직의 관점".《동서연구》, 13(1), pp. 171-190. 연세대학교 동서문제연구원.